企业高级法律顾问实务操作系列

企业劳动争议法律实务与案例精解

杜军 / 主编
沈哲恒　珊　丹 / 副主编

QIYE LAODONG ZHENGYI
FALÜ SHIWU YU ANLI JINGJIE

中国法制出版社
CHINA LEGAL PUBLISHING HOUSE

推荐序

北京市劳动法专业领域有一个好的传统，就是高度重视案例研究工作。其中，北京市劳动法与社会保障法学会一年一度的案例研讨会已经享誉国内外，吸引了仲裁员、法官、律师等司法实践者的积极参与，并迅速扩展到京津冀等区域共同参与研究，规模越来越大，影响越来越深远。

呈现在读者面前的《企业劳动争议法律实务与案例精解》这本书的三位作者都是北京市劳动法与社会保障法学会的会员，长期坚持参加北京市劳动法与社会保障法学会的活动，参与案例研讨，参与企业咨询服务，为构建首都和谐劳动关系尽了绵薄之力。杜军仲裁员专业从事劳动人事争议调解仲裁工作十六年，处理案件总计超过五千件，积累了丰富的仲裁实践工作经验，此书的大部分案例凝聚着他多年的实践积累和经验分享。珊丹律师常年从事劳动人事争议仲裁专业律师业务，具有丰富的律师实务经验，现任北京市律师协会劳动与社会保障法律专业委员会副主任，兼任北京市劳动人事争议仲裁委员会兼职仲裁员，是一位非常活跃的劳动法专业律师。沈哲恒来自北京市人力资源和社会保障局综合部门，长期从事社会保险实务、调解仲裁工作，具有丰富的理论和实践经验。给我印象最深的是，他连续十年参加法学会的案例研讨会，担任十年的案例研讨分组组长，组织法学会小组学习，是法学会案例研讨的积极参与者，在多年的案例研讨中，不断提升自己专业水准。

三位作者来自不同的岗位，具有不同的工作经历，但他们凭借对劳动法专业的持续实践和研究，将自己的智慧汇聚并以案例精解的方式呈现给读者，相信一定对您有所帮助、有所启发。劳动法学是一门实践性极强的学科，需要社会的广泛参与，需要通过实践达成司法统一。案例也具有时代性，通过案例宣传把握法律的规律性，通过案例说法，用事实说话，用典型事例增强法律的吸引力，不断促进劳动者和用人单位知法、懂法、守法，进一步促进劳动关系和谐。

姜俊禄　博士

中国社会法研究会副会长

北京市劳动与社会保障法学会名誉会长

2021 年 6 月 6 日

目录

第一章　劳动关系的认定

第二章　劳动合同的订立与履行

第四章 工资报酬

第五章 加班与带薪年休假

第六章 社会保险

第九章 人事争议

第十章 女职工“三期”劳动保护

第十一章 外籍人员就业

第一章

劳动关系的认定

1. 分公司筹备期间用工主体的认定

基本案情

2015年8月17日，某置业公司为了筹备分公司，招聘张某入职担任分公司人事总监职务，约定每月工资18500元。2015年9月21日，某置业公司分公司取得营业执照，张某与该分公司补签了期限为2015年8月17日至2018年8月16日的劳动合同。2016年8月14日，该分公司与张某解除劳动关系。劳动关系解除后，张某提出在2015年8月25日参加公司组织的员工培训和军训中受伤，经医院诊断为骨折，其认为自己属于因工负伤，因此要求公司为其依法申报工伤。申报过程中张某发现，其受伤时某置业公司分公司尚未依法取得营业执照，以分公司为主体申报工伤显然没有法律依据，以某置业公司为主体申报工伤又没有劳动合同。张某2015年8月17日至2015年9月20日的劳动关系，应该如何认定?

争议焦点

公司筹备期间的主体责任由谁承担?

审理结果

确认张某自2015年8月17日至2015年9月20日与某置业公司存在劳动关系。

评析意见

该案涉及总公司与分公司的劳动关系主体责任确定与划分。分公司是在生产经营、资金调度、人事管理等各方面皆需要受到总公司管理、指挥、监督的不具备独立法人资格的分支机构。《公司法》第十四条第一款规定："公司可以设立分公司。设立分公司，应当向公司登记机关申请登记，领取营业执照。分公司不具有法人资格，其民事责任由公司承担。"由此可知，分公司对总公司存在一定的依附性，其是隶属于总公司依法设立的，总公司是其存在的基础。虽然分公司对总公司有较强的依附性，但从劳动关系的角度来看，这并不等于分公司不具备作为用人单位的主体资格。根据《劳动合同法实施条例》第四条的规定，用人单位设立的分支机构如分公司，没有法人资格但依法取得营业执照或者登记证书的，可以作为用人单位与劳动者订立劳动合同。由此可知，分公司在依法取得营业执照之后具备作为用人单位的主体资格。

依据《劳动合同法》第二条的规定，用人单位包括我国境内的企业、个体经济组织、民办非企业单位等组织。不论何种组织形式的用人单位，均需要依法登记注册成立，才具有合法的用工主体资格。从劳动关系的主体来看，筹备中的公司不能称之为用人单位，因其不具备用工主体资格，不能独立承担劳动关系的相应义务。按照《公司法》的相关规定，在公司设立前的筹备期间，由发起人负责订立公司章程、办理登记手续、处理公司设立的相关事务等。因此，公司在筹备期间的相关责任应由负责筹备工作的发起人承担，如果公司最终因故未能成立，由发起人对设立公司行为产生的费用和债务承担责任。但是发起人作为自然人，不符合作为用人单位的条件和要求，如果此时发起人雇用员工为公司工作，被雇用员工与发起人之间建立的是雇佣关系，而非劳动关系。

被雇用员工在公司筹备期间的服务期限也不应当计入其在公司的工作年限。对此，《北京市高级人民法院、北京市劳动争议仲裁委员会关于劳动争议案件法律适用问题研讨会会议纪要》第三十九条也规定："劳动者在用人单位设立筹备阶段的工作时间一般不计算为本单位工作年限，但双方另有约定的除外。"

本案中，仲裁委员会认为置业公司分公司成立于2015年9月21日，自其成立之日起符合用人单位的主体资格，能够与张某建立劳动关系。虽然张某与置业公司分公司签订的劳动合同期限为2015年8月17日至2018年8月16日，但该合同系在置业公司分公司成立之后补签的，即用工行为发生在先，劳动合同签订在后。2015年8月17日至2015年9月20日因置业公司分公司还未成立，其与张某之间无法建立合法的劳动关系。但因置业公司分公司系由该置业公司设立的，在法律、经济上没有独立性，在业务、资金、人事等方面皆受置业公司的统筹管理，在其取得营业执照之前，置业公司应当代替其承担相应责任。

2. 法定代表人与确认劳动关系

基本案情

秦某于2000年10月入职A公司，岗位为业务经理，劳动双方签订无固定期限劳动合同。2017年5月，A公司依据《劳动合同法》第三十九条第四项"劳动者同时与其他用人单位建立劳动关系，对完成本单位的工作任务造成严重影响，或者经用人单位提出，拒不改正的，用人单位可以解除劳动合同"的规定，经工会研究决定与秦某解除劳动合同。

A公司称：秦某在职期间担任B公司法定代表人、执行董事、总经理职务，是B公司的股东之一；秦某同时以C公司授权代表的身份出席某公司战略合作签约仪式。A公司提供了某消费网站的新闻截图，证明秦某代表C公司出席签约仪式，截图中有秦某签字及握手的照片及相关文字报道。A公司同时提供了经国家企业信用信息公示系统查询的B公司企业信息，证明秦某为该公司法定代表人。秦某对上述证据的真实性予以认可，但主张未与B公司建立劳动关系，担任该公司法定代表人系出于朋友帮忙，未与该公司签订劳动合同及领取劳动报酬，也未参与该公司的实际经营管理；参与C公司签约仪式也是受朋友邀请，作为特邀嘉宾出席签约仪式，并不能证明双方就此建立了劳动关系。秦某对该解除劳动合同决定不服，提出仲裁申请要求A公司支付违法解除劳动合同赔偿金。

争议焦点

秦某在A公司工作的同时担任B公司的法定代表人，秦某与A公司之间还能确认是劳动关系吗？

审理结果

支持秦某要求A公司支付违法解除劳动合同赔偿金的仲裁请求。

评析意见

根据《劳动合同法》第三十九条第四项的规定：“劳动者有下列情

形之一的，用人单位可以解除劳动合同：……（四）劳动者同时与其他用人单位建立劳动关系，对完成本单位的工作任务造成严重影响，或者经用人单位提出，拒不改正的。”根据上述条款，我们不难理解，依据该条款解除劳动关系应满足三个条件：（1）劳动者存在同时与其他用人单位建立劳动关系的客观事实；（2）该客观事实给本单位造成了严重影响，且与给本单位造成的严重影响存在因果关系；（3）经用人单位提出，而劳动者拒不改正的。

本案中，A公司主张秦某与B公司和C公司建立了劳动关系，但未就秦某为该公司提供劳动事实提交证据。判断双方是否存在劳动关系，一般是通过劳动合同书、工资支付记录、社会保险缴费记录等。劳社部发〔2005〕12号《关于确立劳动关系有关事项的通知》中对劳动关系的认定主要有三个方面，在实践中也可以作为参考：（1）用人单位和劳动者符合法律、法规规定的主体资格；（2）用人单位依法制定的各项劳动规章制定适用于劳动者，劳动者受用人单位的劳动管理，从事用人单位安排的有报酬的劳动；（3）劳动者提供的劳动是用人单位业务的组成部分。

A公司提出秦某在职期间，担任其他公司的法定代表人和股东，该行为给本公司造成了严重影响和经济损失，进而认为秦某存在违纪事实。案件审理过程中，A公司虽然提交了工商信息证明秦某的法定代表人身份，证明了秦某的股东身份，提交的网络截屏证明了其代表C公司签约等事实，但A公司并没有证据证明秦某的上述行为给公司造成了经济损失，也没有证据证明该经济损失与秦某担任股东、法定代表人之间存在必然的因果关系，在此情况下，A公司的主张不能成立。同时，A公司还应就秦某与B公司和C公司建立劳动关系的行为给本单位造成了严重影响，以及A公司曾向秦某提出改正，但秦某存在拒不改正的情形承担举证责任，否则应承担违法解除劳动合同的法律责任。

3. 劳动关系与劳务关系的区别

基本案情

2017 年 11 月 23 日，范某经面试入职 A 公司。入职后 A 公司将范某外派至合作企业 B 的比萨饼公司，任派送员一职。工作期间，范某执行计件工资，每派送一单 9 元，A 公司每月 25 日通过银行转账向其支付上一个自然月工资。范某因在送餐途中受伤停止了工作，正常出勤到 2018 年 1 月 28 日，双方劳动关系至今仍未解除。

范某就上述主张提交了《兼职用工合同书》《招商银行账户历史交易明细表（20170701-20180615）》作为证据。《兼职用工合同书》显示甲方为 A 公司，乙方为范某，并载有甲方的法定代表人、注册地址等信息，以及乙方的居民身份证号、户口所在地等信息，其中载明："一、协议期限 本协议自 2017 年 11 月 23 日起至 2018 年 11 月 22 日止……三、工作内容和工作要求：1. 乙方同意甲方安排的外送员工作（岗位）。2. 乙方应当遵守职业道德，遵守劳动纪律和规章制度，遵守劳动安全、工作制度、工作规范和操作规程……四、劳动报酬：1. 本合同的工资计发形式为：乙方在限定的工作时间内完成甲方规定的任务、工作量，且达到标准和要求，甲方按照公司薪酬管理制度核发给乙方劳动报酬。甲方确定乙方的工资结构为计件工资 9 元 / 件……五、劳动保护和劳动条件……六、协议的变更、解除和终止……"落款处加盖有"A 公司合同专用章"字样的印章和范某的手写签名。同时，该合同显示有两个附件，即《员工声明》及《员工承诺书》，落款处均载有范某的手写签名；招商银行账户历史交易明细表（20170701-20180615）显示户名为范某，其中2017年12月25日、2018年1月25日、2018年2月24日均显示有交易摘要为“工资 网上代发代扣”的资金转入。范某要求确认与A公司存在劳动关系。

争议焦点

范某与A公司之间建立的是劳动关系还是劳务关系？

审理结果

认定范某与A公司存在劳动关系。

评析意见

劳动关系与劳务关系的区别：

适用法律不同：劳动关系是我国《劳动法》的调整对象，其引发的是用人单位与劳动者之间在劳动过程中的纠纷。另外，根据《劳动合同法》的规定，建立劳动关系必须签订书面劳动合同；而劳务关系是平等主体之间的财产关系，其引发的是平等主体之间在履行合同过程中的纠纷，应适用《民法通则》和《合同法》（现为《民法典》）进行规范和调整。建立劳务关系时，当事人双方可以协商确定是否需签订书面劳务合同，法律对此不加干涉。

主体资格不同：依据《劳动合同法》第二条的规定，劳动关系的双方主体具有特定性，即一方是用人单位，另一方必然是劳动者。劳动者必须是符合劳动年龄条件，具有劳动权力和劳动行为能力的自然人，用人单位是指符合法定条件的用人单位，是指与劳动者建立起劳动关系的国家机关、事业单位、社会团体、企业、个体经济组织或民办非企业；而劳务关系的主体可以是两个自然人或者自然人与单位之间，类型较多，可能是法人之间的关系，也可能是自然人之间的关系，还可能是法人与自然人之间的关系。此外，法律法规对劳务提供者主体资格的要求也没有对劳动关系主体要求严格。

主体地位不同：在建立劳动关系之后，劳动者与用人单位双方地位不平等，不仅存在财产关系，还存在着管理（领导）与被管理（被领导）的行政隶属关系。劳动者作为用人单位的成员，除提供劳动之外，还要接受用人单位的管理，遵守其规章制度，从事用人单位分配的工作和服从用人单位的人事安排等。劳动关系反映的是一种稳定、持续的生产资料、劳动者与劳动对象相结合的关系；而劳务关系中，双方是平等的民事权利义务关系，劳动者提供劳务服务，用人单位支付劳务报酬，彼此之间只体现财产关系，不存在人身、行政隶属关系，且二者关系往往呈“临时性、短期性、一次性”等特点。

当事人权利义务不同：劳务关系中，接受劳务的一方可以不承担提供劳务一方的社会保险。但劳动关系中的用人单位必须按照相关规定为职工缴纳社会保险，劳动风险由用人单位承担。在劳动关系中，劳动者与用人单位之间除存在一般义务外，还存在附随义务，劳动风险由用人单位承担，劳动者应当遵守用人单位的内部规章制度等，劳务关系中却不存在这些附随义务。

承担的法律责任不同：首先是对外责任的区别。劳动关系中，劳动者作为用人单位一员，以用人单位的名义工作，因劳动者的过错导致的法律责任由用人单位承担。而劳务关系中，一般由提供劳务的一方独立承担法律责任。其次是相互责任的区别。在劳动关系中，若不履行、非法履行劳动合同，当事人不仅要承担民事责任，而且还要负行政责任，如经济补偿金、赔偿金、劳动行政部门给予用人单位罚款等行政处罚。劳务关系纠纷中，当事人之间违反劳务合同的约定，可能产生的责任一般是违约和侵权等民事责任，无行政责任。

纠纷解决途径不同：因劳动关系发生的争议，必须先经过劳动争议仲裁委员会的仲裁，劳动仲裁是民事诉讼的前置程序，未经仲裁不得诉讼。劳动争议申请仲裁的时效期间为一年。仲裁时效期间从当事人知道或者应当知道其权利被侵害之日起计算，且适用中止和中断；因劳务关系发生争议后，当事人可以协商解决，也可以直接至法院起诉，不需要先经过劳动仲裁程序。

综上，准确区分劳动关系与劳务关系，应从各自的特点、权利、义务的内涵及所产生的各种法律关系等入手，而不应浮于表面。由于法律法规的不完善，混淆劳动关系与劳务关系的现象在实践中时有发生，应透过现象看本质。实践中，实际上形成劳动关系但又缺乏书面合同的现象大量存在。因此，不能仅以书面形式作为判断劳动关系与劳务关系的唯一区别，把尚未签订劳动合同但实际上形成劳动关系的这类事实一律归结为劳务关系。而应结合实际，做出合理判断，虽然双方没有签订书面劳动合同，但如果符合成立劳动关系的相关要件，仍应当认定为事实劳动关系。

本案中，范某与A公司均具有符合法律法规规定的主体资格。范某为证明其与A公司存在劳动关系的主张提交了《兼职用工合同书》予以证明，该合同书中加盖有“A公司合同专用章”字样的印章。从《兼职用工合同》的内容分析，其中明确约定了期限、工作内容、工作要求、劳动报酬、劳动保护、解除和终止等条款，基本符合劳动合同的构成要件，且范某在职期间亦要遵守公司的相关规章制度，故应视为双方已订立劳动合同。综上，支持范某所持双方之间存在劳动关系的主张。

4. 公司与实际控制人之劳动关系认定

基本案情

杨某自某网络技术公司2012年成立起就担任该公司的法定代表人。2017年4月公司变更法定代表人，但杨某仍为该公司的控股股东，其本人持股比例为52.5%。杨某主张其于2014年10月接替前任CEO贾某的职务，被聘为某网络技术公司新任CEO，聘期3年，该公司未支付其3年聘任期间工资及绩效奖励。杨某提交了其与贾某（公司股东之一）签字的聘任书，显示其聘期3年、月薪3万元，另有50万元为年度绩效奖励。杨某另提交了3张欠条（2014至2017年每年度一张），均加盖公司印鉴，载明公司每年欠发其工资金额为86万元。杨某自认其曾保管公司印鉴，但提出欠条系由公司财务出具。杨某为证明其工作内容还提供了一份商业计划书（PPT格式），内容系某网络技术公司架构及产品介绍。杨某请求该公司支付2014年10月1日至2017年9月30日工资108万元及绩效奖励150万元。

争议焦点

公司控股股东和实际控制人与公司之间是否为劳动关系？实际控制人在经营管理期间向公司主张报酬是否应当支持？

审理结果

驳回杨某要求支付工资及绩效奖励的仲裁请求。

评析意见

《公司法》中规定：高级管理人员，是指公司的经理、副经理、财务负责人，上市公司董事会秘书和公司章程规定的其他人员。控股股东，是指其出资额占有限责任公司资本总额百分之五十以上或者其持有的股份占股份有限公司股本总额百分之五十以上的股东；出资额或者持有股份的比例虽然不足百分之五十，但依其出资额或者持有的股份所享有的表决权已足以对股东会、股东大会的决议产生重大影响的股东。实际控制人，是指虽不是公司的股东，但通过投资关系、协议或者其他安排，能够实际支配公司行为的人。公司法定代表人依照公司章程，由董事长、执行董事或者经理担任，并依法登记。公司法定代表人变更，应当办理变更登记。根据《关于确立劳动关系有关事项的通知》的规定，劳动者主张与用人单位存在事实劳动关系，在用人单位与劳动者均为合法主体的前提下，应当至少满足三个必备条件：（1）劳动者提供的劳动是用人单位工作的组成部分；（2）用人单位向劳动者支付劳动报酬；（3）用人单位依法制定的各项规章制度适用于劳动者，劳动者受用人单位的劳动管理。

本案中，杨某为某网络技术公司的控股股东及法定代表人，即使其存在为某网络技术公司提供劳务的行为，但与普通劳动者为公司提供劳务的行为在本质上是有区别的。杨某作为某网络技术公司的控股股东、法定代表人、公司总裁，其享有对某网络技术公司的实际控制权，某网络技术公司经营状况的好坏直接影响到其可能获取的分红。杨某虽主张其基于劳动关系提供了劳务，但其仅提供了一份商业计划书，不足以证明其提供了持续性劳动。杨某应当举证证明其系为了获取劳动报酬而与某网络技术公司达成合意为公司提供劳务，而非为了获取更多的股东分红而向某网络技术公司义务提供劳务。

庭审中，杨某虽提供了聘任书，但仅显示有杨某签名，并非全体股东决议，除了聘任书外，杨某未能举出股东会决议、董事会决议、公司章程、劳动合同等可以证明其已与某网络技术公司达成合意为公司提供有偿劳务的证据。此外，基于杨某的特殊身份，某网络技术公司其他人员无法对其进行劳动管理，杨某与公司之间不是管理和被管理的关系。对于欠条，虽加盖有某网络技术公司印章，但杨某作为某网络技术公司的控股股东、法定代表人、总裁，对公司各项经营事务享有实际控制权，包括对某网络技术公司公章使用的决定权，且公司在长达三年期间内并未实际支付过杨某工资。因此，不能认定杨某从事了某网络技术公司安排的有报酬的劳动。

综上，某网络技术公司与杨某不属于具有人身隶属性的管理与被管理的劳动关系。相应地，对于杨某要求某网络技术公司基于双方存在劳动关系而支付工资及绩效工资的请求亦不予支持。

5. 工亡职工劳动关系之证据确认

基本案情

2014 年 7 月 1 日，小赵到某清洁公司担任清洁工，双方未签订劳动合同，清洁公司未给小赵缴纳社会保险。2014 年 7 月 10 日，小赵在擦玻璃时不慎从楼上摔下导致死亡。为确认小赵与清洁公司存在劳动关系，赵某（小赵的父亲）提出仲裁申请，清洁公司否认与小赵存在劳动关系，为此双方发生争议。案件审理过程中，仲裁委向公安局调取了小赵死亡案的卷宗材料。在公安机关的询问笔录中记载，李某称："我是这个公司的清洁队队长，小赵是2014年7月1日经人介绍来当清洁工的……"；张某称："我是某清洁公司的清洁工，小赵是2014年7月来的，和我一起担任清洁工……"清洁公司认可李某、张某是该公司的职工，认可李某系清洁公司的清洁队队长的身份。

争议焦点

公安机关的询问笔录和同事证言可否作为确认劳动关系的证据？

审理结果

确认双方存在劳动关系。

评析意见

原劳动和社会保障部《关于确立劳动关系有关事项的通知》是确认劳动关系争议中最具权威的规范性文件。该通知列举了劳动者与用人单位各自在劳动仲裁中应当提供的证据，如果双方未订立劳动合同且因确认劳动关系发生了争议，劳动者一方应当提供：（一）用人单位向劳动者发放的"工作证""服务证"等能够证明身份的证件；（二）其他劳动者的证言。用人单位一方应当提供：（一）工资支付凭证或记录（职工工资发放花名册）、缴纳各项社会保险费的记录；（二）劳动者填写的用人单位招工招聘“登记表”“报名表”等招用记录；（三）考勤记录。在这类争议中双方均有提供证据的义务。依据上述相关规定，用人单位未与劳动者签订劳动合同，认定双方存在劳动关系时可参照包括其他劳动者的证言在内的相关凭证。参照清洁公司员工在公安机关的询问笔录可以证实小赵在该公司提供了劳动，清洁公司缺乏证据反驳公安机关的询问笔录，故仲裁委依据上述证据材料，确认了小赵与某清洁公司之间存在劳动关系的事实。

6．残疾人持证“挂靠”与劳动关系确认

基本案情

冯某因交通事故受伤，中国残疾人联合会于2010年6月向冯某签发了残疾人证。2016年12月15日，冯某与某物流公司签订了《挂靠协议》，双方在协议中约定：“冯某将残疾人证挂靠在某物流公司，配合该公司办理与残疾人保障金相关的一切手续，某物流公司一次性支付冯某3000元。”之后，双方签订了劳动合同，某物流公司为冯某缴纳了2017年度的社会保险，如约支付了冯某3000元的生活费。2018年3月5日，冯某提起仲裁申请，要求某物流公司补发其2017年1月1日至2017年12月31日的最低工资差额21000元。某物流公司不同意冯某的诉求，提出双方之间仅是挂靠关系，虽签有劳动合同但冯某并未提供实际劳动。冯某则称其曾两次要求公司安排工作，公司一直告知等待通知。

争议焦点

残疾人持证“挂靠行为”是否应认定为劳动关系？

审理结果

裁决某物流公司支付冯某 2017 年 1 月 1 日至 2017 年 12 月 31 日待岗工资差额 16200 元。

评析意见

残疾人证挂靠问题近年来屡见不鲜，通俗地讲就是用人单位“要证不认人”。用人单位“借用”残疾人证，但却不安排残疾人劳动，“借用”的对价可表现为按月或一次性支付残疾人生活费（通常低于最低工资标准），并为残疾人缴纳社会保险。

然而，残疾人证挂靠行为的法律效果却不仅仅限于协议的相对人之间，用人单位聘用残疾人后，实际上可享受残疾人保障金和税收方面的减免。具体而言，除了符合法定标准的小微企业外，根据《残疾人就业条例》第八条和第九条的规定，用人单位安排残疾人就业的比例不得低于本单位在职职工总数的 1.5%，用人单位安排残疾人就业达不到其所在地省、自治区、直辖市人民政府规定比例的，应当缴纳残疾人就业保障金。而依据《残疾人就业保障金征收使用管理办法》第八条的规定，距离法定聘用残疾人数每少一人，用人单位就需按照上年该单位职工年平均工资的标准缴纳一份残疾人就业保障金。

相比之下，雇用残疾人成本则相对较低。根据《残疾人就业保障金征收使用管理办法》第七条的规定，用人单位安排残疾人就业的认定标准为：（一）与残疾人签订一年以上（含一年）劳动合同；（二）实际支付的工资不低于当地最低工资标准；（三）足额缴纳社会保险费。残疾就业人数达到法定标准后，除了残疾人保障金的减免外，用人单位在增值税、营业税、企业所得税、城镇土地使用税上均可享受到相应的优惠政策。

依据《合同法》第五十二条（现已失效）的规定，恶意串通，损害国家、集体或者第三人利益的合同应当被认定为无效。在挂靠协议下，用人单位减少了残疾人保障金和税收的支出。然而，残疾人保障金的设立是为了支持残疾人就业和保障残疾人生活。税收亦是国家财政收入的主要来源，与社会公共利益、社会公共需求紧密相关。而残疾人“不劳而获”的行为，在满足法定“被聘用”的条件下，也已违背宪法关于公民应当提供劳动的义务。挂靠协议双方均违背了立法者鼓励残疾人就业、融入社会的本意。综上所述，无论是否以书面形式呈现，残疾人与用人单位之间形成的关于挂靠残疾人证的合意均系侵害社会公共利益的行为，属无效合同。本案中，某物流公司关于双方之间存在的是挂靠关系的主张不应被支持。

挂靠残疾人证的行为应认定为双方建立了劳动关系。相较于一般公民，残疾人社会经验不丰富，获取知识渠道有限，很难对残疾人权利保障信息有一个系统的了解。因用人单位未明示残疾人应享有的就业保障权利，作为挂靠的当事人在未能知道自己权利取舍的情况下，不能视为残疾人有放弃与该用人单位建立劳动关系的真实意思。在此情形下，劳动合同的签订以及社会保险的缴纳明细仍然可作为残疾人主张建立劳动关系的证据。

《劳动合同法》第七条规定了用人单位自用工之日起即与劳动者

建立劳动关系。其解决的是劳动关系与实际用工的关系，并未否定劳动合同作为劳动关系证明的法律地位。劳动合同订立后，双方权利义务便应纳入劳动合同的履行规则中去解决，此时，应当由用人单位承担举证责任，说明残疾人未实际提供劳动的原因，如因用人单位没有安排劳动，那么双方权利义务可比照待岗处理；若是残疾人原因未能进行单位交办工作，用人单位亦应进行培训、调岗，甚至是劳动关系解除的处理程序。

第二章

劳动合同的订立与履行

1. 劳动合同约定条款的效力

基本案情

2016年3月1日，丁某入职W公司并签订了劳动合同。劳动合同约定，丁某的工作岗位为销售，工作地点为“北京市内”，月工资构成为基本工资2000元+提成工资+补助500元。劳动合同附件中约定，甲方（W公司）可根据生产经营情况合理地调整乙方（丁某）的工作岗位及地点。丁某入职后一直在W公司设立于A商场的专柜担任导购员，后因业绩出色，升职为店长，工资组成中增加了店长补贴500元。2017年11月1日，W公司因经营战略调整，撤销了设在A商场内的柜台，并通知丁某在5日内到B商场报到。因B商场有店长，故丁某不再担任店长职务，但原工资福利待遇不变，且每月增加300元的交通补助。但丁某在规定的时间内没有到B商场工作。2017年11月7日，W公司向丁某邮寄了上岗通知，邮寄回执单中显示丁某签收了该通知，但丁某依然没有到岗。之后，W公司以旷工为由与丁某解除了劳动关系。

丁某不服，向仲裁委提出仲裁申请，要求支付违法解除劳动关系赔偿金。庭审中，丁某表示不同意变更工作地点，主张新的工作地点距离自己家较远，每天上班花费的交通费及往返时间都比之前多。且其由店长降为导购员，属于调整工作岗位，其不同意。W公司不同意支付解除劳动关系经济补偿金，主张其公司因业务调整撤销在A商场的柜台，属于客观情况发生变化，且在劳动合同中约定丁某的工作地点为“北京市内”，其公司有权在北京市内调整丁某的工作地点，另外，其公司承诺变更工作地点后每月多支付丁某300元交通补助，并没有降低丁某的工资标准，其公司已经采取了弥补措施，丁某拒不到岗工作，也不与单位协商，违反了公司的规章制度，可以解除劳动关系。

争议焦点

用人单位调整劳动者工作岗位及工作地点的合法性。

审理结果

裁决驳回丁某的仲裁请求。

评析意见

实践中，用人单位和劳动者一般会在劳动合同中约定用人单位可根据生产经营或工作需要调整劳动者的工作岗位和工作地点，但往往用人单位做出调岗后，劳动者却并不配合，在此情况下，用人单位提出解除劳动关系，是否应支付补偿金？该问题在于判断用人单位调岗行为是否合法，是否属于在合理合法的范围内行使用工自主权。

上述问题，可以从三方面考虑。第一，用人单位与劳动者有书面约定可根据生产经营情况调整工作岗位的，用人单位也提交了证据可以证明生产经营情况确实发生变化，调岗也在合理范围的，应支持用人单位。第二，用人单位与劳动者未书面约定工作岗位或约定不明确的，用人单位根据生产经营情况需要合理地调整岗位属于自主用工行为，可以调整劳动者的工作岗位，是否合理需要考察用人单位调整工作岗位的经营必要性、目的正当性、调整后的岗位是劳动者所能胜任及对劳动者无不利变更。第三，用人单位与劳动者没有约定如何调岗的，就要考察是否符合《劳动合同法》第四十条的规定，有下列情形之一的，用人单位提前三十日以书面形式通知劳动者本人或者额外支付劳动者一个月工资后，可以解除劳动合同：（一）劳动者患病或者非因工负伤，在规定的医疗期满后不能从事原工作，也不能从事由用人单位另行安排的工作的；（二）劳动者不能胜任工作，经过培训或者调整工作岗位，仍不能胜任工作的；（三）劳动合同订立时所依据的客观情况发生重大变化，致使劳动合同无法履行，经用人单位与劳动者协商，未能就变更劳动合同内容达成协议的。

如果不符合《劳动合同法》第四十条所列情况而变更劳动者工作岗位，则属于违约行为，给劳动者造成损失的，要予以赔偿，参照原岗位工资标准补发差额，对劳动者要求恢复原岗位的，可根据实际经营情况处理，如果无法恢复原岗位，可以释明劳动者另行主张权利，若劳动者坚持恢复原岗位，那么仲裁委可以不予支持。

2. 劳务派遣单位主动召回派遣员工的法律责任

基本案情

2016 年 1 月，A 公司与 B 公司签订了为期 5 年的劳务派遣协议，约定 A 公司根据 B 公司的用人需求为其提供劳务人员。2016 年 4 月，B 公司向 A 公司发出用工需求，拟招聘华北区事业部业务代表。A 公司推荐王某，经过两家公司的面试及考评，王某符合录用条件，双方就工作岗位、薪酬、福利待遇等事宜亦达成一致意见，于 2016 年 5 月 18 日与 A 公司签订了为期 3 年的劳动合同，约定王某被派遣至 B 公司，工作岗位为华北事业部经理，月薪税前 15000 元（基本工资 9000 元 + 岗位工资 6000 元），社会保险及工资由 A 公司代缴代发。

2017 年 2 月 16 日，A 公司向王某发出告知函，通知其自 2017 年 3 月 1 日起到公司待岗，具体如何安排等待公司的通知，如不服从公司的安排，公司将停发工资以及停缴社会保险。王某分别向两家公司询问原因，B 公司表示并未通知 A 公司将王某退回，A 公司则未给出明确回复。王某提供正常劳动至 2017 年 2 月 28 日，因担心 A 公司拒发工资以及断缴社会保险给其生活带来不便，遂于 2017 年 3 月 1 日回到 A 公司报到，A 公司告知王某需服从公司的安排，无须到 B 公司上班，具体何时上岗等待通知，临时安排在公司的办公室工作。

2017 年 4 月发放工资时王某发现，A 公司支付其工资 9000 元。王某发现工资降低找到公司询问，公司表示是统一安排，未告知其原因。2017 年 5 月发放工资时，A 公司又按 9000 元标准向王某支付工资，王某再次询问后得知，系 A 公司与 B 公司就劳务人员的更换与退回发生争议，A 公司召回派遣员工是对 B 公司采取的措施。王某要求按劳动合同约定的标准补发工资遭到 A 公司的拒绝。2017 年 6 月 21 日，王某以 A 公司未及时足额支付劳动报酬为由提出解除劳动合同，并申请劳动仲裁，要求支付 2017 年 3 月 1 日至 2017 年 6 月 21 日的工资差额和解除劳动合同经济补偿金。

庭审中，王某称在其为 B 公司提供正常劳动且没有任何过错的情况下被 A 公司召回，并安排在公司的办公室工作，使自己的工作能力不能得到发挥，且每月只支付基本工资，侵害了其合法权益。A 公司则主张作为用人单位，承担着派遣员工的工资支付、社保缴纳等法律责任，用人单位对劳动者享有管理的权利，有权根据公司的经营情况将派遣员工主动召回，且在召回后王某已经不在原来的工作岗位工作，因此无须支付岗位工资 6000 元，按照其基本工资支付符合法律规定，因此无须补足差额及支付解除劳动合同经济补偿金。

争议焦点

劳务派遣单位主动召回被派遣人员，是否可以单方面降低工资标准？

审理结果

A公司支付王某2017年3月1日至2017年6月21日的工资差额22138元，解除劳动合同经济补偿金22500元。

评析意见

对于劳务派遣单位是否有主动召回劳动者的权利、召回的法律效力以及召回后的权利义务状况，应结合劳务派遣的特点，并从国家法律法规对劳务派遣的规制的角度来具体分析。劳务派遣又称劳动派遣，是指派遣单位按照用工单位的需求招收劳动者并与之建立劳动关系，按照其与用工单位订立的劳务派遣协议将劳动者派遣到用工单位劳动，在用工单位的管理监督下从事相应的劳动，工资和社会保险费等待遇由用工单位提供给劳务派遣单位，再由劳务派遣单位支付给劳动者，并为劳动者办理社会保险登记和缴费等事务，用工单位向派遣单位提供服务费的一种新型用工形式。劳务派遣的一大特征即为雇用和使用发生分离，且存在三个主体。劳动者与劳务派遣单位系劳动关系，与用工单位则为民事协议，两个单位之间的权利义务不受劳动法律法规的调整。我国的劳动法律法规仅仅规定了用工单位在符合一定条件的前提下可以将劳动者退回劳务派遣单位，并未规定劳务派遣单位主动撤回派遣员工。鉴于劳动派遣用工形式的特殊性，虽然《劳动合同法》第五十八条规定了劳务派遣单位应当对劳动者履行的义务，其固然有权利将派遣员工主动召回，但主动召回的权利应当受到一定的限制，防止权利滥用。召回派遣员工的法律效力应从三个方面加以分析。

第一，从与用工单位的关系来看，劳务派遣单位与用工单位系民事协议，一个是名义上的雇主，一个是实际雇主。《劳动合同法》第五十九条规定了劳务派遣协议应当具备的内容，用工单位使用劳务派遣方式一则降低企业自身风险，二则增强企业的灵活性，同时在一定程度上需要稳定性满足自身的需求。从这个方面来说，派遣单位实质上是从用工单位中分立出来的雇主身份和职能，其盈利点就是为用工单位提供服务，满足用工单位的用工需求。首先，应当尊重双方协议约定，如双方在协议中约定劳务派遣单位可以随时撤回劳动者，则劳务派遣单位的撤回具有法律效力，双方应当遵守；其次，如双方协议约定在一定条件下可以撤回劳动者，如约定的条件出现，派遣单位撤回劳动者亦发生法律效力；最后，如双方对此没有约定，就必须考虑派遣单位主动撤回劳动者的原因、对用工单位的影响等其他因素来确定其行为的法律效力。

第二，从与劳动者的关系来看，劳务派遣可分为登陆型派遣和雇佣型派遣。目前发展迅速且规模较大的劳务派遣均为登陆型派遣，其加速了劳动合同的短期化和降低了就业质量，与我国倡导的劳动关系存在冲突。因此，《劳动合同法》在修订时将劳务派遣作为重点修订章节，增加提高派遣单位的注册资本等条款，其目的就是增加劳动关系的稳定性，除非双方劳动合同约定或是劳动者的原因等，派遣单位不得主动撤回派遣员工，否则应当承担相应的法律责任。

第三，上述两种情形虽然在一定程度上具有法律效力，但劳务派遣中的劳动关系是一个“三角”结构，存在三个主体，任何双方达成的协议均有可能会损害第三方的利益，同时鉴于劳动关系区别于其他法律关系的特殊性，劳动关系受到劳动合同和劳务派遣协议的双重约束，应当保持一定的稳定性。因此，派遣单位主动撤回劳动者虽然在一定条件下对合同相对方发生法律效力，但不具有对抗第三方的效力。鉴于此，根据我国现行的法律法规，如出现以下情形，派遣单位主动召回劳动者应当得到支持：（一）派遣单位、用工单位和被派遣劳动者三方达成一致意见，派遣单位可召回被派遣劳动者；（二）派遣单位发现用工单位存在违法用工的情形，严重侵害劳动者合法权益的；（三）不能归咎于劳动者和派遣单位的原因可能导致派遣协议无法继续履行的；（四）不能归咎于用工单位的原因，劳动者继续在用工单位工作可能给派遣单位和用工单位的合法权益造成重大损害的；（五）不能归咎于派遣单位的原因，劳动者继续在用工单位工作可能给派遣单位合法权益造成重大损害的。

具体到本案中，王某经过面试考核被派遣到 B 公司工作，并与 A 公司签订了劳动合同，在王某不存在过错的情况下，A 公司因与 B 公司发生争议将王某主动撤回，侵犯了王某和 B 公司的合法权益，不仅违反了法律规定，也有违劳动合同和劳务派遣协议，更与《劳动合同法》的立法精神和目的相悖，王某的仲裁请求合理合法应予支持。

3. 被派遣的员工遭车祸谁埋单

基本案情

常某是某劳务派遣公司派遣至某食品公司的员工，在 2021 年 1 月下班途中遭遇车祸，经劳动部门认定为工伤，鉴定伤残七级。常某向劳务派遣公司、食品公司申请工伤待遇。劳务派遣公司以社会保险应由食品公司缴纳、《劳务派遣协议》约定由该公司支付工伤待遇为由拒绝了常某的要求。食品公司则认为常某是劳务派遣员工，与劳务派遣公司存在劳动关系，也拒绝了常某的要求。常某于是申请劳动仲裁。仲裁委经审理后认为，劳务派遣公司属于用人单位，食品公司则属于用工单位。《劳动合同法》规定，用工单位应当履行支付加班工资、绩效奖金以及与工作岗位相关福利待遇的义务。常某的社会保险本应由用人单位也就是劳务派遣公司为其缴纳，因未缴纳社会保险造成的工伤待遇损失应由劳务派遣公司承担，同时按法律规定，食品公司作为用工单位，承担工伤保险待遇的连带赔偿责任。

争议焦点

被派遣的员工发生工伤，用人单位、用工单位的责任承担。

审理结果

劳务派遣公司赔偿工伤待遇，食品公司承担连带赔偿责任。

评析意见

所谓连带责任，就是指将来如果劳务派遣公司不按照裁决书的裁决结果向常某支付相关的工伤保险待遇时，常某可以向人民法院申请强制执行，在申请强制执行时他既可以以劳务派遣公司作为被执行人，也可以把食品公司作为被执行人，谁有偿还能力就让谁做被执行人，多了一个选择更有利于保护常某的合法权益。连带责任的设立就是法律对于劳务派遣工的一项特殊保护措施。

4. 劳务派遣工能否签订无固定期限劳动合同

基本案情

孙某2014年1月1日入职北京某劳务派遣公司，双方签订了为期1年的劳动合同，期限为2014年1月1日至2014年12月31日，孙某被派遣至北京某信用卡中心工作。合同到期后，双方又续签劳动合同至2015年12月31日。该份合同到期后，劳务派遣公司告知孙某不再与其续签劳动合同，双方劳动合同到期终止。孙某认为劳务派遣公司与其签订了两次固定期限的劳动合同，按照法律规定，北京某劳务派遣公司应当与其签订无固定期限劳动合同。双方协商无果，孙某诉至仲裁委，要求该劳务派遣公司与其签订无固定期限劳动合同。

争议焦点

劳务派遣员工与无固定期限劳动合同的签订。

审理结果

支持孙某要求签订无固定期限劳动合同的仲裁请求。

评析意见

《劳动合同法》并未将劳务派遣的情形排除在无固定期限劳动合同之外。本案中，孙某与该公司已经签订了两次固定期限的劳动合同，符合《劳动合同法》第十四条第二款第三项之规定，所以，对于孙某要求公司与其签订无固定期限劳动合同的请求应当予以支持。

首先，法无规定即不禁止。从目前现有的法律法规及政策规定来看，并未有规定禁止劳务派遣下的员工签订无固定期限劳动合同。在法律没有修订之前，作为执法者不应做出于法无据的解读及适用。鉴于劳务派遣"临时性、辅助性及替代性"的特征，劳务派遣不适合签订无固定期限合同的观点，实际混淆了劳务派遣中用工单位岗位性质与劳务派遣单位对劳动者应当履行用人单位对劳动者义务的概念。"临时性、辅助性及替代性"的特征是劳务派遣岗位的要求，即在这三种岗位下才能使用劳务派遣，但与劳动者签订无固定期限劳动合同与上述三种性质无关，并不影响劳务派遣公司与劳动者无固定期限劳动合同的签订。

其次，《劳动合同法》将"劳务派遣"一节列入第五章"特别规定"项下，与非全日制用工、集体合同并列，以此区别于一般标准劳动合同用工，说明"劳务派遣单位应当依法与被派遣劳动者订立二年以上的固定期限劳动合同"属于特别规定，当特别规定与一般规定存在冲突时，优先适用特别规定。但这只是对劳务派遣签订劳动合同最低期限的特别规定，而非不能签订无固定期限的特别规定。如真属于上述说法的特别规定，立法机构在制定劳动合同法时就应直接明确劳务派遣下的员工是否适用《劳动合同法》第十四条相关规定。

最后，劳务派遣下的员工应当享受与用人单位的正式员工同等的法律地位。劳务派遣下的员工在实际的薪酬福利待遇方面，本身就与用人单位的正式员工存在较大差距。如果说该差距系因各公司自身原因导致，那么在立法层面，就更不能刻意划分三六九等，造成更大的不公。当初《劳务派遣暂行规定》出台后删除了“关于双方协商一致可以签订无固定期限劳动合同”的规定，应当是此规定与《劳动合同法》效力相冲突，毕竟《劳动合同法》作为上位法，在没有明确规定的情况下，部门规章不能与其相冲突。

5．如何判定用人单位调岗是否合理

基本案情

罗某系某商业公司的员工，于2008年6月入职。2015年双方订立了无固定期限劳动合同，约定罗某的岗位为“管理类”，并约定商业公司可根据生产经营状况、工作能力、工作表现及身体状况等调整其工作岗位。罗某工作期间，先后任职百货主管、百货经理、杂货经理、资深经理等工作岗位。2015年9月起，罗某担任总务部部长。2016年9月，因生产经营需要，公司将设施部与总务部合并为总务设施部，并将罗某的岗位调整为服装部部长，调整前后的岗位级别、薪资待遇、工作地点等均未发生变化。罗某以调整前后的岗位分属后勤类及运营类为由拒绝到岗。一周后，罗某以商业公司未提供劳动条件为由提出解除劳动合同，并要求商业公司支付解除劳动合同的经济补偿。

仲裁委审理后认为，商业公司因生产经营需要将设施部与总务部合并为总务设施部，罗某对该事实不持异议，商业公司基于生产经营需要对罗某进行岗位调整应属于用人单位的用工自主权，且调整前后的岗位级别、薪资待遇、工作地点等并未发生变化，罗某以调整前后的部门分属后勤类及运营类作为不同意调整岗位的主张并不成立，故本案不存在商业公司不提供劳动条件的事实，罗某要求商业公司支付解除劳动合同经济补偿的请求不应得到支持。

争议焦点

用人单位合理合法调岗，劳动者有义务接受。

审理结果

驳回罗某要求商业公司支付解除劳动合同经济补偿金的仲裁请求。

评析意见

实践中，不少劳动者存在理解误区，认为其工作岗位一概不能调整。事实上，如果用人单位与劳动者在劳动合同中对调岗进行了相应的约定，或是在劳动合同中未约定工作岗位或约定不明的情况下，用人单位确因生产经营需要可对劳动者进行岗位调整，但调岗行为本身需具有合理性，且不得随意降低劳动者的工资标准。在劳动合同中只约定岗位而未约定如何调岗的情形下，用人单位亦可在《劳动合同法》第四十条所列情形下对劳动者进行岗位调整。调岗的相关规定可参照《北京市高级人民法院、北京市劳动人事争议仲裁委员会关于审理劳动争议案件法律适用问题的解答》第五条。

6. 如何认定用人单位变更工作地点是否合理

基本案情

孙某于2014年7月1日入职某模具公司，双方订立了无固定期限劳动合同。劳动合同约定，孙某的工作地点为北京，岗位是“后勤辅助岗”，具体工作内容为“事务、预算管理和领导安排的其他工作”，并约定模具公司可以根据生产经营的需要及孙某的工作能力和表现等，调整其工作岗位、工作内容及工作地点。入职后，孙某被安排到模具公司位于某城区的开发中心从事财务、人事等辅助性工作。2016年7月，基于公司生产经营需要，减轻各部门的工作负担，模具公司将各部门的财务工作统一归公司财务部管理。据此，孙某办理了开发中心全部财务凭证的交接。模具公司与孙某沟通协商，提出安排其到开发中心其他岗位工作，但均被孙某拒绝。后模具公司安排孙某到位于另一城区的公司总部从事人事相关工作。2017年1月，孙某提出仲裁申请，要求模具公司按照劳动合同的约定提供劳动条件，在原岗位及原工作地点履行劳动合同。

争议焦点

用人单位调整劳动者工作岗位和工作地点是否违反了法律规定?

审理结果

裁决驳回孙某的仲裁请求。

评析意见

按照《劳动合同法》的规定，用人单位与劳动者协商一致，可以变更劳动合同约定的内容。虽然用人单位与劳动者在劳动合同中约定可对工作岗位及工作地点进行调整，但调整前应当综合考虑用人单位的经营必要性、目的正当性，调整后的岗位对劳动者不具有侮辱性或歧视性，调整后的岗位为劳动者所能胜任、工资待遇无不合理的变化，调整后的工作地点对劳动者的生活无明显不利的影响或采取相应的弥补措施等。如果上述调整符合合法性及合理性要求，则劳动者应当接受。

本案中，双方在劳动合同中约定模具公司可以根据生产经营的需要及孙某的工作能力和表现等，调整其工作岗位、工作内容及工作地点，模具公司基于财务统一管理的需要对其工作岗位和工作地点进行调整，调整时亦与孙某进行了沟通协商，并给出几个方案供其选择，其中包括原工作地点的其他岗位，但均遭到拒绝；调整后的人事岗位与孙某原先的岗位均属于从事后台或辅助工作，该岗位调整本身对孙某不具有侮辱性或歧视性；从实际履行情况来看，孙某完全能够胜任新的岗位；调整后的工作地点亦同样位于北京城区，且处于商业繁华区域，公共交通较为便利，虽然较之前上下班时间有所增加，但不足以认定侵害了其合法权益，故裁决驳回了孙某的仲裁请求。

7. 公司内部调整是否属于“客观情况发生变化”的情形

基本案情

李某于2015年4月入职某外资公司，双方订立无固定期限劳动合

同，约定李某的岗位为媒体公关总监，月薪3万元。2021年6月，公司告知李某，为精简组织架构，决定撤销李某所在的媒体公关总监岗位，另设媒体沟通总监及媒体关系拓展总监，但上述两个岗位均已有合适人选，现特别为李某设立公司高级顾问岗位，月薪降为2万元，希望能与其签署变更劳动合同协议书。李某不同意公司的要求，该公司即以“订立劳动合同时的客观情况发生重大变化，双方未能就变更劳动合同内容达成一致”为由，向李某发出《解除劳动合同通知书》，并向李某支付了经济补偿及代通知金等。李某认为公司的解除行为违法，故提出仲裁，要求撤销《解除劳动合同通知书》并继续履行劳动合同。

争议焦点

企业内部调整不属于“订立劳动合同时的客观情况发生重大变化”。

审理结果

对李某的仲裁请求予以支持。

评析意见

原劳动部办公厅《关于〈中华人民共和国劳动法〉若干条文的说明》第二十六条规定，本条中的“客观情况”指：发生不可抗力或出现致使劳动合同全部或部分条款无法履行的其他情况，如企业迁移、被兼并、企业资产转移等，并且排除本法第二十七条（指经济性裁员）所列的客观情况。用人单位作为经营者，在与劳动者订立劳动合同时，其对市场可能产生的波动及生产经营策略可能产生的变化应当有所预见。确因生产经营情况需调整劳动者工作岗位的，应协商一致书面变更或解除劳动合同。在无法达成一致的情形下，用人单位可在相近或类似岗位上安排劳动者工作，并不得随意降低劳动者的工资标准，更不能简单地解除劳动合同。

本案中，公司根据生产经营需要，调整李某的工作岗位，系为应对市场变化主动采取的经营策略调整，不属于“订立劳动合同时的客观情况发生重大变化”的情形，公司虽然支付了李某经济补偿及代通知金，但并不代表其解除行为合法。

8. 劳动者病假期间兼职合法吗

基本案情

老贺是一家大型外资乳制品公司的司机，因患腰椎间盘突出，在医生建议下，于2001年3月接受了手术治疗，两个月后出院，医生嘱其继续在家观察休养4个月。老贺出院后即通过电话向单位领导讲明了自己的情况，并委托家人将医院出具的病休证明交到了公司人事部。公司领导批准了他的病假申请，并批示按月向其支付病假工资。老贺是退伍军人，身体素质很好，在家歇了近3个月后就感觉没事了。恰在此时，昔日战友老赵找到他，想请他帮忙。老赵称自己开公司，由于公司货车司机突然辞职，一时又难以立刻找到顶替的人选，想先请老贺帮忙顶1个月救救急。看到战友焦急的样子，想到自己恰好还有1个月病假没休完，况且还可以赚些外快，老贺欣然接受了战友的请求。

2001年9月，老贺病假到期返回公司上班。9月10日是公司发薪日，可这一回老贺没有像往常一样领到8月的600元病假工资，而是接到公司人事部的一纸书面通知，通知内容为：鉴于贺某于2001年8月因病在家休假期间外出从事劳务，已经违反了公司的规定，构成违纪，公司决定扣发其8月病假工资。原来，老贺一上班就向工友吹嘘自己赚外快的事，公司领导得知后立即对其做出了上述决定。老贺对公司的决定耿耿于怀，自己明明是得到公司批准在家休病假，虽说出去赚了点钱，但也是为了给朋友帮忙，既没超假也没耽误上班，凭什么扣发病假工资？莫非休病假连人身自由都没有了？于是提出仲裁请求公司支付2001年8月的工资。

争议焦点

劳动者在病假期间能否兼职，能否从事有收入或经营性活动？

审理结果

未支持贺某的仲裁请求。

评析意见

公司扣发贺某8月的病假工资是否合法，首先要厘清以下两个问题：第一，工资是什么？工资是指用人单位依据国家有关规定或劳动合同的约定，以货币形式直接支付给本单位劳动者的劳动报酬。劳动者获得全额劳动报酬的前提是在正常工作时间内向用人单位提供了正常劳动。第二，什么是病假工资？病假工资是指职工患病或非因工负伤治疗期间，用人单位所应向其支付的相关待遇。原劳动部《关于贯彻执行〈中华人民共和国劳动法〉若干问题的意见》第五十九条规定："职工患病或非因工负伤治疗期间，在规定的医疗期内由企业按有关规定支付其病假工资或疾病救济费，病假工资或疾病救济费可以低于当地最低工资标准支付，但不能低于最低工资标准的80%。"这是国家为保证患病职工的基本权益而对用人单位作出的强制性规定，以保证劳动者在因病不能正常工作的情况下，在法定医疗期内，可以取得一定的收入，从而保障其基本生活。但是，如果劳动者滥用法律赋予的权利，以病休为借口，在享受用人单位给予的病假待遇的同时，又私自从事第二职业并获取收入，这样的行为就严重侵害了用人单位的合法权益，用人单位完全有权不向其支其病假待遇。对于情节严重的，用人单位还可以按公司规章制度的相应规定，解除与该劳动者的劳动合同。

本案中，老贺出院后，根据医嘱并经公司批准，在家休病假。公司根据法律规定和规章制度，定期向老贺支付病假工资，老贺享受病假期间的待遇，就应当在家休养恢复，待康复后重新返岗上班。可是老贺却在病假期间外出帮人运货，还取得了一定的劳务费，显然违背了《劳动法》所确立的工资支付原则。虽然老贺的初衷是给朋友帮忙，但其行为最终从事实上形成了一方面从公司领取病假工资，另一方面又从事第二职业谋取个人经济利益的结果。这样的做法侵害了公司的合法权益。根据《劳动法》第三条所确立的"劳动者应当完成劳动任务，提高职业技能，执行劳动安全卫生规程，遵守劳动纪律和职业道德"的原则，老贺应当遵守公司的规定，在病假期间不得从事第二职业。正是鉴于老贺未能遵守上述规定，公司据此扣发了其病假工资，该行为显然是合理的。

9. 企业高管未签劳动合同要求双倍工资是否合理

基本案情

2004年9月16日，周某入职某技术公司，岗位是法律事务部负责人（法律顾问），月工资标准为16250元。双方最后一次签订劳动合同的日期为2008年10月1日，终止日期为2013年9月30日。该合同期限届满后，双方没有再续签书面的劳动合同。截止到2014年9月17日，周某在该公司工作已满10年。2015年4月7日，周某申请仲裁，要求某技术公司：1. 支付2013年10月1日至2014年9月16日未签劳动合同二倍工资差额195000元；2. 支付2014年9月17日至2015年4月1日应签未签无固定期劳动合同二倍工资差额97500元。某技术公司拒绝了其要求，理由：周某的职务是法务部负责人，是公司的高级管理人员，其职责包含管理劳动合同，其个人劳动合同到期后，其负责的法务部没有向公司发起申报手续，出现劳动合同到期未续签及未签订无固定期限劳动合同的问题，不是公司的过错，公司无须承当相应的法律责任。

争议焦点

企业高管人员未签订劳动合同要求支付双倍工资能否得到支持?

审理结果

驳回周某的仲裁请求。

评析意见

《劳动合同法》第十四条第二款规定："用人单位与劳动者协商一致，可以订立无固定期限劳动合同。有下列情形之一，劳动者提出或者同意续订、订立劳动合同的，除劳动者提出订立固定期限劳动合同外，应当订立无固定期限劳动合同：（一）劳动者在该用人单位连续工作满十年的……"本案中，周某已在该公司连续工作满十年，该公司应当与其签订无固定期限劳动合同，其以此作为用人单位应当与其订立无固定期限劳动合同的条件，那么如果未订立，用人单位理应向劳动者支付双倍工资。依据《劳动合同法》第十四条第三款"用人单位自用工之日起满一年不与劳动者订立书面劳动合同的，视为用人单位与劳动者已订立无固定期限劳动合同"的规定，并参照《北京市高级人民法院、北京劳动争议仲裁委员会关于劳动争议案件法律适用问题研讨会会议纪要（二）》（京高法发〔2014〕220 号）第二十八条第二项"用人单位因违反《劳动合同法》第十四条第三款规定，自用工之日满一年不与劳动者订立书面劳动合同，视为用人单位与劳动者已订立无固定期限劳动合同的情况下，劳动者可以向仲裁委、法院主张确认其与用人单位之间属于无固定期限劳动合同关系。在此情况下，劳动者同时主张用人单位支付用工之日满一年后的二倍工资的不予支持"的规定，在劳动者与用人单位属于上述情况，视为订立无固定期限劳动合同后，劳动者就不能再要求支付双倍工资。

涉及企业高管人员未签订劳动合同要求支付双倍工资，可参照《北京市高级人民法院、北京劳动争议仲裁委员会关于劳动争议案件法律适用问题研讨会会议纪要（二）》（京高法发〔2014〕220号）第三十一条中“用人单位高管人员依据《劳动合同法》第八十二条规定向用人单位主张二倍工资的，可予支持，但用人单位能够证明该高管人员职责范围包括管理订立劳动合同内容的除外。对有证据证明高管人员向用人单位提出签订劳动合同而被拒绝的，仍可支持高管人员的二倍工资请求”的规定。

本案中，周某与该公司又符合视为双方已订立无固定期限劳动合同的情形，其以此要求该公司支付未签订无固定期限劳动合同双倍工资，显然无法得到支持。

此外，周某作为公司法律事务部负责人（法律顾问），系高管人员，其所在岗位有管理劳动合同的职责，其身份又为公司法律顾问，应熟知劳动法律法规，故其对未与该公司签订劳动合同及无固定期限劳动合同负有责任，而非完全由该公司过错造成，因此驳回其请求。

10. 人事经理诉求二倍工资差额是否合理

基本案情

李某于2006年7月进入某机械制造有限公司工作，岗位是人事经理。2008年7月的一天，李某向某劳动争议仲裁委员会申请仲裁，称其从2006年7月进入某机械制造有限公司工作起，单位一直没有与其订立书面劳动合同，还于2008年6月30日解除劳动关系。故要求单位按《劳动合同法》的规定，按二倍月工资的标准向其发放未订劳动合同期间的工资。李某称其自2006年进入单位后一直在人事部门担任人事经理。2008年1月《劳动合同法》实施，单位仍未与其签订劳动合同，2008年6月30日单位因故与其解除了劳动关系。现要求单位按《劳动合同法》的规定，按二倍月工资的标准向其发放未订劳动合同期间的工资。某机械制造有限公司认为，李某系本公司的人事经理，劳动合同均由人事部门负责与劳动者签订，并加盖人事部门劳动合同专用章。《劳动合同法》颁布后，用人单位即要求人事部门对所有员工的劳动合同订立情况进行清理，要求在2008年1月1日之前完成订立工作。李某系人事经理，负责该项工作，理应知道本人应及时与用人单位订立书面劳动合同，而且这也属于李某工作岗位应尽职责。故，不订立书面劳动合同的责任在李某而不在单位，某机械制造有限公司不同意向李某支付未订书面劳动合同期间的二倍工资。

某机械制造有限公司向仲裁委员会提供了总经理办公室《关于做好〈劳动合同法〉实施工作的通知》，以证明某机械制造有限公司要求人事部门与所有员工签订书面劳动合同的事实。某机械制造有限公司还向仲裁委员会提供了与其他员工订立的书面劳动合同，以证明与其他员工订立了书面劳动合同，且书面劳动合同由人事部门代表某机械制造有限公司签订。但无法提供与李某订立的书面劳动合同。

仲裁查实，李某在某机械制造有限公司的工作岗位是人事经理，负责代表公司与所有员工签订劳动合同，而其本人也属于签订劳动合同范围内的人员之一，现在全公司的人员都与公司签订了劳动合同，作为人事经理却没有签订合同，这显然是李某本人的不作为。因此，对李某因不订立书面劳动合同要求单位支付二倍工资的请求，仲裁委最后作出了不予支持的裁决。

争议焦点

负责签订劳动合同的人事经理，未签订劳动合同诉求公司支付二倍工资差额应当支持吗？

审理结果

驳回了李某的仲裁请求。

评析意见

书面劳动合同在劳动合同履行过程中，主要有两方面的作用：一是证明劳动关系的存在；二是明确劳动关系的权利义务。《劳动法》《劳动合同法》均明确要求签订书面劳动合同，但设置了不同的权利义务。《劳动法》第十六条规定了“建立劳动关系应当订立劳动合同”，第十九条规定了“劳动合同应当以书面形式订立”，第九十八条规定了“用人单位……故意拖延不订立劳动合同的，由劳动行政部门责令改正；对劳动者造成损害的，应当承担赔偿责任”。因此，根据上述法律规定，建立劳动关系签订书面劳动合同是强制性要求，但是由于损害难以确认，从而难以要求用人单位承担相应的赔偿责任，这导致用人单位与劳动者不签订书面劳动合同的现象普遍存在，发生争议后用人单位甚至否认与劳动者之间的劳动关系，这加大了劳动者举证的难度和权利保障的难度，以及劳动保障监察和仲裁诉讼处理的难度。《劳动合同法》对《劳动法》有关书面劳动合同订立的规定进行了调整，加重了相应的法律责任，明确了可操作的赔偿责任。该法第八十二条明确规定了“用人单位自用工之日起超过一个月不满一年未与劳动者订立书面劳动合同的，应当向劳动者每月支付二倍的工资”。第十四条明确规定了“用人单位自用工之日起满一年不与劳动者订立书面劳动合同的，视为用人单位与劳动者已订立无固定期限劳动合同”。

本案中，李某系用人单位人事经理，现有法律未有人事经理可以不签订书面劳动合同的规定，李某应当属于需要签订劳动合同的范围，但用人单位人事经理的主要职责就是代表用人单位行使劳动人事管理，帮助用人单位合法履行劳动法律规定，避免因违法行为而导致用人单位的利益受到损害。李某作为人事经理，理应知道用人单位与劳动者不订立书面劳动合同将承担向劳动者支付二倍工资的法律责任，理应履行用人单位赋予的与员工签订书面劳动合同的岗位职责。现用人单位已明确要求人事部门与所有员工签订书面劳动合同，李某所负责部门已与该用人单位其他员工签订书面劳动合同。李某既未向公司经理提出存在身份冲突，由人事部门与自己直接签订书面劳动合同存在不妥，又未履行自己与用人单位签订书面劳动合同的职责，甚至于存有故意损害用人单位利益、谋取私利的嫌疑。因此，本案中的人事经理李某请求单位支付未签劳动合同二倍工资不合理。

那么，是不是所有人事经理请求单位支付未签劳动合同二倍工资都不合理呢？也不尽然。如果作为一个单位的人事经理，单位没有赋予其与员工签订书面劳动合同的岗位职责，单位也没有与其签订书面劳动合同，那么，其请求单位支付未签劳动合同二倍工资是没问题的，也是合理合法的。因此，不能简单地、不加分析地轻易下“凡是人事经理请求单位支付未签劳动合同期间二倍工资都不合理或都合理”的结论，要具体问题具体分析，视情况而定。

11.“瑕疵劳动合同”的法律效力

基本案情

2012年5月8日，某设计公司（处于筹备阶段）的法定代表人钟某与李某签订了《合作协议》，协议载明：“双方经友好协商，李某为钟某提供劳务；钟某为李某提供以下待遇：1. 工资待遇：（1）月薪6000元，于每月5号支付给李某。（2）工资调整：以后根据公司发展情况上调，但不能降低。（3）每年12月，钟某须支付李某双薪工资。2. 提供住所。3. 其他：按国家法定节假日和《劳动法》执行。4. 此协议一式两份，签字有效。”

2012年7月6日，某设计公司注册成立。李某继续为某设计公司工作，月工资标准为6000元。李某工作至2012年12月25日，双方于2012年12月26日解除劳动关系。之后，李某主张其于2012年5月就入职某设计公司，双方未订立书面劳动合同。某设计公司则主张其与李某签订了《合作协议》，该协议具有劳动合同的性质，且此后未订立书面劳动合同的责任也应由李某承担。李某于2012年12月26日向仲裁委提出劳动仲裁申请，要求某设计公司向其支付2012年7月6日至2012年12月25日未订立书面劳动合同的二倍工资差额28206.9元。

争议焦点

公司注册前其法定代表人与劳动者签订的《合作协议》的效力及性质认定。

审理结果

驳回李某的仲裁请求。

评析意见

本案争议涉及两方面的问题：其一，钟某在某设计公司注册成立前与李某签订的《合作协议》的效力；其二，钟某与某设计公司签订的《合作协议》是否具有劳动合同的性质。

根据《民法通则》第三十八条及第四十三条（现为《民法典》第六十一条）的规定，法定代表人是代表法人行使职权的负责人，法人应当对其法定代表人的经营活动承担民事责任；《合同法》第五十条（现已失效）规定，法人或者其他组织的法定代表人、负责人超越权限订立的合同，除相对人知道或者应当知道其超越权限的以外，该代表行为有效。本案中，李某与钟某订立《合作协议》时某设计公司并未注册成立，即钟某在某设计公司未取得经营权限时与李某订立《合作协议》，该协议对于某设计公司属于效力待定的合同。但是，《合作协议》中关于工资调整的约定表述为“以后根据公司发展情况上调，但不能降低”，上述内容表明钟某与李某订立《合作协议》的初衷即为某设计公司服务，即可推断李某当时应当知晓钟某的行为即代表某设计公司。同时，某设计公司注册成立以后，继续按照协议约定履行了向李某支付工资的义务，即该公司以行为表示了对法定代表人签订协议行为的追认，该《合作协议》的效力确定约束某设计公司，即明确了该公司与李某的劳动关系。

就《合作协议》是否具有劳动合同的性质而言。《劳动合同法》第十七条虽规定了劳动合同应当具备必备条款和约定条款，那么缺乏该法规定必备条款的合同（例如，劳务合同、承揽协议及合作协议等）是否具有劳动合同的性质？对此，笔者认为双方当事人是否建立劳动关系，不应简单地以协议名称来认定，而应看用工关系的实质内容。《劳动合同法》第十八条规定：劳动合同对劳动报酬和劳动条件等标准约定不明确，引发争议的，用人单位与劳动者可以重新协商；协商不成的，适用集体合同规定……没有集体合同或者集体合同未规定劳动条件等标准的，适用国家有关规定，并且该法第八十一条规定，用人单位提供的劳动合同文本未载明本法规定的劳动合同必备条款或者用人单位未将劳动合同文本交付劳动者的，由劳动行政部门责令改正；给劳动者造成损害的，应当承担赔偿责任，即上述规定对于缺乏必备条款的合同，用人单位承担的责任是重新协商、责令改正，造成损失的，承担相应的赔偿，而非未订立书面劳动合同的二倍罚金。

本案中，李某与钟某签订的《合作协议》中约定了工资标准、工资支付时间、工资调整及年底双薪等体现双方当事人长期存续劳动关系的意思表示，并且某设计公司注册成立后继续按照协议足额履行了向李某支付工资等义务，即该公司通过继续履行的方式表示了对法定代表人签订协议行为的追认，故该合作协议的效力已经实际上约束了某设计公司和李某之间的用工关系。同时，《劳动合同法》关于未订立书面劳动合同予以双倍工资惩罚的立法目的在于提高书面劳动合同的签订率、明晰劳动关系中的权利义务，而非劳动者可以从中谋取超出劳动报酬的额外利益。鉴于上述理由与事实，应当驳回李某关于二倍工资差额的诉求。

12. 劳动者提供虚假学历的后果

基本案情

2016年2月，某互联网公司招聘计算机工程师，要求应聘者必须取得全日制本科以上学历。王某到该公司应聘，在个人简历学历一栏，其自报填写某名牌大学全日制计算机管理专业本科毕业。王某因符合招聘条件被顺利录用，双方签订为期3年的劳动合同，其中试用期3个月。

入职后1个月内，互联网公司发现王某在工作中，连很多简单的问题都不会处理，经常出现低级错误。公司对王某学历的真实性产生了怀疑，互联网公司向某名牌大学调查核实后发现，该大学并未向王某颁发过全日制计算机管理专业本科文凭。互联网公司遂以王某提供虚假学历、不符合试用期录用条件为由将王某辞退。王某向仲裁委提出仲裁申请要求互联网公司支付违法解除劳动合同赔偿金。庭审中，王某称其入职时向互联网公司提交的本科学历证书为在职本科学历证书，互联网公司向仲裁庭提交了某名牌大学出具未向王某发放过毕业证书的《证明》材料。

争议焦点

试用期内不符合录用条件被解除的劳动关系认定。

审理结果

驳回王某要求某互联网公司支付违法解除劳动合同赔偿金的仲裁请求。

评析意见

用人单位在录用劳动者时，应明确告知劳动者录用条件。同时，用人单位有权了解劳动者与劳动合同直接相关的基本情况，劳动者应当如实说明。如果劳动者违反诚信原则对影响劳动合同履行的自身基本情况有隐瞒或虚构事实的，如提供虚假学历证书、伪造履历等，用人单位可以以劳动者不符合录用条件为由解除劳动合同。对劳动者是否符合录用条件的认定，在试用期的认定标准应比试用期届满后的认定标准略微宽松，故劳动者在入职时应严格遵守诚实信用原则。

本案中，互联网公司在招聘时告知了王某须具备全日制大学本科学历，王某违反诚实信用原则，提供虚假学历，影响了互联网公司对其专业技能的判断，互联网公司以其不符合录用条件为由解除劳动合同符合规定。

13. 试用期约定“两次”是否合法

基本案情

黄某于2008年2月1日入职A市某工程公司任采购员，工程公司与黄某签订了期限自2008年2月1日至2012年1月31日的劳动合同，其中约定试用期为2008年2月1日至2008年6月30日。2008年5月

10 日黄某向工程公司提出解除劳动合同的书面申请，申请三日后与工程公司解除劳动合同。工程公司收到申请后，批准了黄某的辞职，2008 年 5 月 13 日黄某与工程公司办理完结交接手续，正式解除了劳动关系。

2014 年 1 月 10 日，工程公司向社会公开发出招聘信息，公开招聘项目经理。黄某看到招聘信息后参加了工程公司的招聘工作，经面试黄某符合招聘条件，2014 年 1 月 28 日工程公司向黄某发送了入职通知书，通知黄某已被公司录用并于 2014 年 2 月 1 日办理入职手续签订劳动合同。2014 年 2 月 1 日工程公司与黄某签订了期限自 2014 年 2 月 1 日至 2020 年 1 月 31 日的劳动合同书，劳动合同书中约定试用期期限为 2014 年 2 月 1 日至 2014 年 7 月 31 日，工作岗位为项目经理，月工资标准为 1 万元，试用期月工资标准为 8000 元。2015 年 1 月，黄某找到工程公司，提出由于其曾在 2008 年 2 月 1 日与公司签订的劳动合同中已经约定过一次试用期，因此本次入职工程公司后，工程公司不能再与其在劳动合同书中约定试用期，黄某要求工程公司按照其 1 万元的月工资标准，补发 2014 年 2 月 1 日至 2014 年 7 月 31 日的工资差额 12000 元。工程公司就黄某提出的工资差额不予认可，向黄某告知其与黄某于 2014 年 2 月 1 日签订的劳动合同书中约定的试用期符合法律规定，不同意支付工资差额。2015 年 3 月黄某向劳动争议仲裁委员会提出仲裁申请，要求该公司支付违法约定试用期的赔偿金 6 万元。

庭审中工程公司辩称：黄某系到其单位再次就业，且再次应聘的岗位也和之前所从事的岗位有所不同，单位与黄某再次约定试用期符合《关于〈中华人民共和国劳动法〉若干条文的说明》第二十一条第二款“本条中规定的‘试用期’适用于初次就业或再次就业时改变劳动岗位或工种劳动者”的规定，且根据双方签订的劳动合同书期限，约定的试用期期限也符合法律规定，因此，其公司不存在与黄某违法约定试用期的事实，请求驳回黄某的请求。

争议焦点

用人单位招用同一劳动者能否约定两次试用期？

审理结果

支持黄某的申请请求。

评析意见

在实践中，有部分用人单位认为《劳动合同法》第十九条第二款所规定的“同一用人单位与同一劳动者只能约定一次试用期”是限于连续的一次劳动关系存续期间之内的，一旦劳动者与用人单位解除了劳动关系，且在解除劳动关系较长一段时间后，再次建立劳动关系时，试用期的约定就不再受一次的限制；甚至认为劳动者再次应聘入职时，基于重新入职的岗位与之前劳动关系的岗位已不一致，作为用人单位则有权再次约定试用期。

《关于〈中华人民共和国劳动法〉若干条文的说明》第二十一条第二款规定：“本条中规定的‘试用期’适用于初次就业或再次就业时改变劳动岗位或工种劳动者。”此外，原劳动部《关于贯彻执行〈中华人民共和国劳动法〉若干问题的意见》（劳部发〔1995〕309号）第十九条规定：“试用期是用人单位和劳动者为相互了解、选择而约定的不超过六个月的考察期。一般对初次就业或再次就业的职工可以约定……”

显然，本案中的工程公司，引用的就是上述规定。

上述两个法律文件目前未废除，有的用人单位就此提出的质疑看起来确实很有道理。但用人单位在参照和引用上述两个法律文件的同时，犯了一个最基本的错误，即忽略了我国在法律法规内容出现冲突时的效力认定原则。在法律法规内容出现相抵触情况时，首先要看相抵触法律法规的法律位阶，《劳动合同法》在法律位阶上明显高于《关于〈中华人民共和国劳动法〉若干条文的说明》和《关于贯彻执行〈中华人民共和国劳动法〉若干问题的意见》，因此依据“下位法与上位法相冲突，下位法与上位法相抵触的条款是无效”的原则，在《关于〈中华人民共和国劳动法〉若干条文的说明》和《关于贯彻执行〈中华人民共和国劳动法〉若干问题的意见》中与《劳动合同法》第十九条第二款相冲突的条款即无效条款。其次从法律法规的颁布实施时间看，《劳动合同法》也晚于其他两个法律文件。故，试用期约定次数的问题，应当遵照《劳动合同法》的相关规定。

《劳动合同法》第十九条第二款规定，同一用人单位与同一劳动者只能约定一次试用期。2008 年 2 月 1 日，工程公司与黄某初次建立劳动关系，双方约定了试用期。2014 年 2 月 1 日，黄某再次入职，工程公司又约定了试用期。工程公司的做法，显然是违反了上述法律规定。本案中，因违法约定的试用期已经履行，工程公司应依据《劳动合同法》第八十三条“用人单位违反本法规定与劳动者约定试用期的，由劳动行政部门责令改正；违法约定的试用期已经履行的，由用人单位以劳动者试用期满月工资为标准，按已经履行的超过法定试用期的期间向劳动者支付赔偿金”的规定，向黄某支付赔偿金 6 万元。

14. 员工拒绝签订劳动合同后能否要求双倍工资

基本案情

赵某于2011年11月1日入职某防盗门厂工作，岗位为焊工，口头约定月工资标准为3000元，每月10日发放上个自然月的工资。2012年1月，防盗门厂意识到不与员工签订劳动合同存在风险，于是组织所有未签订劳动合同的员工补签。赵某因不能理解劳动合同的内容和含义，视签订劳动合同为“卖身契”，签订了劳动合同就不能随时离职，对签订劳动合同有极大的抵触情绪。防盗门厂的人力资源、工会等各个部门多次通过谈话、会议等方式通知赵某签订劳动合同，但赵某一直不予配合，拒绝签订书面劳动合同。防盗门厂考虑招聘、培训人员有一定的成本和困难，没有采取其他措施，而是一直进行劝导工作，赵某便一直在车间工作。2012年3月，因公司市场营销出现问题，防盗门厂没有按时支付赵某2月至4月的工资，赵某以未及时足额支付劳动报酬为由，于2012年5月10日向公司提交了解除劳动关系的通知，并诉至劳动人事争议仲裁委员会，要求防盗门厂支付：1.2012年2月1日至2012年5月10日拖欠的工资9967.7元；2. 支付未签订劳动合同双倍工资差额15967.7元；3. 支付解除劳动合同经济补偿金3000元。

争议焦点

拒不签订劳动合同，用人单位是否应支付双倍工资。

审理结果

对赵某的所有仲裁请求予以支持。

评析意见

在现实的生活中，用人单位都有一种朴素的观念：不是公司不同意签订劳动合同，公司尽了告知义务，劳动者拒绝签订劳动合同公司就可以免责。因此，用人单位就会埋下定时炸弹，一旦与劳动者发生纠纷，就会处于非常不利的地位。某防盗门厂虽然提交了与赵某谈话的记录、某防盗门厂工会出具的情况说明以及其他员工签订的劳动合同，但是依据《劳动合同法》第十条、第八十二条的规定，建立劳动关系，应当订立书面劳动合同。已建立劳动关系，未同时订立书面劳动合同的，应当自用工之日起一个月内订立书面劳动合同。用人单位自用工之日起超过一个月不满一年未与劳动者订立书面劳动合同的，应当向劳动者每月支付二倍的工资。另根据《劳动合同法实施条例》第六条、第七条之规定，用人单位自用工之日起超过一个月不满一年未与劳动者订立书面劳动合同的，应当依照《劳动合同法》第八十二条的规定向劳动者每月支付两倍的工资，并与劳动者补订书面劳动合同；劳动者不与用人单位订立书面劳动合同的，用人单位应当书面通知劳动者终止劳动关系，并依照《劳动合同法》第四十七条的规定支付经济补偿。前款规定的用人单位向劳动者每月支付两倍工资的起算时间为用工之日起满一个月的次日，截止时间为补订书面劳动合同的前一日。用人单位自用工之日起满一年未与劳动者订立书面劳动合同的，自用工之日起满一个月的次日至满一年的前一日应当依照《劳动合同法》第八十二条的规定向劳动者每月支付两倍的工资，并视为自用工之日起满一年的当日已经与劳动者订立无固定期限劳动合同，应当立即与劳动者补订书面劳动合同。

为了切实贯彻劳动合同制，维护劳动者的合法权益，如果用人单位自用工之日起超过一个月但不满一年不与劳动者订立书面合同，就要承担相应的法律责任。这里包括三层含义：一是用人单位自用工之日起一个月内必须与劳动者订立劳动合同；二是劳动合同必须以书面形式订立，如果在一个月内订立的是口头的劳动合同，则也是违法的，要依法承担法律责任；三是如果用人单位自用工之日起超过一年不与劳动者订立书面劳动合同的，视为用人单位与劳动者已订立无固定期限劳动合同，直接适用无固定期限劳动合同的有关规定。《劳动合同法》为了更好地保护劳动者的合法权益，对用人单位故意不签订书面劳动合同或者拖延签订劳动合同，以及故意不与劳动者订立无固定期限劳动合同的违法行为，规定了“应当向劳动者每月支付二倍的工资”这样一个惩罚性的赔偿制度，用于惩罚用人单位的违法行为，同时也可以督促用人单位尽快依法与劳动者签订劳动合同，从而保护作为弱者一方的劳动者的合法权益，维护劳动关系的和谐稳定。

本案中，防盗门厂存在的最大用工风险为在劳动者入职一个月后没有签订劳动合同，从而导致败诉。如果赵某拒绝签订劳动合同，防盗门厂应当书面通知赵某终止劳动关系，支付经济补偿金，如此是可以避免出现类似的法律风险的。

15. 口头变更劳动合同的效力认定

基本案情

崔某为某商贸公司员工。双方依法签订有书面劳动合同，约定崔某月工资4600元，工作岗位为销售，该书面劳动合同届满后，某商贸公司未与崔某续订劳动合同。某商贸公司因经营困难，于2013年4月25日向全体员工公示劳动报酬调整的决议，内容为：因公司业务萎缩、经营困难，拟自2013年5月起全体员工工作时间减半、工资下调40%，望公司员工能够接受下调工资的决定，与公司共渡难关，如有异议向其单位负责人发邮件或提出书面意见，否则视为同意该决议内容。2013年5月起，某商贸公司将崔某月工资标准调整为2760元。崔某按调整后的2760元/月领取了2013年5月至2013年12月24日的工资。2013年12月25日，崔某向某商贸公司邮寄送达解除劳动合同通知书，以某商贸公司拖欠工资为由提出解除劳动关系，并向仲裁委提出诉求：1. 补发2013年6月至2013年12月24日扣发的工资差额；2. 支付解除劳动合同经济补偿金。

争议焦点

口头变更的劳动合同是否合法有效?

审理结果

驳回崔某的仲裁请求。

评析意见

《最高人民法院关于审理劳动争议案件适用法律若干问题的解释（四）》第十一条［现为《最高人民法院关于审理劳动争议案件适用法律问题的解释（一）》第四十三条］规定："变更劳动合同未采用书面形式，但已经实际履行了口头变更的劳动合同超过一个月，且变更后的劳动合同内容不违反法律、行政法规、国家政策以及公序良俗，当事人以未采用书面形式为由主张劳动合同变更无效的，人民法院不予支持。"该规定明确了劳资双方在变更劳动合同时只要达成合意即可，即使未采用书面形式也是有效的，书面形式并非变更劳动合同必要条件。同时对"实际履行"限定了一个期限，有利于维护双方业已形成的稳定的劳动关系，并且不过多干预企业的经营管理自主权。

结合本案，某商贸公司自2013年5月起将崔某工资标准下调40%，此后崔某继续在原岗位工作，按月正常领取工资至2013年12月，才向某商贸公司提出解除劳动合同。庭审中，某商贸公司提供证据证明其企业因国家政策调整，经营萎缩、业务量急剧下降，已经无法维持原有的工作量和工作待遇，因此，决定降低员工的工作量并下调员工的劳动报酬。崔某在知悉公司决定的情况下，仍然继续工作八个月之久，实际履行了变更后的劳动合同，应视为接受公司的劳动合同变更决定，认定某商贸公司变更劳动报酬有效。

16. 劳动者用假身份证签订劳动合同有效吗

基本案情

2012年2月，小冯的身份证丢失，为能参加某文化公司的面试，便使用其姐姐大冯的身份证，并使用大冯的身份参加了面试。2012 年 3 月 1 日，小冯被某文化公司录用，双方建立劳动关系，但其未向公司说明使用姐姐大冯身份面试的事实，并以大冯的名义办理社会保险、领取工资等人事手续，还签订了期限为 2012 年 3 月 1 日至 2013 年 2 月 28 日的劳动合同。

2013 年 3 月 1 日，劳动合同到期，双方均同意续签劳动合同。这时，小冯需要办理购房贷款，为能开具合格的收入证明，小冯向公司说明了身份情况，公司得知后，要求小冯书面致歉，小冯同意并做出书面致歉。鉴于小冯工作表现良好，文化公司欲继续留用小冯，双方又签署了期限为 2013 年 3 月 1 日至 2015 年 1 月 31 日的劳动合同。该合同到期后双方未续签，小冯继续在公司工作。

2015 年 5 月初，小冯因个人原因离职，并要求文化公司支付 2015 年 2 月至 4 月的未签订无固定期限劳动合同双倍工资差额，理由为双方已连续订立两次劳动合同，公司未与其续签无固定期限劳动合同。文化公司拒绝了小冯的要求，他们认为，2012 年 3 月 1 日至 2013 年 2 月 28 日，双方不存在劳动关系，因为双方第一次签署劳动合同时，小冯使用虚假身份，该份劳动合同应属无效，所以公司与小冯仅签订了一份劳动合同，即 2013 年 3 月 1 日签订的劳动合同，小冯不符合签订无固定期限劳动合同的条件，故不同意支付未签订无固定期间劳动合同双倍工资差额。小冯于 2015 年 6 月申请仲裁，要求某文化公司支付 2015 年 2 月 1 日至 4 月 30 日未签订无固定期限劳动合同双倍工资差额。

争议焦点

劳动者用假身份证签订的劳动合同是否有效?

审理结果

驳回小冯的仲裁请求。

评析意见

劳动者应当以自己真实的身份信息入职，同用人单位签订劳动合同，建立劳动关系。但实践中，因各种各样的原因，冒充他人或者使用他人身份信息建立劳动关系的事情常有发生。本案中，劳动者小冯因身份证丢失，使用其姐姐大冯的身份信息应聘某文化公司，被该公司录用后，小冯并没有向公司说明身份情况，而是继续使用大冯身份信息提供劳动，并以大冯的名义与公司签订劳动合同。那么，小冯应当为自己的行为承担怎样的后果？双方是否存在劳动关系？劳动合同是否有效？

关于双方是否存在劳动关系问题，笔者认为，依据《关于确立劳动关系有关事项的通知》的规定，劳动关系须符合以下三个要素：第一，用人单位和劳动者符合法律、法规规定的主体资格；第二，用人单位依法制定的各项劳动规章制度适用于劳动者，劳动者受用人单位的劳动管理，从事用人单位安排的有报酬的劳动；第三，劳动者提供的劳动是用人单位业务的组成部分。本案中，小冯虽冒用其姐姐大冯的身份信息，但不影响小冯作为劳动者的主体资格，小冯也适用于文化公司的劳动规章制度，接受该公司的管理，其提供的劳动也是文化公司的组成部分。综上，虽然小冯没有使用真实的身份信息，但并不影响双方劳动关系的建立，所以，小冯使用假身份期间，即 2012 年 3 月 1 日至 2013 年 2 月 28 日，双方仍存在劳动关系。

小冯使用其姐姐大冯的身份证面试，之后也未向公司说明情况，继续以大冯的名义为该公司提供劳动，已经构成欺诈，第一份劳动合同应当无效。对此，《劳动合同法》第二十六条对劳动合同无效或部分无效作出了规定："下列劳动合同无效或者部分无效：（一）以欺诈、胁迫的手段或者乘人之危，使对方在违背真实意思的情况下订立或者变更劳动合同的……"该条文中的欺诈，既包括用人单位的欺诈，也包括劳动者的欺诈。由此可见，劳动者或用人单位以欺诈等手段，使对方在违背真实意思情况下订立的劳动合同，应属无效或部分无效。

就本案而言，小冯以虚假的身份通过了文化公司的面试，双方正式建立劳动关系时仍未向公司说明情况，并继续以虚假的身份与公司签订了劳动合同，小冯主观故意的行为导致公司陷入错误的认识，其违背了诚实信用原则，应当构成欺诈，所以，双方签署的劳动合同应属无效。在第一份劳动合同书无效的情况下，小冯与文化公司仅签订了一份劳动合同，不存在连续订立两次劳动合同的事实，小冯以此要求该公司支付未续签无固定劳动合同双倍工资差额的请求，不应得到支持。

17. 受政策影响属于"客观情况发生变化"的情形吗

基本案情

唐某于2012年8月1日入职某电子企业担任电焊工，工作地点位于北京市某郊区，双方订立了为期5年的劳动合同。2018年1月，根据北京市疏解整治促提升计划和该区具体实施政策要求，该电子企业决定将生产部门全部迁移至河北某市。当月，公司向生产部门全体员工发出《生产部门搬迁员工意向调查表》征询意见。唐某表示愿意随公司迁往新的工作地点，并提出工资待遇上浮40%，安排住宿并增加补贴等要求，电子企业则表示可在两地安排班车接送上下班，工资待遇可上涨10%。此后，双方就搬迁、解除等事宜进行多次协商，但均未能达成一致。2018 年 3 月 12 日，电子企业向唐某发出解除劳动合同通知书，以客观情况发生重大变化、双方未能就变更劳动合同达成一致为由，与唐某解除劳动合同，并向其支付了解除劳动合同经济补偿。随后，唐某提出仲裁申请，要求电子企业支付违法解除劳动合同赔偿金（差额）。

争议焦点

符合客观情况发生重大变化用人单位可否行使解除权？

审理结果

驳回了唐某要求某电子企业支付违法解除劳动合同赔偿金的仲裁请求。

评析意见

对于何谓“劳动合同订立时所依据的客观情况发生重大变化”，原劳动部办公厅《关于〈中华人民共和国劳动法〉若干条文的说明》第二十六条第四款做出了解释，即本条中的“客观情况”指：发生不可抗力或出现致使劳动合同全部或部分条款无法履行的其他情况，如企业迁移、被兼并、企业资产转移等，并且排除本法第二十七条所列的客观情况。本案中，电子企业的生产部门发生迁移，确因政府政策变化所致，是其在订立劳动合同时无法预见的客观情况，故在双方不能就变更劳动合同达成一致时，电子企业可行使单方解除权。电子企业与唐某解除劳动合同的情形符合《劳动合同法》第四十条第三项的规定，故裁决驳回了唐某的仲裁请求。

18. 专项培训和岗前培训的区别

基本案情

钟某于2014年3月入职某中介服务公司，双方订立了为期3年的劳动合同，约定钟某从事咨询师工作。入职后，中介服务公司对钟某进行了为期一周的岗前培训，双方签署了一份《服务期协议》，其中注明中介服务公司对钟某进行专业培训，花费培训费2万元，钟某须为公司服务满5年后方可离职。工作满两年后，钟某以个人原因辞职，中介服务公司以钟某未满服务期为由要求钟某支付违约金，并从其最后两个月工资中扣除了违约金12000元。钟某不服，遂向仲裁委申请仲裁，要求中介服务公司予以返还。

争议焦点

岗前培训非专业技术培训，服务期协议可否适用？

审理结果

支持了钟某的仲裁请求。

评析意见

《劳动合同法》第二十二条第一款规定：用人单位为劳动者提供专项培训费用，对其进行专业技术培训的，可以与该劳动者订立协议，约定服务期。《劳动合同法实施条例》第十六条规定：《劳动合同法》第二十二条第二款规定的培训费用，包括用人单位为了对劳动者进行专业技术培训而支付的有凭证的培训费用、培训期间的差旅费用以及因培训产生的用于该劳动者的其他直接费用。本案中，中介服务公司对钟某进行的并非专业技术培训，而是上岗前就公司的业务概况、开展业务的工作技巧、开展业务的注意事项等进行的必要的岗前培训，且没有证据证明实际发生了2万元的培训费用。用人单位滥用服务期协议，损害劳动者的合法权益的做法不可取，故仲裁委支持了钟某的仲裁请求。

19. 劳动合同中约定违约金的效力认定

基本案情

王某2016年2月1日入职某公司，担任财务总监，工资标准为每月2万元。双方签署有固定期限劳动合同，且依据劳动合同所载内容，双方约定“王某提出解除劳动关系应提前30天通知公司，如未提前30天通知，应赔偿公司相当于王某一个月工资数额的补偿。如给公司造成经济损失的，公司有权利向王某追偿”。2016年10月31日，王某因个人原因口头提出与公司解除劳动关系，并于当日离开该公司。王某离职后，公司依照双方劳动合同约定，向仲裁委提出仲裁申请：要求王某支付公司因未提前30天通知解除劳动关系的补偿2万元。

争议焦点

用人单位可以和劳动者约定违约金吗？

审理结果

驳回了某公司的仲裁请求。

评析意见

依据《劳动合同法》第三十七条的规定，劳动者提前三十日以书面形式通知用人单位，可以解除劳动合同。依据该法第九十条的规定，劳动者违反本法规定解除劳动合同，给用人单位造成损失的，应当承担赔偿责任。损失内容具体包括：（一）用人单位为录用劳动者直接支付的费用；（二）用人单位为劳动者支付的培训费用；（三）对生产、经营和工资造成的直接经济损失；（四）劳动合同约定的其他赔偿费用。故因王某当天提出解除劳动关系并于当天离职，未提前三十天以书面形式通知用人单位，王某解除劳动关系并不符合法律规定，如果其行为给公司造成经济损失，不论双方是否有约定，公司都可以依法请求王某承担赔偿责任。但《劳动合同法》中没有其他条款规定公司可以要求劳动者在未提前三十天通知解除劳动合同的情况下对公司进行无经济损失情况下的补偿。

劳动关系具有平等性要求，这种平等性主要指劳动关系的主体双方法律地位的平等，平等主体之间就劳动关系的权利义务进行的约定，应当受到尊重并得到法律的保护，但双方约定违反强制性法律规定的无效。在本案中，双方关于未提前三十天通知解除劳动关系应支付相当于劳动者一个月工资补偿的约定，究其实质，系有违约金的性质，在劳动争议案件中，违约金的适用受到了很大的限制。《劳动合同法》规定，劳动者违反服务期约定或违反竞业限制约定的才能约定违约金条款。也就是说，只有在涉及服务期及竞业限制的情形下，用人单位才能与劳动者约定违约金条款，其他情况下约定违约金条款，均违反《劳动合同法》的相关强制性规定。就本案而言，该公司与王某在合同中的约定本身就是违反法律规定的，故应当认定该公司与王某在劳动合同当中约定的补偿金条款无效。

20. 专项培训费应如何计算

基本案情

王女士于2016年3月入职某教育公司，担任培训教师一职，双方订立有固定期限劳动合同。双方于2016年4月签署《培训协议》，该协议中约定某教育公司会为王女士提供合计两个月左右时间的专业培训，王女士承诺培训后为某教育公司服务3年（服务期自培训结束之日起开始计算），如未能履行服务期期限，则需以培训费用总额为基数按比例退还培训费用，为此某教育公司将为王女士投入10万元的培训费。此后，某教育公司于2016年5月1日至2016年7月30日依约为王女士进行了专项培训。

2017年2月，王女士以个人原因为由提出辞职。某教育公司主张，公司为王女士进行专项培训，并投入了高额的培训费用。但王女士在通过专项培训，掌握部分技能后就辞职的行为违反了双方签署的《培训协议》，亦为其公司造成了损失，故要求王女士按照《培训协议》的约定支付违约金80555.56元。王女士则主张，其具有择业的自由，不同意支付违约金，且某教育公司为其提供的培训费用并未达到10万元。双方对签署服务期协议和专项培训情况均无异议。就培训费用的支出情况，某教育公司主张王女士参加培训期间的费用支出包括教官费、食宿费、资料费、聘用培训师的花费，费用估算共计10万元，就上述费用情况某教育公司仅提供了一份《培训场地协议》，其中载明："……场地费用标准：包价89元/人/天（含住宿、用餐、会议室、教官、发票）。"王女士对上述协议的真实性予以认可。

争议焦点

王女士的行为是否违反了培训协议的约定？如果违反了协议约定，违约金应当如何计算？

审理结果

王女士按培训实际费用的比例支付违约金。

评析意见

用人单位为劳动者提供专项培训费用，对其进行专业技术培训的，可以与该劳动者订立协议，约定服务期。劳动者违反服务期约定的，应当按照约定向用人单位支付违约金；违约金的数额不得超过用人单位提供的培训费用。本案中，双方订立有《培训协议》，且约定服务期为三年，王女士已如约参加了专项培训，2017 年 2 月其以个人原因提出辞职，故王女士在参与某教育公司为其提供专项培训费用并进行了技术培训后，单方违反服务期的约定，应当支付某教育公司相应的违约金。就违约金的数额而言，某教育公司虽主张双方所订立的协议中明确载明培训费用为 10 万元，但违约金的数额应以用人单位实际支付的培训费为标准计算，且不得超过用人单位提供的培训费用，故仲裁委对其公司所持上述主张未予采信。现某教育公司仅就王女士培训期间的实际费用支出提交了《培训场地协议》予以证明，该协议中明确载明费用包括食宿、会议室、教官等费用，其未就王女士培训期间资料、培训师等相关费用的实际支出提交证据予以证明，应承担相应不利后果。据此，结合王女士已在某教育公司服务的时间，其应支付尚未履行部分所应分摊的违约金。

《劳动法》中虽然规定劳动者享有平等就业权和选择职业的权利，即择业自由的权利，但劳动者并不能随意行使该项权利。《劳动合同法》第二十二条第一款规定："用人单位为劳动者提供专项培训费用，对其进行专业技术培训的，可以与该劳动者订立协议，约定服务期。"该条第二款规定："劳动者违反服务期约定的，应当按照约定向用人单位支付违约金。违约金的数额不得超过用人单位提供的培训费用。用人单位要求劳动者支付的违约金不得超过服务期尚未履行部分所应分摊的培训费用。"因此，用人单位为劳动者提供专项培训后，可以约定服务期，且劳动者违反了服务期的约定，用人单位有权要求劳动者支付相应的违约金。

但违约金的数额并不以双方所约定的数额为准，亦非依照用人单位的单方意思而定，该费用应以用人单位支付的培训费用为限。同时，何为培训费，也应遵守法律规定。《劳动合同法实施条例》第十六条规定了，《劳动合同法》第二十二条第二款规定的培训费用，包括用人单位为了对劳动者进行专业技术培训而支付的有凭证的培训费用、培训期间的差旅费用以及因培训而产生的用于劳动者本人的其他直接费用。因此，用人单位如果要求劳动者支付违约金，需提供相应的培训费票据，证明培训的实际花费，并以此作为违约金的计算依据。

第三章

劳动合同的解除与终止

1. 试用期内不符合录用条件之解除劳动关系的认定

基本案情

2014年12月1日，于某入职A公司，岗位是市场部主管，双方签订了劳动合同，期限为2014年12月1日至2017年11月30日，试用期为2014年12月1日至2015年1月31日。于某入职时A公司向其下发了经民主程序制定的《试用期考核办法》。《试用期考核办法规定》，员工试用期满前一周均进行综合考试，于某岗位考试内容包括规章制度、市场分析、产品知识、质量意识、岗位职责五项，每项总分30分，每项及格上岗分数线为18分，试用期员工考核总分未达及格线90分者属于不符合录用条件，公司将解除劳动合同。A公司在考试前对上述考试内容进行集中统一培训学习。于某在试用期满前一周综合考试中，总分不足80分。A公司公布了考试结果，在同期综合考试中，共有15人参加，其中2人总分未达90分，其余人员均达到90分。A公司在征求公司工会意见，工会表示同意后，于2015年1月30日以于某试用期内不符合录用条件为由解除了劳动合同，并说明了解除具体依据和理由。于某认为，考试结果并不能说明其不符合录用条件，A公司解除合同违法。

争议焦点

用人单位以试用期内不符合录用条件为由解除劳动合同符合法定条件吗?

审理结果

驳回于某的申请请求。

评析意见

《劳动合同法》第三十九条第一项规定：“劳动者有下列情形之一的，用人单位可以解除劳动合同：（一）在试用期间被证明不符合录用条件的。”本案中，A公司的试用期考核办法中，对于某的岗位考核要求主要有五个方面：规章制度、市场分析、产品知识、质量意识、岗位职责。首先是这五个方面均属于作为公司员工和市场部主管岗位的基本要求，且该办法通过民主程序制定并告知了于某，上述五方面应当属于录用条件的范畴。其次是如何确定符合或者不符合录用条件。本案中，试用期考核办法明确规定了通过考试的确定方式，于某在入职时也确认同意按照该方式进行考核，同时该方式对于公司内部是有普适性的，集中进行了统一培训学习，不是针对某一人，具有客观性和公正性，所以A公司采用该方式确定是否符合录用条件并无不妥。于某经考核未达标，A公司依据试用期考核办法，并在征求工会意见后解除劳动合同，符合法律规定，应当驳回于某的申请请求。

2. 劳动者在试用期内被违法解除，是否可以要求继续履行劳动合同

基本案情

赵某在一家预算公司担任预算部经理，双方签订了三年固定期限

劳动合同，并约定了三个月试用期。试用期内，预算公司以赵某工作能力差、制作的《土方量审核意见稿》中预算工程量存在严重误差、不符合录用条件为由与其解除劳动合同。赵某辩称，公司出示的这份《土方量审核意见稿》不是本人制作，不认可公司的解除理由，认为公司与其解除劳动合同系违法解除，要求与预算公司继续履行劳动合同。

仲裁委经审理，裁决预算公司解除劳动合同违法，对赵某要求继续履行劳动合同的仲裁请求予以支持。

争议焦点

劳动者在试用期内被违法解除劳动合同，能要求继续履行吗？

审理结果

支持赵某继续履行劳动合同的仲裁请求。

评析意见

预算公司虽以赵某试用期内不符合录用条件为由与其解除劳动合同，但提供的《土方量审核意见稿》无法证实系赵某所做。另外提供的《赵某转正流程追踪》中显示的人力资源总监王某在OA系统中签署的办理意见为“不同意转正，工作量不足，发挥作用不大，建议离职”。该信息与预算公司在《解聘通知书》上记载的解除原因不相符。预算公司没有提供充分证据证明赵某在试用期工作能力未能达到公司的录用条件、职位要求，因此应承担举证不能的不利后果。有的用人单位认为在试用期内，单位可以随便让劳动者走人，不需要承担什么法律责任，甚至在试用期内任意侵害劳动者的合法权益，一些单位公然规定在试用期内不为劳动者缴纳社会保险等，这些都违反了法律规定，也严重侵害了劳动者的合法权益。其实按照《劳动合同法》等相关法律规定，用人单位只有在证明劳动者不符合录用条件等法律规定的原因才可以在试用期内解除劳动合同，否则就可能被裁决败诉。

3. 试用期内解除劳动合同应符合哪些条件

基本案情

2018年12月10日，李某入职某科技公司，职务为售前工程师。劳动合同期限自2018年12月10日至2021年12月9日止，其中试用期为三个月。2018年12月24日，某科技公司向李某出具了《试用期解聘通知书》，通知书中记载："……根据试用期内跟踪，您两周内的工作内容不能胜任此岗位，经研究决定：在试用期内解除您的劳动关系……"李某于当日签收了该通知。

某科技公司表示：其一，李某入职时填写的工作经历未包含出具离职证明的上家公司。其二，李某在职期间未与其部门领导及同事沟通、交流，不利于团队协作，不利于其对公司业务的了解。基于以上情况，公司根据《劳动合同》及《员工手册》的相关规定，以李某不能胜任岗位为由提出解除双方劳动关系。某科技公司提交了《员工手册》《各项制度发放责任声明》等作为证据证明，其中《员工手册》关于员工聘用一章中载有："一、人员录用 人员的录用应经过综合管理部做入职员工的北京调查确认后，再经公司核准的人力资源流程审批通过，以公司综合管理部发出的录用通知为准，经录用的人员按录用通知所载明的要求报到上班。二、录用条件……应聘人员须将真实的个人信息告知公司……员工需具备应聘岗位所要求的教育背景、工作经验、专业能力……三、录用手续……报到时缴验资料不全者，综合管理部有权要求其本人延期入职及转正……”；关于劳动关系中试用期的规定载有：“……试用期员工如因工作态度、工作技能、工作成绩、健康状态及其他方面不符合录用条件的，经事业部总经理及综合管理部共同评估不同意转正者，则由公司终止试用并解除劳动关系，公司不承担任何赔偿或补偿。”《各项制度发放责任声明》中显示各项制度中包含有《员工手册》，声明落款载有李某的签字确认。

李某不认可《员工手册》的真实性，对上述声明中本人签字的真实性表示认可。某科技公司未就其公司事业部总经理及综合管理部共同评估的结果向仲裁委举证，亦未就李某不能胜任工作提交其他证据。李某表示，某科技公司在未对其进行考核的情况下认为其不能胜任工作是没有依据的，其不同意上述解除理由，并向劳动仲裁提出仲裁申请，要求某科技公司与其继续履行劳动合同。

争议焦点

试用期内解除劳动合同要符合条件吗？

审理结果

裁决某科技公司与李某继续履行劳动合同。

评析意见

《劳动合同法》第三十九条第一项规定，劳动者在试用期间被证明不符合录用条件，用人单位可以解除劳动合同。《最高人民法院关于审理劳动争议案件适用法律问题的解释（一）》第四十四条规定，因用人单位作出的开除、除名、辞退、解除劳动合同、减少劳动报酬、计算劳动者工作年限等决定而发生的劳动争议，用人单位负举证责任。据此，某科技公司应就其与李某解除劳动合同的原因承担举证责任。

从某科技公司向李某发出的《试用期解聘通知书》的内容来看，某科技公司与李某解除劳动合同的原因为李某不能胜任岗位，具体有两点：（一）李某入职时填写的工作经历未包含出具离职证明的上家公司；（二）李某在职期间未与其部门领导及同事沟通、交流。笔者认为，其一，某科技公司虽就李某已知晓各项规章制度及录用条件的主张提交了《各项制度发放责任声明》《员工手册》等作为证据加以证明，《员工手册》显示试用期员工不符合录用条件需经事业部总经理及综合管理部共同评估，某科技公司未就该评估结果向仲裁委举证证明；其二，某科技公司主张李某不能胜任岗位，具体包括两方面的情况，但该公司提交的《员工手册》并未就此情形是否可以作为试用期不符合录用条件作出明确规定。据此，某科技公司在未能就李某不能胜任工作岗位提交充分有效的证据予以证明的情况下，做出与李某解除劳动合同的行为，缺乏事实依据，构成违法解除。依据《劳动合同法》第四十八条之规定，李某要求某科技公司与其继续履行劳动合同的申请请求并无不当。

4. 解除劳动关系的理由是否可随时更改

基本案情

李某于2010年12月24日入职某快递公司，先后担任快递配送员、站长助理、站长职务。李某的月工资标准为8400元。双方自2017年4月1日起签订无固定期限劳动合同。李某正常工作至2017年7月21日，2017年7月21日上午9时58分，李某以电子邮件方式向快递公司直属领导及人事经理提出："领导好：某站站长李某，因家庭原因，无法在京工作，特申请离职，请领导审批。"2017年7月21日14时50分，某快递公司以电子邮件方式通知其单位员工："李某因责任心不强，工作敷衍，对公司的归班盘点要求不认真执行，操作疏忽大意……现决定予以劝退处理，希望其他站点引以为戒。"李某于2017年7月25日以电子邮件方式向快递公司提出撤回离职申请，李某主张其2017年7月21日发出的离职申请未得到回复，其离职申请视为自动撤回，并要求快递公司支付其违法解除劳动关系赔偿金117964元，支付2010年12月24日至2017年7月21日未休年休假工资40635元。

争议焦点

解除劳动关系的时间及理由可以随意变更吗？

审理结果

驳回李某的仲裁请求。

评析意见

劳动合同的解除权系形成权的一种，即权利人得以单方意思表示，无须征得对方同意而使法律关系发生变化的权利，但单方解除的意思表示需以通知到达对方为前提。本案中，李某的解除劳动合同的意思表示先于快递公司解除劳动关系的通知到达对方，无须经得快递公司同意或回复即发生法律效力，故李某于2017年7月25日申请撤回离职申请的请求更是无从谈起。且快递公司发出的邮件并非单独发予李某，认定该邮件系双方解除劳动关系后，快递公司加强管理的文件通报更为适当。故双方当事人解除劳动关系的时间节点应为快递公司收到李某的离职申请邮件之时，即2017年7月21日上午9时，双方解除劳动合同的原因亦应认定为李某因家庭原因解除劳动关系，故驳回李某请求快递公司支付违法解除劳动关系赔偿金的仲裁请求。

李某因个人家庭原因提出离职，其2017年度的未休年休假尚有被安排的可能性，故驳回了李某主张快递公司支付其2017年1月1日至2017年7月21日未休年休假工资的仲裁请求。依据《职工带薪年休假条例》第三条“职工累计工作已满1年不满10年的，年休假5天；已满10年不满20年的，年休假10天；已满20年的，年休假15天”，《企业职工带薪年休假实施办法》第三条“职工连续工作满12个月以上的，享受带薪年休假”、第十条第一款“用人单位经职工同意不安排年休假或者安排职工年休假天数少于应休年休假天数的，应当在本年度内对职工应休未休年休假天数，按照其日工资收入的300%支付未休年休假工资报酬，其中包含用人单位支付职工正常工作期间的工资收入”、第十一条第一款、第二款“计算未休年休假工资报酬的日工资收入按照职工本人的月工资除以月计薪天数（21.75天）进行折算。前款所称月工资是指职工在用人单位支付其未休年休假工资报酬前12个月剔除加班工资后的月平均工资。在本用人单位工作时间不满12个月的，按实际月份计算月平均工资”，《劳动争议调解仲裁法》第二十七条第一款：“劳动争议申请仲裁的时效期间为一年。仲裁时效期间从当事人知道或者应当知道其权利被侵害之日起计算”的规定，且考虑年休假可集中、分段、跨年度安排的特点，李某2015年度、2016年度的年休假应在2016年12月31日前予以安排，故仲裁委对李某主张支付2015年1月1日至2016年12月31日的未休年休假工资的仲裁请求，予以支持。

5. 劳动合同解除与民主程序的履行

基本案情

冯某于2008年1月12日进入某中学工作，担任后勤维修人员，双方签订了无固定期限劳动合同。2013年1月14日，某中学以冯某违反《设备定期检修巡查制度》为由，依据《学校奖惩制度》，作出《关于对冯某违纪问题的处分决定》。

同年5月30日，该中学向冯某送达《关于对冯某违纪事件的处理决定》《解除劳动合同通知书》，决定与冯某解除劳动合同。冯某认为某中学系违法解除劳动合同，遂提出仲裁请求，要求继续履行劳动合同。仲裁委审理后认为，依照法律的相关规定，因用人单位做出开除、除名、辞退、解除劳动合同等决定发生的劳动争议，用人单位负举证责任，同时用人单位对其实行的规章制度是经民主程序产生及劳动者知晓该制度负有举证责任。尤其是在解除劳动合同前需征求工会的意见。而本案中，用人单位并未征求工会意见。

争议焦点

职工因违纪被解约，须先征求工会意见。

审理结果

结合本案情况对冯某的仲裁请求予以支持。

评析意见

因劳动者违纪而被解除劳动合同是用人单位对劳动者最为严厉的处罚，解除后用人单位无须支付劳动者经济补偿金。根据法律规定，涉及解除劳动合同的争议，由用人单位负举证责任，也就是所谓的举证责任倒置，用人单位需要提供的证据如下：（一）劳动者存在违纪的事实；（二）用人单位据以解除劳动合同的规章制度；（三）规章制度的产生系依据法律规定经过了民主程序；（四）规章制度产生后依法向劳动者明示；（五）在解除劳动合同前征求了工会的意见。

用人单位在仲裁时如果不能提供上述证据，就会被仲裁委确定为违法解除劳动合同，按照《劳动合同法》的规定，在这种情况下劳动者有权选择是继续履行劳动合同还是向用人单位主张违法解除劳动合同赔偿金。如果继续履行劳动合同的条件存在且劳动者有此要求，则双方继续履行原劳动合同；如果劳动者不要求继续履行劳动合同或者继续履行劳动合同的条件不存在了，用人单位需要向劳动者支付违法解除劳动合同赔偿金。赔偿金的计算方法是以劳动者解除劳动合同前12个月的平均工资为基数，乘以劳动者在用人单位的工作年限再乘以2，可见法律对于用人单位违法解除劳动合同的处罚是相当严厉的，用人单位在解除劳动合同时应当慎重。

本案中，某中学未证明《学校奖惩制度》经民主程序产生并依法进行公示，亦未证明冯某存在违纪行为，某中学与冯某解除劳动合同的行为在实体和程序上均存在问题，已构成违法解除。鉴于劳动合同尚有条件继续履行，冯某又有此要求，所以仲裁委依法对冯某的仲裁请求予以支持。

6. 用人单位搬迁导致劳动合同解除是否合法

基本案情

2012年8月13日，刘某到某模型公司上班。双方签订3年期劳动合同，合同中未约定工作地点，实际履行地为北京市昌平区某村。2014年7月30日，模型公司厂房的租赁合同到期，未能继续签订租赁合同，也未在原址附近找到合适的办公场所，最终决定将厂址迁至河北。模型公司将上述情况提前告知刘某，并承诺提供班车住宿等条件，但刘某不同意到新地点继续履行劳动合同。于是模型公司解除了双方的劳动合同，并依法支付刘某解除劳动合同经济补偿金和未提前通知解除劳动合同的代通知金。刘某认为公司的解除不合法，向仲裁委提出仲裁申请，要求模型公司支付违法解除劳动合同赔偿金。

庭审中，模型公司主张，变更地址的背景是公司经营地址的租赁合同到期，并不是主观上故意迁址，且作为变更地址的补救措施，公司给员工提供了班车、住宿等条件，让员工继续履行合同实质上不存在障碍，但是刘某不同意变更劳动合同的履行地，公司不得已和他解除劳动合同，且已依法支付解除劳动合同经济补偿金和代通知金，不同意支付违法解除劳动合同赔偿金。仲裁委审理后认为，模型公司因厂房租赁合同到期将办公地点从北京昌平迁至河北，与刘某解除劳动合同属于订立劳动合同时所依据的客观情况发生重大变化致使劳动合同无法继续履行，经用人单位与劳动者协商，未能就变更劳动合同内容达成一致的情形。模型公司已经支付刘某解除劳动合同经济补偿金和代通知金，刘某的仲裁请求没有事实依据，于是驳回了他的仲裁请求。

争议焦点

客观情况发生重大改变，协商不成解除劳动关系时，应就解除理由的合法性进行客观公正的审查和认定。

审理结果

驳回刘某申请支付违法解除劳动合同赔偿金的仲裁请求。

评析意见

劳动合同订立以后并非不可变更，法律规定经双方协商一致劳动合同可以变更。此外，用人单位在下列情况下有权变更劳动者的工作岗位：（一）劳动者不胜任工作岗位的要求；（二）订立劳动合同时所依据的客观情况发生重大变化，致使原劳动合同无法继续履行；（三）劳动者在医疗期满后不能从事原工作。值得注意的是，相关法律还规定，劳动合同一经实际变更，即便没有采用书面形式，但是被实际履行超过一个月，这种变更也是有效的。劳动者一定要注意，当发生用人单位实际变更劳动合同的情形时，如果有不同意见要及时提出，如与单位协商不成也可以及时寻求法律的帮助。

7. 对“客观情况发生重大变化”的理解

基本案情

1992 年 7 月，阚某入职某信息公司，岗位为质量工程师。2005 年 12 月 6 日，双方签订无固定期限劳动合同。2016 年 1 月至 2017 年 6 月阚某待岗，在此期间某信息公司按北京市最低工资标准向其发放工资。

2017 年 6 月 7 日，某信息公司召开第十五次股东大会，会议全票通过决议如下：“1. 同意公司迁移至外省，同意变更公司名称及注册地……6. 由于公司迁移至外省，劳动合同订立时所依据的客观情况发生重大变化，致使劳动合同无法履行，经用人单位与劳动者协商，未能就变更劳动合同内容达成协议的，同意按《SG 项目人员的安置方案》处理。”同年 6 月 30 日，某信息公司发布《关于公司经营搬迁公告的通知》和《公司搬迁转移人员安置方案》。2017 年 7 月 3 日，某信息公司召开职工大会。2017 年 7 月 31 日，某信息公司以“订立劳动合同时所依据的客观情况发生重大变化，致使劳动合同无法履行，经用人单位与劳动者协商，未能就变更劳动合同内容达成协议”为由向阚某发放解除劳动合同通知书。2017 年 8 月 1 日，某信息公司通过银行汇款的方式向阚某支付了十二个月的经济补偿金和额外一个月工资的补偿。

某信息公司提交该公司自2015年至2017年《停产放假安排的通知》及《资产负债表》等，以证明公司搬迁系经营困难，故无法持续按照原有模式经营，需要调整，阚某对此不予认可；提交了税务迁出申请及外省某地工商行政管理局2017年9月14日出具的《企业迁移登记注册通知函》，并表示目前公司正在税务审计之中，尚未完成工商迁移登记注册。公司主张其注册地和实际生产经营场地均已迁移至外省，并提交照片为证。阚某对上述主张及照片均不予认可，并表示目前某信息公司在北京仍有用工需求，并聘用劳务工人在北京工作。某信息公司认可目前在北京聘用劳务工人，但表示无法为阚某安排工作岗位。

争议焦点

如何理解“客观情况发生重大变化”？

审理结果

裁定某信息公司继续履行与阚某签订的劳动合同。

评析意见

《劳动合同法》第四十条第三项规定是情事变更原则在劳动合同法中的适用，属于契约严守原则的例外，同时涉及劳动者重大利益，更应当遵守法定的条件和程序。本案中，某信息公司依据《劳动合同法》第四十条第三项“劳动合同订立时所依据的客观情况发生重大变化，致使劳动合同无法履行，经用人单位与劳动者协商，未能就变更劳动合同内容达成协议的”之规定解除与阚某的劳动关系，应当举证证明劳动合同订立时所依据的客观情况发生重大变化而致使劳动合同无法履行。客观情况应当具有不可预见性、导致劳动合同无法履行的间接性和附随性，以及针对人员的不特定性等特点。一般“劳动合同订立时所依据的客观情况发生重大变化”包括：（一）地震、火灾、水灾等自然灾害形成的不可抗力；（二）受法律、法规、政策变化导致用人单位迁移、资产转移或者停产、转产、转（改）制等重大变化；（三）特许经营性质的用人单位经营范围等发生变化。此种情况下，外因起主导作用，企业的自主决定权相对较弱。

本案中，首先，从某信息公司提交的证据来看，某信息公司主张的搬迁属于公司根据自身经济情况发生变化，主动或者被动适应市场变化进行自主决策，采取的调整产业结构、战略调整等经济行为，且目前证据显示公司尚未完成工商迁移登记，故不应纳入客观情况发生重大变化的范畴。其次，如果客观情况发生重大变化，用人单位在与劳动者协商变更劳动合同内容的时候应当尽到合理说明和善意协商的义务。协商的内容应当符合实际情况，并应维护劳动合同条款整体的稳定性。某信息公司提交的证据无法证明双方就调整工作岗位进行充分有效的沟通，亦未能显示在经营地已经没有与阚某继续履行合同的实际可能。因此，仲裁委认为，某信息公司以“订立劳动合同时依据的客观情况发生重大变化，致使劳动合同无法履行”为由与阚某解除劳动合同，缺乏事实和法律依据，属于违法解除，故某信息公司应继续履行与阚某之间的劳动合同。

8. 迟延支付经济补偿金是否代表解除行为未生效

基本案情

李某于2011年5月到某酒店担任项目经理，双方于2014年1月31日签订了《协商解除劳动合同协议书》。协议约定，双方于2014年1月31日解除劳动合同，酒店于2014年2月15日前向李某支付各类款项9万余元，前述款项清偿了酒店因用工关系、劳动关系履行及其解除而应向李某支付的全部款项和补偿，自该协议约定的劳动关系解除之日起，双方之间不存在任何权利义务关系。酒店实际支付上述款项的时间是在2014年2月28日。李某向仲裁委提出仲裁申请，要求酒店继续履行劳动合同，理由是酒店未按约定期限履行支付款项，应理解为是以行动表明不履行协议了，本人也没有履行协议的义务，要求恢复双方的劳动关系。酒店承认确实没有按协议约定的日期及时支付相关款项，但提出是因为酒店惯例为月底支付职工工资，所以也就依照惯例执行了，不同意李某的仲裁请求。

争议焦点

协商达成解除协议后，迟延支付经济补偿金应视为解除行为失效吗？

审理结果

驳回李某继续履行劳动合同的仲裁请求。

评析意见

根据《最高人民法院关于审理劳动争议案件适用法律若干问题的解释（三）》（现已失效）的规定，劳动者与用人单位就解除或者终止劳动合同达成协议，如该协议不违反法律、行政法规的强制性规定，不存在欺诈、胁迫或乘人之危情形的，则该协议有效。法律鼓励劳动合同双方能够按照自己的意志自行处分工资、经济补偿等方面的劳动权利义务。解除或者终止劳动合同协议一旦达成，双方均应全面履行协议约定的义务，如果一方表示自己不愿履行协议，或者以自己的行为表明不履行协议，则另一方有权选择要求对方继续履行协议或者自己也选择不履行协议；如果双方都表示不履行协议，那么双方的劳动权利和义务就要依法予以处理。

本案中，双方于 2014 年 1 月 31 日协商一致解除了劳动合同并签订了《协商解除劳动合同协议书》，酒店虽然没有按照协议约定的时间支付相关款项，但是迟延支付的时间较短，且在李某提出仲裁申请前已经支付，综合分析酒店并没有不履行协议的意思表示，故仲裁委驳回了李某的请求。

9. 未按规定履行请假手续的后果

基本案情

2012 年 12 月 1 日，张某入职某物流公司，从事配送工作。双方签订了劳动合同，劳动合同期限届满日为 2019 年 11 月 30 日。劳动合同履行期间，因配送站区路线调整，张某多次因不服从工作安排受过处分。2017 年 5 月 22 日，张某向物流公司提交病假条，休病假至 5 月 31 日。其后，张某未再向物流公司提交病假条，也未履行任何请假手续，其间物流公司采取向张某发手机短信及电子邮件、通过快递发送返岗通知书等多种方式，催告其返岗上班或履行请病假手续，但张某均未予以回应。2017年7月19日，物流公司以张某自2017年6月1日起连续旷工三天以上、严重违反公司规章制度为由，以手机短信和快递的方式向其发出《解除劳动合同通知书》。收到《解除劳动合同通知书》的当天，张某向物流公司快递寄出了多份病假条，称自己一直休病假无法履行请病假手续，且期间曾打电话向配送站站长请假且获得了批准。物流公司对其主张不予认可。随后张某提出仲裁申请，要求物流公司支付违法解除劳动合同赔偿金。

争议焦点

用人单位以旷工为由解除劳动合同，是否合法有效?

审理结果

驳回了张某的仲裁请求。

评析意见

本案中，张某虽主张一直休病假无法履行请假手续，但从其提交的病假条来看，其休病假的原因均为“腰肌筋膜炎”“下肢水肿待查”，且只是门诊治疗并未住院，其完全可以按照物流公司规章制度的要求向公司提交或寄送病假条，或向上级发送手机短信确认请假获得批准，但其未提供证据证明口头请假获得批准；其虽主张未收到物流公司催告返岗的多条手机短信，亦未收到物流公司手机短信发出的《解除劳动合同通知书》，但其当庭提交的手机上确有短信显示有该条《解除劳动合同通知书》的信息；其虽认可催告返岗通知发送的电子邮箱为其所有，但主张其入职后一直不使用该邮箱；其称未收到物流公司发出的催告返岗的快递，并否认居住在该快递所填写的地址，但按照同样地址寄送的《解除劳动合同通知书》却被张某签收，且其本人寄送病假条所填写的寄出地址与催告返岗的快递寄送地址一致。庭审中，张某多有不实陈述，其相关主张难以采信，物流公司解除合同的理由成立，故裁决驳回了张某的仲裁请求。真可谓：诚信仲裁守底线，虚假陈述不可取。

10. 劳动者虚构履历属于违反劳动纪律的情形吗

基本案情

陈某于2017年1月5日入职北京某电子公司，双方订立了为期5年的劳动合同，约定其担任品牌营销经理，月工资3.3万元，试用期为6个月。入职2个月后，电子公司向陈某发出《试用期解除劳动合同通知书》，以不符合录用条件为由与其解除了劳动合同。陈某不认可电子公司的解除理由，遂提起劳动争议仲裁，要求电子公司支付违法解除劳动合同赔偿金。庭审中，电子公司提交了《求职登记表》《入职承诺书》及一份民事判决书，佐证陈某伪造重要工作经历，工作能力及工作表现与其工作履历严重不符。陈某填写的《求职登记表》显示，其2012年1月至2015年10月担任某广告传媒公司的市场部经理，月工资为3万元。在《入职承诺书》中，陈某承诺，在应聘时提供虚假材料或没有如实说明与应聘岗位相关情况的，属于不符合录用条件，电子公司无须任何理由即有权解雇本人。民事判决书的内容显示，2014 年 1 月至 2015 年 10 月，陈某担任某外地股份公司的经理助理，月工资为 4000 元，其提出诉求要求该股份公司支付延时加班费、休息日加班费、未休年休假工资补偿及违法解除劳动合同赔偿金等。陈某对上述证据的真实性均不持异议，声称其在外地股份公司的工作是兼职，故没有写入工作履历中，但未能就其主张提供证据证明。

争议焦点

劳动者入职时应当履行如实说明义务。

审理结果

驳回陈某的仲裁请求。

评析意见

诚实信用原则是用人单位与劳动者在订立劳动合同过程中应遵守的基本法律原则。同时，按照《劳动合同法》的相关规定，用人单位和劳动者均有如实告知对方与订立劳动合同直接相关事项的法定义务。本案中，陈某虚构本人的重要工作履历，完全可能导致电子公司在判断其业务能力、履职能力、工资标准、职业忠诚度及最终决定是否录用时产生重大误判。此外，电子公司亦在《入职承诺书》中明确告知陈某，在应聘时提供虚假材料或没有如实说明与应聘岗位相关情况的，属于不符合录用条件，故电子公司的解除行为符合法律规定。应当指出的是，用人单位在招聘时，应对劳动者的相关资历进行审慎审查，避免录用后发生争议。本案中，陈某在入职时虚构重要工作履历，所填报的工资收入与实际收入差别巨大，其所表现出的工作能力、工作经验与工作履历不符，电子公司在试用期内与其解除劳动合同符合法律规定，故裁决驳回其仲裁请求。

11. 公司被撤销后劳动关系应如何处理

基本案情

张某于 2016 年 2 月应聘入职某食品分公司（该分公司依法取得了营业执照），双方签订了三年期限的劳动合同。2017 年 3 月，某食品总公司因经营问题准备关闭该分公司，并终止所有分公司员工的劳动合同。张某称自己已经怀孕，主张某食品分公司是不具有独立法人资质的分支机构，其关闭不足以构成劳动合同终止，但某食品总公司还存在，根据《劳动合同法》第四十二条第四项之规定：女职工在怀孕情况下，不能依据该法第四十条解除合同。故要求与某食品总公司签订劳动合同。某食品分公司和总公司均不同意，但同意依法支付张某到哺乳期满的一切相关待遇及终止补偿金，双方就此未达成一致。2017 年 5 月该分公司办理了注销登记。张某以某食品总公司为被申请人要求签订劳动合同。

争议焦点

张某提出与总公司建立劳动关系的请求是否合理？分公司撤销后劳动关系终止是否合法？

审理结果

驳回张某的申请请求。

评析意见

随着市场经济的快速发展，很多大型企业考虑到市场环境或经营发展等问题会在一些地区设立分公司，也会因为应对各种问题作出撤销分公司的决定。那么一旦分公司被撤销，所涉及的员工劳动关系应当如何处理？本案中，张某主张的“某食品分公司是不具有独立法人资质的分支机构，其关闭不足以构成劳动合同终止”的问题是否成立？依据《劳动合同法实施条例》第四条规定：劳动合同法规定的用人单位设立的分支机构，依法取得营业执照或者登记证书的，可以作为用人单位与劳动者订立劳动合同；未依法取得营业执照或者登记证书的，受用人单位委托可以与劳动者订立劳动合同。由此看出，依法取得营业执照或登记证书的分公司具有用人单位的主体资格，是可以与员工订立劳动合同、形成合法的劳动关系的。某食品分公司已经依法取得了营业执照，也与张某签订了劳动合同，双方形成了合法有效的劳动关系，因此适用于《劳动合同法》第四十四条第五项之规定：用人单位被吊销营业执照、责令关闭、撤销或者用人单位决定提前解散的，劳动合同终止。

针对上述条例中的“撤销”，《公司登记管理条例》第四十九条规定：分公司被公司撤销、依法责令关闭、吊销营业执照的，公司应当自决定作出之日起三十日内向该分公司的公司登记机关申请注销登记。申请注销登记应当提交公司法定代表人签署的注销登记申请书和分公司的《营业执照》。公司登记机关准予注销登记后，应当收缴分公司的《营业执照》。由此看出撤销权行使的主体是总公司，撤销针对的对象是分公司，即《劳动合同法》第四十四条第五项已经认可了分公司被总公司撤销而产生劳动关系终止的法律后果。本案中，总公司撤销已经取得营业执照的分公司，分公司可以就此终止与员工的劳动合同，在支付不低于法律规定的终止补偿金后，双方劳动关系即终止，故张某要求与总公司签订劳动合同没有法律依据，不予支持。

12. 如何理解服务期限与劳动合同期限并存

基本案情

刘某于 2012 年 6 月 1 日入职某科技公司，从事研发工作，双方订立了为期 3 年的劳动合同。2012 年 11 月 1 日，某科技公司与刘某签订《培训协议》，约定将刘某送到国外进行专项技术培训两个月，并约定刘某培训结束后至少再为公司服务 5 年，如刘某违反服务期约定须向公司支付违约金。2015 年 4 月底，某科技公司告知刘某，因公司业务调整，其与刘某所订立的劳动合同在 2015 年 5 月 31 日到期后不再延续，刘某无须再继续履行《培训协议》中约定的服务期。刘某认为，其劳动合同期限应当延续至服务期届满，某科技公司终止劳动合同的行为属于违法终止，故提出仲裁申请，要求某科技公司支付违法终止劳动合同赔偿金。

争议焦点

服务期期间劳动合同到期，用人单位可否依法终止劳动合同？

审理结果

驳回了刘某的仲裁请求。

评析意见

用人单位提供专项费用并对劳动者进行专业技术培训，使劳动者通过提升技能而获益，这一做法的目的在于确保劳动者经培训后能够在相对较长的时间内为用人单位提供更有价值的劳动，故《劳动合同法》第二十二条规定，用人单位为劳动者提供专项培训费用，对其进行专业技术培训的，可以与该劳动者订立协议，约定服务期。《劳动合同法实施条例》第十七条规定，劳动合同期满，但是用人单位与劳动者依照《劳动合同法》第二十二条的规定约定的服务期尚未到期的，劳动合同应当续延至服务期满；双方另有约定的，从其约定。该条规定是在劳动合同期满情况下对劳动者离职的限制性规定，是对用人单位期待利益的保护，故是否续延劳动合同至服务期届满是用人单位的权利而非义务。所以，刘某要求裁决公司属违法终止劳动合同，进而主张违法终止劳动合同赔偿金，系对于法律的误读。

13. 劳动者变更辞职理由后，解除的效力如何认定

基本案情

王某于2012年2月1日入职北京某公司，双方先后签订两年期和五年期书面劳动合同。2016年8月31日公司收到王某提交的书面申请，

内容为王某以个人原因提出离职，公司未进行答复，王某提出辞职后仍继续工作。2016 年 11 月 26 日，王某以公司未缴纳社保为由向公司邮寄送达解除劳动合同通知书，要求北京某公司支付其 2012 年 2 月 1 日至 2016 年 11 月 26 日的解除劳动关系经济补偿。另北京某公司未向仲裁委提交已为王某缴纳社会保险的证据。

争议焦点

劳动者以个人原因向用人单位提出辞职后继续工作，后以未缴纳社会保险为由再次向用人单位发出解除劳动关系通知书，两次解除行为的效力如何认定?

审理结果

支持了王某与北京某公司建立新的解除劳动关系期间的经济补偿金。

评析意见

根据《劳动合同法》第三十七条的规定，劳动者提前三十日以书面形式通知用人单位，可以解除劳动合同，故双方签订的劳动合同基于王某 2016 年 8 月 31 日以个人原因提出离职的行为，已于 2016 年 9 月 30 日解除。以个人原因提出离职的情形不符合《劳动合同法》第四十六条规定的用人单位应当支付经济补偿的情形，故王某要求支付 2012 年 2 月 1 日至 2016 年 9 月 30 日解除劳动关系经济补偿的请求缺乏法律依据，仲裁委不予支持。

因王某于2016年9月30日劳动关系解除后仍继续工作，故双方自2016年10月1日起建立新的事实劳动关系。2016年11月26日，王某向北京某公司邮寄送达解除劳动合同通知书，以未缴纳社保为由向其提出解除劳动关系，双方的事实劳动关系于当日解除。鉴于北京某公司未向仲裁委提交已为王某缴纳社会保险的证据，应自行承担举证不能的不利后果，因此仲裁委对王某主张的解除原因予以采信。依据《劳动合同法》第四十六条第一项、第四十七条的规定，劳动者依照本法第三十八条规定解除劳动合同的，应当向劳动者支付经济补偿。经济补偿按劳动者在本单位工作的年限，每满一年支付一个月工资的标准向劳动者支付。六个月以上不满一年的，按一年计算；不满六个月的，向劳动者支付半个月工资的经济补偿。北京某公司应按照王某的工作时间2016年10月1日至2016年11月26日，向其支付半个月的工资作为经济补偿。因此，仲裁委对王某要求支付2016年10月1日至2016年11月26日解除劳动关系经济补偿的请求予以支持。

14. 劳动者要求继续履行劳动合同是否应无条件支持

基本案情

黄某于2015年5月1日入职H公司，担任总经理职务，双方签订有期限为2015年5月1日至2018年9月2日的劳动合同，约定年薪120万元。根据H公司的公司章程，黄某作为公司总经理，行使的职权包括主持公司的生产经营管理工作，组织实施公司年度经营计划和投资方案等管理及事务性内容，属公司高级别管理人员。2017年3月13日，H

公司召开股东会并形成了股东会决议，决议内容包括免去黄某原董事职务，并选举了新一届董事会成员。2017 年 3 月 13 日新一届董事会成员召开了董事会并形成了董事会决议，决议内容包括因公司发展需要，解聘原总经理黄某，聘任艾某为公司总经理。2017 年 3 月 22 日，H 公司向黄某下达解除劳动合同通知，与黄某解除了劳动关系。黄某主张 H 公司与其解除劳动合同违法，请求撤销解除劳动合同的决定，继续履行双方的劳动合同。

争议焦点

用人单位违法解除劳动关系后，劳动者请求继续履行劳动合同的怎么办?

审理结果

H 公司与黄某解除劳动合同的行为违法，但驳回黄某继续履行劳动合同的请求，释明其可另行主张违法解除劳动关系赔偿金。

评析意见

依据《劳动合同法》第四十八条的规定，在用人单位违法解除劳动合同的前提下，劳动者可以选择继续履行劳动合同或者要求用人单位支付赔偿金，虽法条中注明有“劳动合同已经不能继续履行的”这一类情形，但并未对此情形作进一步说明或规范，因此也就造成在裁审实践中出现认定困难和自由裁量的差异化。

基于此类案件在实践中的认定差异，在2017年《北京市高级人民法院、北京市劳动人事争议仲裁委员会关于审理劳动争议案件法律适用问题的解答》（以下简称《解答》）中对哪些情形可以认定为“劳动合同确实无法继续履行”给出了基本倾向性意见。该《解答》第八条写明：“劳动者要求继续履行劳动合同的，一般应予以支持。在仲裁中发现确实无法继续履行劳动合同的，应做好释明工作，告知劳动者将要求继续履行劳动合同的请求变更为要求用人单位支付违法解除劳动合同赔偿金等请求。如经充分释明，劳动者仍坚持要求继续履行劳动合同的，应尊重劳动者的诉权，驳回劳动者的请求，告知其可另行向用人单位主张违法解除劳动合同赔偿金等。如经释明后，劳动者的请求变更为要求用人单位支付违法解除劳动合同赔偿金等的，应当继续处理。在诉讼中发现确实无法继续履行劳动合同的，驳回劳动者的诉讼请求，告知其可另行向用人单位主张违法解除劳动合同赔偿金等。”第九条写明：“劳动合同确实无法继续履行主要有以下情形：（1）用人单位被依法宣告破产、吊销营业执照、责令关闭、撤销，或者用人单位决定提前解散的；（2）劳动者在仲裁或者诉讼过程中达到法定退休年龄的；（3）劳动合同在仲裁或者诉讼过程中到期终止且不存在《劳动合同法》第十四条规定应当订立无固定期限劳动合同情形的；（4）劳动者原岗位对用人单位的正常业务开展具有较强的不可替代性和唯一性（如总经理、财务负责人等），且劳动者原岗位已被他人替代，双方不能就新岗位达成一致意见的；（5）劳动者已入职新单位的；（6）仲裁或诉讼过程中，用人单位向劳动者送达复工通知，要求劳动者继续工作，但劳动者拒绝的；（7）其他明显不具备继续履行劳动合同条件的。劳动者原岗位已被他人替代的，用人单位仅以此为由进行抗辩，不宜认定为‘劳动合同确实无法继续履行的’情形。”

本案中，仲裁委在认定双方是否有继续履行劳动合同的必要时，参照《解答》中第九条第四项的规定，并从以下两个方面进行考虑：

第一，黄某的职务为公司总经理，负责主持公司的生产经营管理工作，属公司管理层，高管级别。黄某的岗位要求劳资双方在互信的基础上才能达到良好的工作效果，H公司通过先后召开股东会、董事会的方式对黄某作出撤职、解除的决议，黄某亦以此申请了劳动仲裁，双方的行为意味着劳动者与用人单位之间的矛盾较为激烈，双方信任基础已不牢靠，即使黄某通过法律途径恢复劳动关系，也很难恢复双方的互信关系。

第二，黄某作为公司总经理，全面掌握公司的运营管理情况，该岗位对于公司的正常运营具有不可替代性以及唯一性，而H公司已通过董事会聘用了新任总经理，新任总经理已经到岗主持工作，即使黄某通过诉讼程序继续履行劳动合同，其也无法回到原岗位工作，而双方在公司就其他职位（享受同等管理权以及工资待遇）难以达成一致，双方继续履行劳动合同的条件亦不存在。

因此，基于上述考量，综合判断，最终仲裁委对黄某继续履行劳动合同的请求未予支持。在出现用人单位违法解除劳动合同情形时，是否能够继续履行劳动合同，仍应按照具体案情具体分析，不可一概而论，应当结合双方实际情况，以实质性解决纠纷为出发点，达到裁判公平与社会效果的统一。

15. 双方签订解除劳动关系协议后的约束力

基本案情

2013年2月1日，蔡某入职某信息网络公司，从事数据库管理员工作，双方订立了为期3年的劳动合同。2015年4月30日，公司与蔡某签订《协商解除劳动合同协议书》。在该协议书中，双方约定，经双方协商一致于2015年5月31日解除劳动合同，公司为蔡某支付工资、缴纳社会保险费及住房公积金至该日，并将向其支付解除劳动合同的经济补偿金5万元及未休年假和倒休折算1.3万元，除该协议书中约定的上述款项外，蔡某不再另行要求公司给予补偿、赔偿或其他任何形式的经济给付等。该协议履行完毕后，蔡某向仲裁委提出仲裁申请，要求该公司支付2014年的绩效奖金2万元。

争议焦点

用人单位和劳动者在解除劳动关系协议书中约定的“蔡某不再另行要求公司支付补偿、赔偿或其他任何形式的经济给付等”类似的兜底条款的效力认定。

审理结果

驳回蔡某的仲裁请求。

评析意见

劳动者与用人单位就解除或者终止劳动合同达成协议，如该协议不违反法律行政法规的强制性规定，不存在欺诈胁迫、显失公平等情形，则该协议具有法律效力。因此，劳动者在与用人单位订立上述协议时，应对自己的权利进行慎重考虑，避免草率行事；用人单位在订立上述协议时，不得利用自身优势地位损害劳动者的合法权益。协议订立后，双方当事人应及时履行各自的义务。本案中，蔡某在签署《协商解除劳动合同协议书》之前，曾向该网络公司提出过要求支付 2014 年的绩效奖金，但因其绩效未达标被公司拒绝。蔡某如果对绩效工资或其他未结款项存有异议，应当就《协商解除劳动合同协议书》中约定的兜底条款提出异议或拒绝签订。蔡某在明知道公司拒绝支付其绩效工资的情况下，仍选择签署了《协商解除劳动合同协议书》，表明蔡某已在该协议中对自己的权利进行了处分，其应当承担相应的后果。蔡某另行提出的支付 2014 年绩效奖金的请求与该协议中的约定相违背，故对蔡某的仲裁请求不予支持。

16. 劳动者任意主张被迫解除是否合法

基本案情

周某于 2015 年 6 月 5 日入职某商贸公司，双方订立了为期 3 年的劳动合同，约定周某的岗位为销售员，月工资为 4000 元。2017 年 7 月，周某晋升为店长，月工资调整为 1 万元。2018 年 3 月，周某负责的店铺在盘点中发现丢失货品达 6 万余元。商贸公司的员工手册规定，员工在岗期间，对公司销售的产品有看管义务，盘点发现账实不符且不能分清责任的情况下，需由当月在岗的全体员工共同承担赔偿责任，按照损失货品零售价格的50%赔偿。故商贸公司在3月底发放工资时，从周某的工资中扣款5000元作为赔偿，当月实发工资为4000余元。次日，周某即以未足额支付劳动报酬为由提出辞职，并要求商贸公司支付解除劳动合同经济补偿。

争议焦点

劳动者主张被迫解除的理由能否成立?

审理结果

驳回周某的仲裁请求。

评析意见

用人单位与劳动者在行使权利、履行义务时都应遵守诚实信用原则。《劳动合同法》第三十八条赋予了劳动者单方即时解除权，但劳动者不应滥用该权利。确因用人单位主观恶意未及时足额支付劳动报酬的，劳动者提出解除劳动合同要求支付经济补偿的，应当支持。因客观存在劳动报酬计算标准不清楚、有争议等情形，导致用人单位未能及时足额支付劳动报酬的，一般不应作为劳动者解除劳动合同要求支付经济补偿的依据。

本案中，商贸公司的工资支付情况一贯良好，其向周某支付的2018

年 3 月工资不低于北京市最低工资标准，扣除的 5000 元系因周某所在店铺丢货而产生的损失赔款，双方对此存在争议，商贸公司并不存在明知应支付此 5000 元而不支付的情况，不构成未及时足额支付劳动报酬。周某作为店长对货品丢失负有相应责任，虽然商贸公司从其工资中扣款 5000 元缺乏充分的依据，但并无拖欠劳动报酬的主观恶意。周某虽可“任性”辞职，但其要求商贸公司支付解除劳动合同经济补偿不符合合法、合理、公平原则，故未能得到支持。

17. 调岗不成可以解除劳动合同吗

基本案情

常某在一家大酒店工作，双方签有无固定期限劳动合同，岗位是配菜工，月工资 3000 元。2017 年 6 月 23 日，常某在工作中手部受伤，并被认定为工伤，停工留薪 2 个月。2017 年 8 月 22 日，常某开始上班。同年 8 月 24 日常某到区医院复查，医生建议再休息两周，休息至 9 月 8 日上班。8 月 24 日晚常某以短消息的方式通知部门经理继续休病假两周，部门经理未作任何回复。2017 年 8 月 28 日，该酒店做出关于常某返岗工作的通知：公司人事部于 2017 年 8 月 29 日安排常某回原岗位工作。常某收到通知后继续以手部受伤暂时不能很好地工作为由在家休养。8 月 31 日酒店人事部门向常某发出第二份调岗通知：常某在无任何正当理由的情况下，拒不服从人事部的安排，影响了酒店正常的生产秩序，鉴于常某手部受伤，无法胜任原配菜岗的工作，酒店决定自即日（2017 年 8 月 31 日）起调其到保洁部工作，月工资降至 2500 元 / 月，通知常某于 2017 年 9 月 4 日上午 8：30 到保洁部报到，如不按时到岗位报到将作旷工处理。常某在2017年9月1日收到通知后，电话通知部门经理和人事部门工作人员不同意调岗。此后常某未到保洁部门报到，也未回到原岗位工作。该酒店的考勤管理制度规定：员工当月内累计旷工3日（含3日）以上，年度内累计旷工7日（含7日）以上，属于严重违反劳动纪律，酒店可解除与该员工的劳动关系，无补偿辞退。常某未依照酒店考勤制度完成请假流程，没有正常上岗，严重违反公司管理制度，无故旷工3天。2017年9月7日，该酒店以常某旷工3天为由发出与其解除劳动关系的通知书，并向工会报备。常某申请劳动仲裁诉求：恢复原岗位原薪酬，继续履行劳动合同。

争议焦点

用人单位调岗的效力认定和应承担的法律责任。

审理结果

裁决某酒店恢复常某原岗位原薪酬，双方继续履行劳动合同。

评析意见

工作岗位属于劳动合同必备条款，调岗属于变更劳动合同内容。《劳动合同法》第三十五条第一款规定，用人单位和劳动者协商一致，可以变更劳动合同约定的内容。变更劳动合同，应当采取书面形式。可见，某酒店认为常某手部受伤不适合原岗位的劳动强度需要调岗应事先协商，再履行书面手续后方可调岗。某酒店未与常某协商，单方面给常某调岗到保洁部，并且降低其工资酬薪，常某不同意调岗降薪，要求恢复原岗位原薪酬，继续履行劳动合同，符合《劳动合同法》的相关规定，应予支持。

用人单位与劳动者签订的劳动合同中明确约定工作岗位但未约定如何调岗的，在不符合《劳动合同法》第四十条所列情形时，用人单位自行调整劳动者工作岗位的属于违约行为。常某与酒店签订的劳动合同中未约定如何调岗。某酒店称常某手部受伤不胜任配菜岗位，对常某工作岗位进行调整的理由不充分。所谓不能胜任工作，是指不能按要求完成劳动合同中约定的任务或者同工种、同岗位人员的工作量，某酒店在没有任何证据证明常某存在不能完成工作任务、工作中有过错行为等事实的情况下，主观判断不胜任配菜岗的认定无事实和法律依据。因此，仲裁委采纳第一种观点，恢复常某原岗位原薪酬，双方继续履行劳动合同。

18. 电子邮件辞职的效力认定

基本案情

任某于2017年5月入职某建筑公司，入职后双方没有签订劳动合同，但建筑公司为任某缴纳了社会保险及住房公积金。任某入职时与建筑公司的经理丁某口头约定了任某的月工资数额为14000元，试用期为3个月，试用期工资为11200元，并约定每月6日前发放上一个自然月的工资。任某入职后，建筑公司未按照约定足额支付其工资，并以避税等各种理由，将工资拆分后以不同名目发放。任某通过电子邮件的形式向公司提出辞职，并于2017年9月正式离职。2017年10月任某提起仲裁申请，认为建筑公司未与其签订劳动合同、未按时足额支付其工资，并向仲裁委员会提交QQ聊天记录截屏、银行交易明细、社会保险个人缴费信息查询单、录音等证据证明其与建筑公司存在劳动关系。建筑公司认为其未与任某签订劳动合同是因为任某尚在试用期，无法确定其岗位及薪酬标准，待其公司考核完毕准备与其签订合同时，任某已经向公司递交了辞职信并离职。建筑公司向仲裁委员会提交辞职信、工资表，证明任某是因个人原因辞职，且工资已经全部发放。任某请求支付未订立劳动合同二倍工资差额56000元及解除劳动关系经济补偿金14000元。

争议焦点

劳动者通过电子邮件方式提出离职的效力认定。

审理结果

建筑公司支付任某未订立劳动合同二倍工资差额；驳回任某的其他仲裁请求。

评析意见

根据《劳动争议调解仲裁法》第六条的规定，与争议事项有关的证据属于用人单位掌握管理的，用人单位应当提供；用人单位不提供的，应当承担不利后果。建筑公司作为劳动关系中负有管理责任的一方，应当掌握任某入职后工作岗位、工资标准等相关情况，但其并未提交证据证明，应当承担举证不能的不利后果，故仲裁委员采信任某的陈述，以及其提交的录音中丁某所述任某的工作岗位、试用期约定、工资约定等相关陈述。

关于未订立劳动合同二倍工资差额问题，双方均认可任某在入职之后一个月之内未签订劳动合同，依据《劳动合同法》第八十二条第一款之规定，建筑公司应当支付任某未订立劳动合同二倍工资差额。关于解除劳动合同经济补偿金问题，任某称其离职原因是未与其签订劳动合同、未按时足额支付其工资。建筑公司提交任某递交的辞职信，并根据举证规则，通过原始接收邮件邮箱出示了该辞职信的原始电子记录，任某仅认可该发送邮箱为其本人邮箱，但不认可辞职信的真实性。仲裁委员会认为在对该辞职信的认定上，不能仅凭任某口头提出异议，就对该证据的真实性不予采信。任某作为完全民事行为能力人应当对其个人所拥有的电子邮箱密码负有相应的安全保密义务，即该密码不应为第三人所知悉，现任某仅认可电子邮箱为其本人所有，但对该邮箱发送至丁某邮箱的电子邮件不予认可，亦不能提交相应的证据予以佐证。该辞职信中载明的离职原因是任某对于建筑公司归责问题持有异议，并表示自已不合适建筑公司的工作环境，故而提出辞职。任某作为完全民事行为能力人，发出的辞职信应当系本人真实的意思表示，任某在离职时向建筑公司提出的离职原因不符合《劳动合同法》第四十六条规定的应当支付解除劳动关系经济补偿金的法定情形，故其该项请求不予支持。

19. 违纪事实之举证责任承担

基本案情

闫某于2013年8月1日入职，系某酒店行政总厨，2018年1月19日某酒店向闫某发送《解除劳动合同通知书》，内容为：因闫某违反公司规章制度，与其解除劳动合同。庭审中，某酒店主张因闫某工作中存在多次不服从工作安排，利用职务之便、营私舞弊，谋求私利，威胁、恐吓、侮辱公司同事，严重违反公司规章制度、劳动纪律及职业道德，故公司解除行为合法。某酒店提供了员工手册作为证据。员工手册第七章第二项处分形式一节规定："停职或解雇，适用员工严重的错误行为，由公司经理签发，并交人力资源管理部门备案，公司将解除劳动合同：（1）和同事、客人打架或破坏工作秩序……（6）利用职务之便吃、拿、卡、要，谋求私利；（7）威胁、强迫、恐吓、侮辱公司同事或客人……"闫某提出某酒店的解除通知并未列明具体违纪事实，实际亦未通知其具体解除原因，且其不认可公司庭审中的解除理由，公司系无故解除，属于违法。闫某请求某酒店支付违法解除劳动合同赔偿金 14 万元。某酒店在举证期限内未就闫某存在违纪事实提供证据加以证明。

争议焦点

用人单位无事实依据，以劳动者违纪解除劳动合同不能成立。

审理结果

某酒店支付闫某违法解除劳动合同赔偿金 6 万元。

评析意见

根据《最高人民法院关于审理劳动争议案件适用法律若干问题的解释》第十三条 [现为《最高人民法院关于审理劳动争议案件适用法律

问题的解释（一）》第四十四条］的规定，在劳动争议纠纷案件中，因用人单位作出开除、除名、辞退、解除劳动合同等决定而发生的劳动争议，由用人单位负举证责任。《劳动合同法》第八十七条规定，用人单位违反本法规定解除或者终止劳动合同的，应当依照本法第四十七条规定的经济补偿标准的二倍向劳动者支付赔偿金。

根据上述规定，用人单位与劳动者解除劳动合同应当有违纪的事实，符合法律规定、履行法定程序，并且注重留存证据。结合本案，某酒店解除通知中的解除理由为闫某违反公司规章制度，但并未列明具体违纪事实，且其亦未就庭审中主张的违反劳动纪律及职业道德等解除原因提供证据加以证明，闫某对此不予认可，故某酒店应承担举证不能的不利后果。因某酒店的解除行为缺乏事实依据，视为其无故解除劳动合同，违反了《劳动合同法》的相关规定。因此，某酒店应支付闫某违法解除劳动合同赔偿金。

20. 双方约定解除条件是否有效

基本案情

胡某于2015年2月1日进入某科技公司担任销售部高级客户经理，劳动合同期限至2018年1月31日，约定试用期为3个月。试用期满后，胡某的销售业绩一直未能达标。2015年7月1日，应公司要求，胡某与单位签署了《个人业绩改进计划》，该计划中公司给予胡某3个月的观察期，胡某承诺2015年7月至9月其本人每月的销售业绩不得低于5万元，如未能完成该销售业绩，胡某需自行提出辞职。后胡某未能完成该销售业绩。2015年9月30日，某科技公司遂以胡某须履行其自行离职的约定为由，要求胡某离职并收回了办公电脑、考勤卡等。胡某依照公司要求办理了离职手续，但不认为是自行离职。后胡某提出仲裁申请，要求公司支付其违法解除劳动合同赔偿金。

争议焦点

用人单位和劳动者约定的解除条件是否有效？

审理结果

裁决某科技公司支付胡某违法解除劳动合同赔偿金。

评析意见

胡某未能完成销售业绩，属于不能胜任工作，按照《劳动合同法》第四十条第二项的规定，劳动者不能胜任工作，经过培训或者调整工作岗位，仍不能胜任工作的，用人单位提前三十日以书面形式通知劳动者本人或者额外支付劳动者一个月工资后，才可以解除劳动合同。某科技公司与胡某的约定，实际上是在胡某不胜任工作时单位可以立即解除劳动合同，且可以不支付解除劳动合同经济补偿金。该约定不符合《劳动合同法》的相关规定，以这种方式解除劳动合同属于违反《劳动合同法》，构成违法解除劳动合同。

21. 高收入人群劳动合同的解除

基本案情

B公司与C公司均为独立法人，B公司及C公司均为A公司的子公司。

2007年1月29日，B公司与任某签订期限为2年的劳动合同，约定任某担任投资发展部经理岗位工作，工资标准为按公司薪酬标准执行，双方对工资的其他约定包括B公司有权根据政府规定和经营状况调整薪酬标准及支付时间；有权根据任某的奖惩情况，自主调整发放的具体工资数额；支付的工资不低于政府规定的最低工资标准。2009年1月29日，B公司与任某签订期限至2012年1月28日的劳动合同，约定任某担任战略投资部总经理，工作地点在北京。

庭审中，B公司提交了期限自2012年1月28日至2015年1月27日的劳动合同，约定任某的工作岗位是董事会秘书，该份劳动合同的首页为A公司劳动合同书，末页加盖B公司公章，任某并未在该劳动合同书上签字。就上述劳动合同，任某称对前两份劳动合同真实性认可，第三份劳动合同没有签的原因是认为双方应当签订无固定期限劳动合同，同时其表示从未向B公司提供过劳动，主张与A公司自始存在劳动关系。任某为证明其主张，提交了一系列证据，证明其无论从任免还是从实际工作内容均是在为A公司工作，其中包括：任命文件、辞职报告、年度报告、担保书、在职证明、工牌、工作名片、工作中的审批表等相关文件。A公司对上述证据真实性认可，但是主张双方是委派关系，不能证明劳动关系。

2013年3月11日，B公司出具薪酬待发授权书，内容为：因公司经营管理需要B公司授权C公司，自即日起代B公司发放员工薪酬。任某对该证据真实性不认可，称上述公司为关联公司，工资发放不能证明劳动关系的变更。自2013年3月起，任某的工资由C公司以转账形式支付，此前由B公司发放，对于工资标准，任某称发放工资是按照每年年薪总数的60%预发平均到每个月，其余40%为春节前发放至另一卡中。关于工资标准，任某在仲裁时的陈述为月工资税前5.4万元，税后4.8万元左右。为证明上述主张，任某提交了其本人2014年银行对账单，该对账单上显示由C公司转账的款项属于其工资的一部分，2014年1月、2月工资为3.8万元，2014年3月至5月的工资为4.6万元，2014年6月至12月的工资为4.6万元。A公司称2014年1月27日发放的25万元是2013年的年终奖。A公司及B公司对该证据的真实性认可，主张年终奖是根据公司的效益及个人表现发放，不应当计入工资总额中。

2014年12月22日，任某书写辞呈，内容为："因公司发展及业务战略优化调整需要，经与公司沟通，本人将负责公司电子商务领域的相关工作，现申请辞去本人所担任的某地产股份有限公司董事会秘书职务，请公司董事会予以批准。"同日，A公司做出关于董事会秘书辞职的报告，内容为公司董事会收到任某的辞职申请，因公司发展及业务战略优化调整需要，经与公司沟通，任某将负责公司电子商务领域的相关工作，并申请辞去公司董事长秘书职务。公司董事会同意任某提出的辞任董事会秘书的请求。

2015年1月23日，B公司通知任某双方于2012年1月28日签订的劳动合同将于2015年1月27日到期，在劳动合同期满之后将不再续签。任某对该通知书的真实性认可，称B公司终止劳动合同的意思表示代表了A公司的意思表示，但任某称其与B公司已经签订了两次固定期限劳动合同，符合签订无固定期限劳动合同的情形，系违法终止。

B公司为任某缴纳2008年1月至2015年1月的社会保险。2015年1月27日B公司向任某发出关于停止缴纳社会保险和住房公积金的通知，通知任某为其缴纳社会保险和公积金的截止日期为2015年1月27日。2015年2月4日，B公司发出关于限期办结工作交接的催告函，通知任某在5日之内办理工作交接。2015年4月27日，A公司董事会临时会议决议聘请赵某担任公司董事会秘书，A公司依此主张任某的岗位已经由他人代替，无法继续履行劳动合同。任某对该证据的真实性认可，称其本人是主张恢复劳动关系，并非恢复原岗位。2015年11月4日，任某向A公司人力资源部邮寄了希望尽快安排恢复正常工作的函。2015年3月5日，任某提出仲裁申请，请求继续履行劳动合同，并支付2015年1月28日至今的工资。

争议焦点

高收入群体在用人单位违法解除劳动关系的情况下，能否继续履行劳动合同的特殊考量因素；诉讼期间，作为高收入群体的劳动者在未正常提供工作的情况下，仍按照其原工资水平支付劳动报酬的合理性。

审理结果

裁决A公司继续履行劳动合同，并酌情支付期间工资。

评析意见

关于劳动关系认定问题，判断劳动关系不能仅依据劳动合同的签订情况、工资发放、社保缴纳主体判断，还需综合考虑用人单位制定的规章制度是否适用于该劳动者，劳动者受到哪个用人单位的管理，从事哪个用人单位安排的有报酬的劳动，接受哪个用人单位规章制度的约束以及提供的劳动是哪个用人单位业务的组成部分。本案中，任某虽然与B公司签订劳动合同，而任某提交的诸多证据包括任某提交的A公司为其出具的对外签署文件的授权委托书、任某为员工签批的支出申请等证据足以说明其从事的是A公司的工作内容，任某是为A公司实际提供劳动。此外，A公司的聘用公告、为任某出具的在职证明及出国旅行担保、接受任某辞去董事会秘书一职的申请均证明无论从任命还是日常管理，任某均是接受A公司的实际约束和管理。任某从事A公司安排的工作内容、接受A公司的实际管理，其提供的劳动是A公司业务的组成部分，A公司主张任某系由B公司委派至A公司工作，但未提交相应的证据，B公司也未能提交证据证明任某事实上为其从事工作，故经仲裁庭审查后，认定了任某与A公司自2007年1月28日建立劳动关系的事实。

关于劳动合同终止环节，B公司2015年1月23日的终止通知到达任某本人，通知双方劳动合同至2015年1月27日到期后不再续签，停发工资、停缴保险。鉴于任某本人对于关联公司的情况以及入职时是与B公司签订劳动合同的情况是知晓的，任某也表示该终止通知实际上是A公司的意思表示，实际上A公司借该终止通知表达了与任某到期终止劳动关系的意愿，但是任某已经与B公司签订了两次固定期限劳动合同，符合签订无固定期限劳动合同的情形，该终止决定违法，任某主张恢复劳动关系，应予以支持，并依法认定双方劳动合同于2015年1月27日到期后，任某与A公司存在无固定期限劳动关系。关于任某主张2015年2月至2017年11月工资的诉讼请求，任某主张按照其正常提供劳动期间的工资标准向其补发工资，考虑到任某主张的上述期间，双方发生劳动争议，且任某并未实际为A公司提供劳动，据此，不宜按原工资标准补发工资，具体数额根据实际情况可酌定。

本案反映出的问题是，高收入群体尤其是高管人员在遭遇用人单位违法解除或终止后的救济途径选择问题，以及审理时需特殊考量的因素。高收入群体尤其是公司高管人员是介于雇主和雇员之间的特殊群体，其用工既涉及《公司法》的特殊规定，又受到《劳动合同法》的规范约束。高管和高级技术人员属于用人单位的核心人才资源，其无论工作时间、薪酬结构、福利待遇、聘用考核、日常管理都有别于普通劳动者。法律规定并未将高管人员与普通劳动者进行区分，未在立法上给予考虑或特别规定。

近年来，高收入群体与用人单位之间因解除而引起的纠纷日渐增多，这类案件矛盾大、标的大、审理难度大，主要表现在：（一）离职原因往往以“不胜任工作”多见，但是高收入群体多为用人单位的关键和高端岗位，对于岗位的匹配度、与公司的融合度要求更高，一旦发生矛盾，很难通过调岗等来实现匹配度和满意度的再次弥合，使得“不胜任工作”的认定更为模糊；（二）高收入群体被解除职务却无法解除劳动关系，陷入不愿履行却不得不履行的僵局；（三）是否能够继续履行劳动合同对于职位的特殊性及双方信任度的要求更高，继续履行劳动合同的可操作性不强。对于高管人员“要求继续履行劳动合同”的可行性法律并未给予特殊的考虑因素和评判标准，用人单位仅仅以没有合适的岗位为由的答辩意见无法取得法院的采信，缺乏信任基础夹杂着法官更多的自由裁量权无法直接适用，在劳动者坚持继续履行的情况下只能判决继续履行，但实际上基于此类人员的特殊性，判决继续履行劳动合同的可操作性并不强，上述案件在法院判决后也陷入岗位无法达成一致，无法履行、无法解除的两难境地，最终也是通过以双方执行和解支付补偿金的形式结束了令双方“痛苦”的关系。（四）高收入群体存在滥用“要求继续履行劳动合同”的倾向。劳动者在被用人单位违法解除劳动合同之后面临着两个选择，继续履行或者主张违法解除劳动合同经济赔偿金，高收入群体对于恢复劳动关系的可行性、客观性有更为理智的判断，也明知回到用人单位会遭遇设陷阱、变相调岗、再次解除，但是之所以没有选择主张违法解除赔偿金，是因为在计算赔偿金时，相关法律明确规定基数以上一年度社会平均工资三倍计算，而对于恢复劳动关系继续履行的情况下工资是否还按照原工资给付还是酌情给付或者参照标准并未规定，使得高收入群体普遍认为如果选择恢复劳动关系，并按照其原来的工资标准得到的实际利益更高。法律对于经济补偿金限制额度的规定的初衷是调整和平衡各类收入群体的利益，是弥补损失并非收益，但是高收入群体存在滥用“要求继续履行劳动合同”的倾向，实际上会存在不工作反而拿到更多补偿的情况，使得企业和劳动者均陷于尴尬境地，也与保持劳动关系稳定性的初衷逐渐背离。

此外，对于用人单位作出的与高收入劳动者解除劳动合同的处理决定被仲裁或法院撤销后，高收入劳动者主张支付上述处理决定作出后至仲裁或诉讼期间的工资的处理，实际操作中大多以是实体违法还是程序违法以及过错程度来进行区分。但值得注意的是，即使用人单位存在过错，在诉讼期间劳动者未提供劳动的情况下仍按照原工资标准支付。理由如下：其一，无论是补偿金还是支付工资，目的是弥补损失并非因此受益，即使是用人单位的过错致使劳动者无法工作，但支付工资却是以提供劳动为前提的，适当地支付工资可以起到惩戒用人单位和弥补劳动者损失的目的；其二，有利于促使劳动者对劳动关系的去留作出最真实的意思表示，在违法解除的赔偿金与仲裁或诉讼期间的工资损失标准大致相同、损失大体相当的情况下，劳动者会对是恢复劳动关系还是解除劳动关系主张赔偿金有理性的分析和判断，此时做出的判断才能真正反映劳动者的意愿，对于实际能否真正恢复劳动关系具有重要意义；其三，违法解除赔偿金在计算时规定了高收入群体工资高于上一年度社会平均工资三倍的，以上一年度社会平均工资三倍计算，考虑到收入群体的差异性，弥补了劳动者的损失也同时惩戒了用人单位，那么作为违法解除另外一种选择也就是主张恢复劳动关系，在诉讼期间的损失也应该与违法解除的标准相差无异较为合理。这样，不仅在对用人单位惩戒和劳动者损失之间求得一个支点，而且具有引领意义，在发生违法解除、损失相差无异的情况下，劳动者的选择真正反映其内心意愿，引导着劳动者做出真实的选择，从而真正有利于保证劳动关系的稳定性。

高收入群体在用人单位违法解除劳动关系的情况下，能否继续履行除应当恢复且客观能够恢复等正常的考量因素外，还应考虑到其职位对于工作能力、判断能力、全局把控能力、人际关系、与用人单位的融洽度有更高的要求，对于高收入群体尤其是高管人员建立在信任基础上的良好的协作关系才是继续履行的关键。

22. 违反道德准则属于违纪行为吗

基本案情

范某于2006年6月23日入职某汽配公司，任公司保洁职务，双方

签订有无固定期限劳动合同。范某于2015年12月28日在该汽配公司厕所内向人事行政部经理的头部及身体上泼洒尿液，并与该经理发生了肢体冲突。经过调查核实，某汽配公司于2016年1月5日向范某送达了《解除劳动合同通知书》，以其行为严重违反“道德准则”为由与其解除了劳动合同。范某不服，认为公司的规章制度没有规定该行为属于严重违反劳动纪律的行为，公司解除劳动合同的理由没有法律依据，属于违法解除。故范某向仲裁委提出仲裁申请，要求汽配公司支付违法解除劳动合同赔偿金。

争议焦点

公司制定的规章制度中，如果未就违反“道德准则”属于违反劳动纪律有所规定的情况下，是否可以依法解除劳动合同。

审理结果

驳回了范某要求汽配公司支付违法解除劳动关系赔偿金的请求。

评析意见

《劳动法》第三条第二款中规定，劳动者应当遵守劳动纪律和职业道德。《劳动法》第二十五条中规定了，劳动者严重违反劳动纪律或者用人单位规章制度的，用人单位可以解除劳动合同。因此，遵守劳动纪律和职业道德是对劳动者最基本的要求，即便在用人单位规章制度未作出明确规定，劳动合同中亦未明确约定的情况下，劳动者严重违反劳动纪律或职业道德的，用人单位仍可依据《劳动法》的相关规定行使解除权。实践中，用人单位应当尽可能依法建立和完善规章制度，保障劳动者享有劳动权利和履行劳动义务。同时，劳动者亦应遵守基本的劳动纪律和职业道德，不能以规章制度未规定为由规避用人单位合理合法的管理行为。本案中，范某在工作期间向人事行政部经理泼洒尿液，已经对人事行政部经理构成侮辱，属于严重违纪行为，虽然汽配公司未能提交相关规章制度，但范某的违纪行为情节严重，故裁决驳回了范某要求汽配公司支付违法解除劳动关系赔偿金的请求。

23. 员工营私舞弊，公司可否单方面解除劳动合同

基本案情

陶某于 2000 年 11 月入职某计算机公司，先后在设计师、工程师、业务经理、业务高级经理、部门总监等多个岗位工作。2010 年 11 月，双方签订了无固定期限劳动合同。自 2015 年 1 月起，陶某担任计算机公司笔记本设计总监，月工资为 9 万元。陶某的母亲刘某于 2003 年 3 月注册成立一家公司从事计算机铭牌生产，刘某一直担任该公司法定代表人。自 2003 年 9 月起，刘某的公司一直通过计算机公司的一级供应商向计算机公司提供铭牌生产服务。陶某自 2012 年 1 月担任部门总监时，其部门负责制订的《产品设计规格书》中，明确指定一级供应商提供的产品上的铭牌须由刘某的公司独家供应。2017 年 1 月，计算机公司以陶某未向公司披露该利益冲突关系，且直接或间接利用职务便利做出有利于其母亲公司的决定，上述行为违反了公司关于“利益冲突”的禁止性规定为由，与其解除了劳动合同。陶某不认可公司的解除行为，遂

提起劳动争议仲裁，要求计算机公司支付违法解除劳动合同赔偿金。

争议焦点

营私舞弊损害用人单位利益的行为是否符合法定解除条件?

审理结果

驳回陶某的仲裁请求。

评析意见

《劳动合同法》第三十九条第三项中规定，严重失职，营私舞弊，给用人单位造成重大损害的，用人单位可以解除劳动合同。本案中，陶某一方面在计算机公司领取高额劳动报酬，另一方面却利用职务便利或所掌握的用人单位的资源对外进行利益输送，损害用人单位利益，为自身谋取私利，其明知这种利益输送行为为计算机公司的规章制度所禁止。陶某的行为违反了计算机公司规章制度的规定，明知存在明显的利益冲突而故意隐瞒不报，且利用职权排除其他企业的正当竞争行为，明显损害了计算机公司的利益，这种“吃饭砸锅”的行为，既为法律所禁止，同时也违反了基本的职业道德，故计算机公司的解除行为合法。陶某的这种行为显然违反了诚实信用的基本法律原则，亦触犯了职场基本底线，故裁决驳回了陶某的仲裁请求。

24. 政策原因导致岗位取消，解除劳动合同合法吗

基本案情

段某于2005年6月20日入职某广告公司，任该公司司机，驾驶该公司唯一一辆别克商务汽车。2017年2月15日《北京市空气重污染应急预案》规定，北京国一、国二排放标准轻型汽油车五环路（不含）以内道路工作日限行。因某广告公司别克商务汽车属国二排放标准，在限行之列，遂决定将该车辆停运。又因车辆停运，司机岗位已无存在因必要，某广告公司开会决议，因别克汽车属于限行范围，且该车辆于2005年购入，使用年限较长，车辆事故频发，已达到报废标准，继续保留，将导致开支巨大，为节约车辆维修成本及人员费用支出，遂决定车辆停运，取消司机岗位，并与段某协商调岗。段某得知公司决议后表示，其本人除司机岗位外，不愿意调至其他岗位，段某还表示，其愿意提供自家车辆供公司继续使用，公司仅需支付合理的租用费用即可，不必停运车辆，取消司机岗位。后某广告公司以段某不同意调整岗位为由，根据《劳动合同法》第四十条第三项的规定，与段某解除了劳动合同，并支付了解除劳动合同经济补偿金。段某提起仲裁请求公司支付违法解除劳动合同赔偿金10万元。

争议焦点

如何界定“客观情况发生重大变化”。

审理结果

驳回了段某的仲裁请求。

评析意见

《劳动合同法》第四十条规定："有下列情形之一的，用人单位提前三十日以书面形式通知劳动者本人或者额外支付劳动者一个月工资后，可以解除劳动合同：……（三）劳动合同订立时所依据的客观情况发生重大变化，致使劳动合同无法履行，经用人单位与劳动者协商，未能就变更劳动合同内容达成协议的。"因此，处理结果应当从以下几个方面予以考虑：

第一，劳动合同订立时的客观情况发生了重大变化。其中重点有二，一是情况变化是相较于订立劳动合同时而言的，若订立时已经能够预见，则不存在所谓的情况变化。二是情况变化具有客观性。实践中，有些法律工作者仅将"客观情况"局限于客观经济、政治和社会等情况，具体说来，依据《关于〈中华人民共和国劳动法〉若干条文的说明》第二十六条第四款的规定，本条中的"客观情况"是指：发生不可抗力或出现致使劳动合同全部或部分条款无法履行的其他情况，如企业迁移、被兼并、企业资产转移等，并且排除本法第二十七条所列的客观情况，即其所谓的客观情况仅仅为企业迁移、被兼并、企业资产转移等情况或类似情况。但在实践中，企业发生上述情况并不常见，尤其是对中小企业而言。中小企业的用工管理对市场变化、政策变化极为敏感，如若不能随之调整则极有可能导致整个企业经营陷入困境。因此，考虑到中小企业的经营管理的自主权利，应当对客观性的考察放宽要求，不应仅仅局限于法律列举的情形。况且，现实总是千变万化的，要让市场经济充满活力，需让市场经济的主体各个企业能在各种情况下均能灵活应对才可，故客观性的考量应当是针对主观性而言。用工管理的变化不带有管理人员的主观色彩，不是针对某个员工，而是为了企业的发展而做出调整，即可定义为具有客观性。因此，某广告公司的车辆因政策原因成为限行车辆，继续运行成本较高确属实情，属于《劳动合同法》第四十条第三项规定的“客观情况发生重大变化”之情形。

第二，客观情况的变化导致用人单位与劳动者之间的劳动合同无法继续履行，即客观情况发生重大变化与劳动合同无法继续履行之间存在因果关系。

第三，用人单位就变更劳动合同内容进行了协商，且经协商仍未能就变更劳动合同内容达成协议。实践中，比较常见的是在协商后，劳动者会态度鲜明地表示，除当前岗位或待遇外，不愿意有任何变动，用人单位、裁判人员均可据此断定双方已经没有了协商的可能性，不能达成协议实属必然，用人单位已经尽到了协商的义务。本案中段某明确表示不愿意调岗，已可断定双方劳动合同无法继续履行。

第四，用人单位需要提前三十日通知或者额外支付一个月的工资后方可解除。一般情况下，用人单位均会提前一个月通知解除劳动合同，若没有提前三十日通知，则可以从用人单位解除劳动合同支付补偿金的金额上考虑，是否包含了一个月的待通知金，若有则程序上的该项要求已经达到，若没有，则用人单位可能要承担违法解除的风险。本案中某广告公司已经支付了段某经济补偿金，且其中也已经包含一个月工资的代通知金，已经履行了程序要求。

最后，需要注意的是《最高人民法院关于审理劳动争议案件适用法律若干问题的解释》第十三条［现为《最高人民法院关于审理劳动争议案件适用法律问题的解释（一）》第四十四条］规定：因用人单位作出的开除、除名、辞退、解除劳动合同、减少劳动报酬、计算劳动者工作年限等决定而发生的劳动争议，用人单位负举证责任。因此，就上述四个要点，均应由用人单位举证证明其已经达到了相应的要求，否则，用人单位应当承担举证不能的不利后果，即被判定为违法解除。

25. 公司以“经营战略调整”为由解除劳动关系是否合法

基本案情

张某于2014年3月入职某邮政管理公司，负责邮件交换工作。2017年5月邮政管理公司通知张某，因调整经营战略且陆运网转型升级，公司决定将取消邮件交换环节，张某的工作岗位也随之取消，但公司会为张某另外安排其他工作岗位，并且保持薪资待遇不变。张某与邮政管理公司经过多次协商之后，并未同意公司为其安排的其他工作岗位。2017年7月20日邮政管理公司依据《劳动合同法》第四十条第三项“劳动合同订立时所依据的客观情况发生重大变化，致使劳动合同无法继续履行，经用人单位与劳动者协商，未能就变更劳动合同内容达成协议的”的规定，向张某提出解除劳动合同。张某则认为邮政管理公司虽然取消了自己的工作岗位，但此种内部调整行为并不属于客观情况发生重大变化，遂提起劳动仲裁，要求邮政管理公司向其支付违法解除劳动合同赔偿金。

争议焦点

“客观情况发生重大变化”如何界定。

审理结果

邮政管理公司向张某支付违法解除劳动合同的赔偿金。

评析意见

在判断企业的解除劳动合同情形是否符合《劳动合同法》第四十条第三项规定时，首先，应当判断企业主张的客观情况发生重大变化是否实际存在，不应当仅以企业提供的各项决策为准，应考虑到该决策是否经过股东大会或董事会决议，是否由公司实际控制人所做出，同时还应结合企业的实际经营状况综合考量。其次，企业的重大变化应是偏于客观、应政策法规被迫进行的变更，应具有合理性及必要性，如被政府关停企业所进行的疏解外迁，而并非企业偏于主观、自主进行的逐利性调整，如企业自身经营变化。本案中，邮政管理公司所称张某工作岗位取消这一情况变化，双方当事人已认可，即可认定邮政管理公司主张的情况变化确实存在，但邮政管理公司并没有就此情况变化属于企业被迫进行、而非逐利性调整进行举证，因此邮政管理公司的情况变化属客观情况不能采信，从而认定邮政管理公司的解除情形并不符合《劳动合同法》第四十条第三项的规定，应当属于违法解除劳动合同。

如今企业的外部环境变幻莫测，许多企业不得不采取调整经营战略、调岗降薪等手段保持自身经营，导致劳动者与用人单位之间产生较大分歧，无法协商解决争议。在这些争议中，大部分企业往往会选择依据《劳动合同法》第四十条第三项的规定与劳动者解除劳动合同。该条款所称“客观情况发生重大变化”在一定程度上体现了情势变更原则，即劳动合同有效订立后，出现了双方当事人订立劳动合同时不可预见的，且不可归责于双方中任何一方，双方在主观上也不存在过错或故意，具有实质性、客观存在的情况变化，此变化已经足以导致原劳动合同的履行出现重大障碍，或者全部或部分无法继续履行。实践中，大部分企业所谓的客观发生重大变化具体体现在组织架构调整、工作岗位取消、工作地点搬迁等，但在认定事实时往往难以确定企业主张的客观情况发生重大变化是否真实、客观，因此对于用人单位解除劳动合同的情形是否符合《劳动合同法》第四十条第三项所称“客观情况发生重大变化”的认定，还应采取谨慎态度。之所以严格限制“客观情况发生重大变化”的适用范围，是为了防止产生对此条款进行滥用的现象，造成对劳动者利益的损害。对于企业是否符合“客观情况发生重大变化”的情形，应当进行综合考量，相应的衡量标准应当能够适应社会发展变化，能够更好地协调当事人之间的利益冲突，维护社会稳定。

26. 规章制度未签字是否就代表没有约束力

基本案情

杨某于2001年7月16日入职某楼宇服务公司，双方于2011年7月16日订立了无固定期限劳动合同，约定其担任某项目部负责人。工作期间，有员工向楼宇服务公司举报杨某通过以为多名员工多做出勤天数的方式侵占公司支付的工资等。经楼宇服务公司调查核实，2014年1月至2017年7月，杨某利用项目部负责人的职权，为员工制作虚假考勤记录，谋取个人利益，侵占工资金额达8万余元。2017年7月3日，杨某向楼宇服务公司递交《检讨书》认可上述事实，并于当日将侵占的8万余元工资上缴楼宇服务公司。2017年7月7日，楼宇服务公司向杨某发出《解除劳动合同通知书》，以其违反公司《员工手册》相关规定为由与其解除劳动合同。2018年3月，杨某向仲裁委提出仲裁申请，认为其并未签收《员工手册》，诉求楼宇服务公司支付违法解除劳动合同赔偿金。

争议焦点

劳动者未签收规章制度是否可作为违纪的“护身符”。

审理结果

裁决驳回杨某的仲裁请求。

评析意见

根据《劳动合同法》第四条的规定，用人单位应当依法建立和完善劳动规章制度；在制定、修订或决定直接涉及劳动者切身利益的规章制度或者重大事项时，应当经过相应的民主程序；用人单位应当将直接涉及劳动者切身利益的规章制度和重大事项决定公示，或者告知劳动者。劳动者应当本着诚实信用、勤勉谨慎、善意合作等原则履行劳动合同义务，除了应当自觉遵守用人单位依法制定的规章制度之外，还应当根据基本职业道德、公序良俗等对自己的履职行为做出判断和取舍，不能以未签收规章制度或规章制度未作出明确规定作为自己不当行为的“挡箭牌”。本案中，虽然杨某提出本人未签收《员工手册》的抗辩，楼宇服务公司亦未能提供证据证明已将《员工手册》公示或告知杨某，但杨某制作虚假考勤侵占工资的行为已构成营私舞弊的事实，且该行为给用人单位造成了重大损害，同时也违背了诚实信用原则和基本职业操守，故裁决驳回杨某的仲裁请求。

27. 特殊疾病员工医疗期内能否解除劳动关系

基本案情

黄某在2017年1月入职某科技公司从事编程工作，与该公司签订了三年的劳动合同，约定试用期为2个月。由于黄某的性格内向，平时不爱和大家交流，也不出去散心，每天就和电脑打交道，加上编程工作繁忙，几乎天天加班至深夜。如此工作一段时间后，黄某变得烦躁且消瘦，2018年3月其在家人的陪同下去医院检查，经医院诊断确认，黄某患有中度抑郁症。该公司认为黄某的病情影响其工作，也会给同事带来困扰，故在2018年3月31日向黄某出具解除劳动关系通知书，并同意支付黄某解除补偿金。黄某的家人对此不认可，称黄某的情况需要长期治疗，公司不能解除合同。故申请仲裁，要求继续履行劳动合同。

争议焦点

对患有精神疾病的员工是否能在医疗期内解除劳动关系。

审理结果

支持黄某的仲裁请求。

评析意见

精神病指严重的心理障碍，患者的认识、情感、意志、动作行为等心理活动均可出现持久的明显的异常；不能正常地学习、工作、生活；动作行为难以被一般人理解。现代生活和工作的压力明显增大，如果不能好好调整心态，很多人都会有心理上的疾病，只是轻重程度不同。如果单位碰到患有精神疾病的员工，需要如何处理呢？

一、如果是在试用期内发现员工患有精神疾病，用人单位可以以员工不符合录用条件为由解除劳动合同。劳动部《关于实行劳动合同制度若干问题的通知》（劳部发〔1996〕354号）第十一条规定，“用人单位对新招用的职工，在试用期内发现并经有关机构确认有精神病的，可以解除劳动合同”。

二、如果员工已经通过试用期，在劳动合同履行期间发现其患有精神疾病，则企业不能随意解除劳动合同，需严格按照法律规定操作。《劳动合同法》第四十条规定：“有下列情形之一的，用人单位提前三十日以书面形式通知劳动者本人或者额外支付劳动者一个月工资后，可以解除劳动合同：（一）劳动者患病或者非因工负伤，在规定的医疗期满后不能从事原工作，也不能从事由用人单位另行安排的工作的……”员工患有精神疾病也属于患病，也存在医疗期的问题。劳动部《关于贯彻〈企业职工患病或非因工负伤医疗期规定〉的通知》（劳部发〔1995〕236号）规定：对某些患特殊疾病（如癌症、精神病、瘫痪等）的职工，在二十四个月内尚不能痊愈的，经企业和劳动主管部门批准，可以适当延长医疗期。对于患特殊疾病职工的医疗期时间，在司法实践中存在两种认识：第一种观点认为，只要职工患有特殊疾病，无论其工作时间长短，均至少享受二十四个月的医疗期。二十四个月仍不能痊愈的，可申请延长医疗期，但是否延长需经企业和劳动主管部门批准。第二种观点认为，上述规定中“二十四个月内尚不能痊愈的”是对疾病的描述，而并非对医疗期时间的规定。二十四个月不能痊愈并不一定是二十四个月都在病休治疗，二十四个月只是疾病持续的状态，因此不能理解为二十四个月的医疗期。此种情况下，职工的医疗期时间仍与其工作时间长短相联系，职工虽有权申请延长医疗期，但是否延长需经企业和劳动主管部门批准。笔者认为患有重病尤其是精神类疾病，患者经受着一般人体会不到的痛苦，需要经过一系列的康复及心理疏导等，给予二十四个月的医疗期有利于体现人文关怀，也有利于患者恢复。

本案中，黄某在医疗期内被某科技公司提出解除劳动合同，系违法解除，故依据《劳动合同法》第四十八条之规定，黄某要求继续履行劳动合同，仲裁委应予以支持。

28. 医疗期满可以解除劳动合同吗

基本案情

冯某于2009年11月17日入职某汽车公司，月平均工资为2000元，双方签订有期限为2010年11月17日至2013年11月17日的劳动合同。冯某提供实际劳动至2012年9月29日，2012年9月30日至2012年10月7日正常休假，自2012年10月8日因患病开始休病假。2012年10月8日至2013年1月20日冯某陆续向公司递交了病休证明。2013年1月8日，该汽车公司向冯某下发了离职证明，离职证明内容如下：“冯某于2009年11月17日加入我单位，岗位为职工，由于从2012年10月8日至2013年1月7日病假三个月，于2013年1月7日在我单位办理离职，特此证明。”汽车公司认为截至2013年1月7日冯某医疗期已满三个月，无法继续提供劳动，故与其解除劳动关系，符合法律规定。而冯某则表示自己因患病暂时不能提供劳动，并不意味着不能从事原工作，公司未通知其上班就直接解除劳动合同，属于违法解除，并要求汽车公司支付违法解除劳动关系赔偿金。

争议焦点

劳动者医疗期满，用人单位能否与其直接解除劳动关系。

审理结果

支持冯某要求支付违法解除劳动关系赔偿金的仲裁请求。

评析意见

《劳动合同法》赋予劳动者享受医疗期的权利，并在该法第四十二条中规定“劳动者患病或非因工负伤，在规定的医疗期间内的，用人单位不得依照本法第四十条、第四十一条的规定解除劳动合同”。那是否意味着如同本案中用人单位所认为，在劳动者医疗期满后，用人单位就可以无条件地解除劳动合同呢？实际上，该汽车公司对于《劳动合同法》第四十二条中的此项规定存在误解，企业在劳动者医疗期满后可以解除劳动合同，但需要注意的是，必须经过法定的程序和条件。

首先，从法定程序方面看，当劳动者的医疗期届满时，用人单位作为用工管理方，应当事先通知劳动者来上班，履行必要的告知义务，并了解劳动者的身体情况以及能否适应工作的要求，否则用人单位的解除行为在程序上存在瑕疵，会面临被认定为违法的风险。

其次，从法定条件方面看，医疗期届满，用人单位单方与劳动者解除劳动合同，需要同时满足以下条件：

第一，在劳动者的医疗期满后劳动者不能从事原工作，也不能从事由用人单位另行安排的工作。劳动者在医疗期届满后，如果不能够从事原工作岗位，用人单位应当另行安排其他适合劳动者的工作岗位，而不能随意安排劳动者从事明显不适合的工作岗位。只有劳动者对于两份工作均无法从事时，用人单位才可以解除劳动合同。原劳动部《企业职工患病或非因工负伤医疗期规定》的第七条中对此作出了明确规定，企业职工非因工致残和经医生或医疗机构认定患有难以治疗的疾病，医疗期满，应当由劳动鉴定委员会参照工伤与职业病致残程度鉴定标准进行劳动能力的鉴定。被鉴定为一至四级的，应当退出劳动岗位，解除劳动关系，办理退休、退职手续，享受退休、退职待遇。由此可知，劳动者能否从事相应工作应由劳动能力鉴定委员会鉴定，并应以鉴定结果作为评判标准。用人单位若没有对劳动者的工作能力进行劳动能力鉴定，则无权解除劳动合同。

第二，用人单位需要提前三十日通知劳动者本人或者额外支付劳动者一个月的工资。在劳动者医疗期届满后，用人单位可以按照法定时限将解除劳动关系的意向通知劳动者本人，也可以另行支付一个月工资作为代通知金。需要强调的是，额外支付的一个月工资是指劳动者前十二个月的平均工资，而并非基本工资。

第三，用人单位提前通知劳动者解除劳动合同的形式应当采用书面形式。有些企业在实际用工中，往往通过口头告知或者电话等形式通知劳动者解除。这种做法迫使企业处于被动局面，一旦劳动者与企业就此发生纠纷，企业很难举证，在仲裁或诉讼过程中有可能承担败诉的风险。因此，企业不仅应当以书面形式告知劳动者解除事宜，如下发“解除劳动关系通知书”等，还应妥善保管劳动者的签收单，以备后患。

本案中，虽然冯某法定医疗期已满，但某汽车公司并未通知其上班工作，在履行必要的法定程序上存在瑕疵，且未对冯某能否从事原工作岗位进行劳动能力鉴定，而是自行认定其在医疗期满后仍请假未到岗上班，属于不能从事原工作岗位，疏忽了行使解除权的前置条件。在此情况下，直接作出与冯某解除劳动关系的决定，不符合上述规定，因此被认定为违法解除。

29. 医疗期内劳动合同期限届满能终止吗

基本案情

何某为某宾馆女员工，于 2013 年 8 月 1 日入职，双方签订了为期 2 年的劳动合同。自 2015 年 6 月 15 日起，何某一直患病休病假。2015 年 7 月 31 日，宾馆向何某发出《终止劳动合同通知书》，终止双方的劳动合同。何某认为自己尚在医疗期内，且自己实际工作已满 10 年，宾馆终止劳动合同违反法律规定，遂申请仲裁要求某宾馆继续履行劳动合同。

争议焦点

医疗期内劳动合同到期，劳动关系应当如何处理。

审理结果

支持何某继续履行劳动合同的仲裁请求。

评析意见

医疗期是劳动者因患病或非因工负伤停止工作治病休息不得解除或终止劳动合同的期限。《企业职工患病或非因工负伤医疗期规定》第三条规定，企业职工因患病或非因工负伤，需要停止工作医疗时，根据本人实际参加工作年限和在本单位工作年限，给予三个月到二十四个月的医疗期：（一）实际工作年限十年以下的，在本单位工作年限五年以下的为三个月；五年以上的为六个月。（二）实际工作年限十年以上的，在本单位工作年限五年以下的为六个月；五年以上十年以下的为九个月；十年以上十五年以下的为十二个月；十五年以上二十年以下的为十八个月；二十年以上的为二十四个月。如果员工不是连续休假治疗，则涉及医疗期的累计计算问题。《企业职工患病或非因公负伤医疗期规定》第四条规定：医疗期三个月的按六个月内累计病休时间计算；六个月的按十二个月内累计病休时间计算；九个月的按十五个月内累计病休时间计算；十二个月的按十八个月内累计病休时间计算；十八个月的按二十四个月内累计病休时间计算；二十四个月的按三十个月内累计病休时间计算。医疗期的期限由劳动者的累计工作年限和在本单位的工作年限决定，从三个月到二十四个月不等。

根据《劳动合同法》第四十二条的相关规定，劳动者患病在规定的医疗期内，用人单位不得依照《劳动合同法》第四十条、第四十一条的规定解除劳动合同；根据《劳动合同法》第四十五条的相关规定，劳动合同期满，劳动者患病在规定的医疗期内的，劳动合同应当续延至相应的情形消失时终止。在医疗期内，劳动者依照相关规定享有获得病假工资、相应医疗待遇等权利，因此用人单位应认真学习劳动法律法规，切实维护劳动者的权益。有关医疗期的规定可参照《企业职工患病或非因工负伤医疗期规定》。

本案中，按照何某的累计工作年限和在某宾馆的工作年限，何某的医疗期应为六个月，某宾馆终止劳动合同时，何某尚在规定的医疗期内，按照法律规定，某宾馆应将劳动合同延续至何某医疗期满或医疗终结后，才可终止劳动合同，故裁决某宾馆继续履行劳动合同。

30. 如协商续签未果，到期终止违法吗

基本案情

李某于2008年4月30日入职某服务公司，双方先后两次签订固定期限劳动合同。2017年4月30日，双方第二次签订的劳动合同到期。2017年3月20日，某服务公司以书面形式询问李某，因其劳动合同到期，是否同意续签劳动合同，李某表示同意续签。劳动合同续签条件为维持原劳动合同约定条件，签订无固定期限劳动合同。2017年4月21日、26日，某服务公司又以公告形式先后两次通知李某续签劳动合同。李某向某服务公司提出提高其工资标准等条件，某服务公司明确要维持原劳动合同约定。双方未就续签劳动合同一事达成一致意见。截至2017年4月30日，双方未续签劳动合同。

2017年5月1日，某服务公司以邮寄方式向李某发出通知：某服务公司要求与李某在维持原劳动合同条件的基础上续签无固定期限劳动合同，因李某未与其签订书面劳动合同，故双方于2017年5月1日再无

劳动关系。李某到仲裁委提出申请，要求某服务公司支付违法终止劳动合同赔偿金。庭审中某服务公司认为，其公司已经履行通知续签劳动合同的相关手续，并且按照国家法律规定要求维持原劳动合同约定条件，签订无固定期限劳动合同，李某不与其续签书面劳动合同，应视为李某提出终止劳动合同关系，不应支付李某违法终止劳动关系赔偿金。李某认为其虽未与某服务公司续签书面劳动合同，但其未主张终止劳动关系，某服务公司通知李某 2017 年 5 月 1 日后无劳动关系，应视为某服务公司违法终止了劳动合同关系。

争议焦点

劳动合同到期，用人单位维持劳动合同约定条件续签劳动合同，在劳动者不予签订的情况下，不利后果由谁承担。

审理结果

驳回李某的仲裁请求。

评析意见

仲裁委经审理认为：某服务公司提前一个月通知李某是否续签无固定期限书面劳动合同，而后又多次通知李某续签劳动合同，且其与李某续签的书面劳动合同内容维持原劳动合同约定的条件。某服务公司已经履行告知续签劳动合同的相关义务，且签订的无固定期限劳动合同维持原劳动合同条件。某服务公司的做法符合法律规定。根据《最高人民法院关于审理劳动争议案件适用法律若干问题的解释》第十六条［现为《最高人民法院关于审理劳动争议案件适用法律问题的解释（一）》第三十四条］的规定，劳动合同期满后，劳动者仍在原用人单位工作，原用人单位未表示异议的，视为双方同意以原条件继续履行劳动合同。李某虽未与某服务公司续签劳动合同，但也不应视为李某向某服务公司提出解除劳动合同关系。本案中某服务公司向李某邮寄送达了书面通知，通知李某因其未与某服务公司续签劳动合同，故劳动合同期满后，双方再无劳动关系。该通知应该视为某服务公司与李某终止了劳动合同关系的依据。《劳动合同法实施条例》第六条第一款规定：用人单位自用工之日起超过一个月不满一年未与劳动者订立书面劳动合同的，应当依照《劳动合同法》第八十二条的规定向劳动者每月支付两倍的工资，并与劳动者补订书面劳动合同；劳动者不与用人单位订立书面劳动合同的，用人单位应当书面通知劳动者终止劳动关系，并依照《劳动合同法》第四十七条的规定支付经济补偿。故本案中，李某应向某服务公司主张终止劳动关系经济补偿金。李某要求某服务公司支付违法终止劳动关系赔偿金，于法无据，仲裁委予以驳回。

31. 经济补偿金基数如何确认

基本案情

某能源科技公司与王某签订了为期1年的劳动合同，劳动合同的期限为2009年12月28日至2010年12月27日。劳动合同约定试用期为两个月，试用期工资为每月1500元，试用期过后每月工资为1700元，某能源科技公司支付给王某的实际工资中还包含有伙食补助、加班费等。某能源科技公司提供的《工资表》中显示2009年12月28日至2010年12月27日支付给王某的平均工资为2215元。王某的工作岗位为某项目部中控室的中控员，具体负责中控室的监控工作，中控室的中控员共八人，两人共同值班，值班12小时，休息36小时，值班期间在公司就餐，就餐期间一人吃饭，另一人在中控室坚守岗位。逢节假日或安排其他加班，某能源科技公司则额外支付节假日及其他加班工资。某能源科技公司中控员实行的是综合计算工时工作制的工作岗位，并经过当地人力资源和社会保障局的审批。

2010年11月27日，某能源科技公司给王某发出一份不续签劳动合同的通知，2010年12月27日合同期限届满，公司终止了与王某的劳动关系，并按劳动合同约定的工资标准支付了王某的终止劳动合同经济补偿金1700元。王某不同意某能源科技公司按劳动合同约定支付的经济补偿金，并要求某能源科技公司按实际工资支付解除劳动合同经济补偿金，并称某能源科技公司违反试用期规定和不按实际工资时间支付加班工资，申请至仲裁委员会。王某请求：1. 支付终止劳动合同经济补偿金2215元；2. 支付拖欠的2009年12月28日至2010年12月27日的加班工资共计4132元及50%加班工资的赔偿金2066元；3. 支付违法约定的试用期期间的工资差额200元。

争议焦点

解除劳动合同经济补偿金的基数应如何确认。

审理结果

某能源科技公司支付王某终止劳动合同经济补偿金差额515元；驳回王某的其他申请请求。

评析意见

《劳动合同法》第四十四条第一项规定："劳动合同期满的，劳动合同终止。"第四十六条第五项规定："除用人单位维持或者提高劳动合同约定条件续订劳动合同，劳动者不同意续订的情形外，依照本法第四十四条第一项规定终止固定期限劳动合同的，用人单位应当向劳动者支付经济补偿。"第四十七条第一款中规定了"经济补偿按劳动者在本单位工作的年限，每满一年支付一个月工资的标准向劳动者支付"。第四十七条第三款规定："本条所称的月工资是指劳动者在劳动合同解除或者终止前十二个月的平均工资。"本案王某的工资除每月约定的月工资标准外，还有伙食补助、加班工资，因此，王某的终止劳动关系经济补偿金不应按企业约定的工资支付，而是王某所有收入的总和的平均工资。因此，某能源科技公司应按王某一年实际收入的平均工资2215元支付，鉴于某能源科技公司已支付了王某终止劳动合同经济补偿金1700元，其还应支付王某终止劳动合同经济补偿金差额部分515元。

《劳动合同法》第十九条中规定"劳动合同期限三个月以上不满一年的，试用期不得超过一个月，劳动合同期限一年以上不满三年的，试用期不得超过二个月"。某能源科技公司与王某签订的劳动合同起止时间为2009年12月28日至2010年12月27日，已满一年，王某认为其签订的劳动合同不足一年，其试用期应为一个月，王某认为某能源科技公司违反《劳动合同法》约定，要求某能源科技公司从第二个月起按劳动合同约定的1700元支付工资，不应按劳动合同 中试用期1500元支付工资，应补足差额工资200元。但能源科技公司与王某签订的劳动合同起止时间为2009年12月28日至2010年12月27日，已满一年，符合《劳动合同法》第十九条劳动合同期限一年以上不满三年的试用期不得超过二个月的法律规定，其试用期可以为二个月。某能源科技公司与王某签订的劳动合同中约定的试用期时间符合《劳动合同法》的规定，没有违法与王某约定试用期，王某要求支付违法约定试用期工资差额的请求不应支持，王某对其劳动合同期限一年及不到一年的理解有误。

某能源科技公司对王某提交的《中控室2010年11月值班表》的真实性予以认可，某能源科技公司《中控室2010年12月值班表》显示王某每四周排班时间为168小时，如按法定的工作时间四周应为160小时，每周排班时间为42小时，每周超出法定时间2小时。王某以每周值班时间超过国家法定工作时间2小时为由，要求某能源科技公司支付一年的双休日加班工资4132元。某能源科技公司不同意支付，在庭审中称王某的每周实际工作时间没有超出法定的工作时间40小时，其中王某的排班时间中有实际值班时间和就餐时间。仲裁委没有支持王某的申请请求，考虑王某值班期间不是一个人，值班期间可以倒换去食堂就餐，王某每周在食堂就餐次数不低于9次。每次按15分钟计，王某每周就餐时间均超过2小时。因此，仲裁委驳回了王某要求某能源科技公司支付加班工资的请求。

32. 经济补偿金的基数中含加班工资吗

基本案情

周某是某化妆品厂职工，双方签有5年期劳动合同。该厂是一家国有知名老厂，产品销路一直很好。可是好景不长，2002年9月，该化妆品厂因新产品市场定位错误，导致巨额亏损，企业经营受到严重打击。为减轻负担，经厂办公会与工会协商，并经全体职工代表大会讨论，决定解除与周某等20名职工的劳动合同，由化妆品厂按规定支付经济补偿金，以达到迅速减员尽快压缩企业经营成本的目的。周某等人考虑到化妆品厂目前的处境，对该项决定表示认可。但当他们在领取经济补偿金时，对补偿金的计算标准产生了疑问。具体情况是这样的，就在工厂转产之前，产品销路一直很好，因此周某等人每月均需加班，并获得了相应的加班费。但是，该化妆品厂在计算经济补偿金时，仅以每人8月份工资作为计算基数，而未将加班费考虑在内。周某等人对此提出质疑，并向仲裁委提出仲裁请求，要求将加班工资也计算在经济补偿金的基数中。

争议焦点

加班工资能否作为计算经济补偿金的基数。

审理结果

支持周某等人的仲裁请求。

评析意见

《劳动合同法》第四十七条规定：经济补偿金按劳动者在本单位工作的年限，每满一年支付一个月工资的标准向劳动者支付。六个月以上不满一年的，按一年计算；不满六个月的，向劳动者支付半个月工资的经济补偿。劳动者月工资高于用人单位所在直辖市、设区的市级人民政府公布的本地区上年度职工月平均工资三倍的，向其支付经济补偿的标准按职工月平均工资三倍的数额支付，向其支付经济补偿的年限最高不超过十二年。本条所称月工资是指劳动者在劳动合同解除或者终止前十二个月的平均工资。根据原劳动部《关于贯彻执行〈中华人民共和国劳动法〉若干问题的意见》第五十三条第一款的规定，劳动法中的“工资”是指用人单位依据国家有关规定或劳动合同的约定，以货币形式直接支付给本单位劳动者的劳动报酬，一般包括计时工资、计件工资、奖金、津贴和补贴、延长工作时间的工资报酬以及特殊情况下支付的工资等。

结合本案，计算周某经济补偿金的基数应为，与周某解除劳动合同前的十二个月的平均工资。对工资的范围，企业在正常生产情况下，支付给职工的加班加点劳动报酬属于工资的组成部分，计发经济补偿金的工资基数应包括加班加点的劳动报酬在内。因此，该化妆品厂在计发周某等人的经济补偿金时，至少存在着两方面错误：一是不能仅以劳动者解除合同前一个月的工资作为计算基数；二是不应把劳动者获得的加班费排除在平均工资计算范围之外。

此外，关于经济补偿金如何扣税问题，在实践中也经常引起劳动关系双方的矛盾。对此，财政部和税务总局在《个人与用人单位解除劳动关系取得的一次性补偿收入征免个人所得税问题的通知》中规定：个人因与用人单位解除劳动关系而取得的一次性补偿收入（包括用人单位发放的经济补偿金、生活补助费和其他补助费用)，其收入在当地上年职工平均工资三倍数额以内的部分，免征个人所得税；超过的部分按照《国家税务总局关于个人因解除劳动合同取得经济补偿金征收个人所得税问题的通知》的有关规定，计算征收个人所得税。也就是说，劳动者个人因与用人单位解除劳动关系而取得的经济补偿金，原则上是免征个人所得税的。但为了防止某些企业或个人利用此规定变相偷税漏税，因此对超过当地上年职工平均工资三倍数额以上的部分仍要收税。所以，经济补偿金的基数是指解除劳动合同前劳动者十二个月税前平均工资。

33. 以协商降薪为由解除劳动合同需要支付经济补偿金吗

基本案情

李某于2016年6月到某公司担任部门经理，双方签订了期限为两年的劳动合同，月工资标准为4500元。2017年6月，李某所在部门上级领导欲用他人担任该部门经理，解除了李某的经理职务，让其负责部门其他一般性工作，并且工资降为每月3000元。李某不服，多次与领导和人事部门交涉，但均未能解决。2017年9月，人事部通知李某，按上级要求决定与其变更劳动合同，李某不再担任经理职务，可以继续从事现在所做的工作，并且工资定为每月3000元。对于这样的决定，李某坚持要求公司按原劳动合同履行。由于协商不一致，公司提出与李某解除劳动合同，李某表示同意。李某要求，公司按其担任经理时的工资标准支付其两个月的经济补偿金，并补足2017年6月至9月的工资差额。公司表示只能按现在3000元的标准支付李某解除劳动合同经济补偿金，不同意补工资差额。由于双方无法达成一致，于是李某向仲裁委申请仲裁，要求公司支付解除劳动合同的经济补偿金及按4500元标准补足工资差额。

争议焦点

在协商不一致的情况下，用人单位是否有权单方降薪？

审理结果

按月工资标准4500元支付李某解除劳动合同的经济补偿金并补发工资差额。

评析意见

《工资支付暂行规定》第十二条规定：非因劳动者原因造成单位停工、停产在一个工资支付周期内的，用人单位应按劳动合同规定的标准支付劳动者工资。超过一个工资支付周期的，若劳动者提供了正常劳动，则支付给劳动者的劳动报酬不得低于当地的最低工资标准；若劳动者没有提供正常劳动，应按国家有关规定办理。除以上三种情况外，用人单位不得擅自降低劳动者的劳动报酬。根据《劳动合同法》的相关规定，用人单位可以降低劳动者工资待遇的情况仅包括：（一）用人单位与劳动者协商一致变更；（二）劳动者不胜任工作，用人单位依法调岗后根据薪随岗动的原则降低劳动报酬；（三）法律法规规定的其他情况。

本案中，在李某离职前的最后四个月，公司单方降低了李某的工资待遇，且没有征得李某的同意，是违法扣发工资的行为。涉及劳资双方劳动合同内容的变更，劳动合同变更的条件是双方协商，达成一致的意见，而且所变更的内容应当属于可变更的范畴。关于员工的工资岗位及劳动条件的变更，用人单位需经员工书面同意后可变更，如果未经员工书面同意单方变更不合法。公司解除李某经理职务并将工资由每月 4500 元降低到 3000 元，李某不认可，这说明公司并没有征求李某的同意，因此应按原劳动报酬约定继续履行。由于协商不成，用人单位提出解除劳动合同，关系到经济补偿的问题。根据《劳动合同法》第四十七条规定，李某的经济补偿应该按 4500 元来计算，并补发支付四个月的工资的差额。

34. 以未足额支付劳动报酬为由解除劳动合同需要支付经济补偿金吗

基本案情

王某自 2013 年 11 月 1 日入职某汽车部件公司，担任品质部社员一职。2013 年王某工资标准为 1737 元 / 月，2014 年王某工资标准为 1920 元 / 月，2015 年工资标准为 2060 元 / 月，自 2016 年之后王某工资标准调整为 2101 元 / 月，双方签订了书面劳动合同。

2015 年 7 月 16 日、17 日、27 日至 31 日，某汽车部件公司安排王某休假，并于 2015 年 8 月扣除王某休假期间工资，之后某汽车部件公司均按月足额支付王某工资。2017 年 2 月 14 日，王某以某汽车部件公司未及时足额支付其 2015 年 7 月 16 日、17 日、27 日至 31 日休假期间的工资为由，口头向公司提出解除劳动合同。2017 年 2 月 15 日开始，王某不再到某汽车部件公司工作。某汽车部件公司认可王某在2017年2月14日口头提出的解除劳动合同的事实，但认为王某未提交书面离职申请，对于其2017年2月15日和16日未到岗，应按连续旷工认定，故向王某发出并送达了《解除劳动合同通知书》。王某认可收到公司送达的《解除劳动合同通知书》。王某及某汽车部件公司均向仲裁委出示《工资表》《考勤表》，双方均予以认可。王某诉求某汽车部件公司支付2013年11月1日至2017年2月10日的解除劳动合同经济补偿金。

争议焦点

未足额支付工资是否符合解除劳动合同支付经济补偿金的法定条件。

审理结果

某汽车部件公司支付王某2013年11月1日至2017年2月10日解除劳动合同经济补偿金。

评析意见

王某于2017年2月14日向某汽车部件公司提出解除劳动合同，双方予以确认。后某汽车部件公司以王某旷工为由解除劳动合同，没有事实依据。王某以某汽车部件公司未足额支付2015年7月劳动报酬为由，解除劳动合同，某汽车部件公司对未足额支付的事实并未提出异议，故某汽车部件公司应支付王某解除劳动合同经济补偿金。

第一，关于2015年7月未支付的工资，根据《北京市工资支付规定》第二十七条规定，非因劳动者本人原因造成用工单位停工、停业的，在一个工资支付周期内，用人单位应当按照提供正常劳动支付劳动者工资。王某休假非本人意愿，是公司安排的个别部门的放假，扣除休假工资，应属未及时足额支付劳动报酬。

第二，关于仲裁时效，根据《劳动争议调解仲裁法》第二十七条的规定，劳动关系存续期间因拖欠劳动报酬发生争议的，劳动者申请仲裁不受本条第一款规定的仲裁时效期间的限制。本案中，该公司未及时足额支付劳动报酬不应受仲裁时效的限制。

第三，依据《劳动合同法》第三十八条、第四十六条之规定，用人单位未及时足额支付劳动报酬的，劳动者可以解除劳动合同，用人单位应当支付劳动者经济补偿金。

2015年7月至2017年2月，某汽车部件公司一直未向王某补足2015年7月工资，虽然自拖欠王某工资至王某提出解除合同的这段时间已经长达一年多之久，但劳动者申请解除劳动合同经济补偿金，未超一年仲裁时效，在《劳动合同法》第三十八条第二款中并未对未足额支付劳动报酬有时间规定，且某汽车部件公司的违法行为在这一年多的时间一直存在。王某因某汽车部件公司未足额支付其2015年7月劳动报酬，遂提出解除劳动合同。符合《劳动合同法》第三十八条第二款、第四十六条第一款的规定。

35. 服务期未满与违约金的支付

基本案情

王女士于2016年3月入职某教育公司，担任培训教师一职，双方订立有一份固定期限劳动合同。双方于2016年4月签署《培训协议》，该协议中约定某教育公司会为王女士提供合计两个月左右时间的专业培训，王女士承诺培训后为某教育公司服务3年（服务期自培训结束之日起开始计算），如未能履行服务期期限，则需以培训费用总额为基数按比例退还培训费用。2016年5月1日至7月30日，该公司为王女士安排了专项培训并支付了10万元培训费。双方对签署服务期协议和专项培训情况均无异议，就培训费用的支出情况，某教育公司主张王女士参加培训期间的费用支出包括教官费、食宿费、资料费、聘用培训师的花费，费用估算共计10万元，就上述费用情况某教育公司仅提供了一份《培训场地协议》，其中载明："……场地费用标准：包价89元/人/天（含住宿、用餐、会议室、教官、发票）。"王女士对上述协议的真实性予以认可。

2017年2月，王女士以个人原因为由提出辞职。某教育公司主张，公司为王女士进行专项培训，并投入了高额的培训费用。但王女士在通过专项培训，掌握部分技能后就辞职的行为违反了双方所签署的《培训协议》，亦给该公司造成了损失，某教育公司向仲裁委员会提起仲裁申请，要求王女士支付未履行服务期的违约金。

争议焦点

服务期限未满员工辞职是否应当承担违约责任。

审理结果

王女士按约支付尚未履行服务期限的违约金。

评析意见

《劳动法》中虽然规定劳动者享有平等就业权和选择职业的权利，即择业自由的权利，但劳动者并不能随意行使该项权利。《劳动合同法》第二十二条第一款和第二款规定："用人单位为劳动者提供专项培训费用，对其进行专业技术培训的，可以与该劳动者订立协议，约定服务期。劳动者违反服务期约定的，应当按照约定向用人单位支付违约金。违约金的数额不得超过用人单位提供的培训费用。用人单位要求劳动者支付的违约金不得超过服务期尚未履行部分所应分摊的培训费用。"

本案中，双方签署了《培训协议》且约定服务期为3年，王女士也如约参加了专项培训，但其后于2017年2月以个人原因为由提出辞职，故王女士在某教育公司为其提供专项培训费用并进行了技术培训后，单方违反服务期的约定，应当支付某教育公司相应的违约金。就违约金的数额而言，某教育公司虽主张双方所订立的协议中明确载明培训费用为10万元，但违约金的数额应以用人单位实际支付的培训费为标准计算，且不得超过用人单位提供的培训费用。现某教育公司仅就王女士培训期间的实际费用支出提交了《培训场地协议》予以证明，该协议中明确载明费用包括食宿、会议室、教官等费用，其未就王女士培训期间资料、培训师等相关费用的实际支出提交证据予以证明，应承担相应不利后果。据此，结合王女士已在某教育公司服务的时间，其应支付尚未履行部分所应分摊的违约金。

36. 营私舞弊造成损失如何赔偿

基本案情

温某于2017年4月5日入职北京市某网络技术公司，担任某直播平台的运营专员，双方订立了期限为1年的劳动合同，约定温某的月工资为12000元。2018年1月初，温某从网络技术公司离职。2018年2月，网络技术公司内审部门通过调查发现，温某在职期间利用职务之便，未经申报私自批准亲属在网络技术公司直播平台上设立并运营公会，违规在公司后台系统进行操作，擅自删除平台潜力主播60余名，从而达到将上述潜力主播转移至其亲属运营的公会名下，为该公会牟利的目的。温某的上述行为导致网络技术公司需要为此额外支出被转移主播的底薪及多支出30%的分成比例，给网络技术公司造成严重经济损失。在调查中，温某承认其亲属利用网络技术公司直播平台获利40余万元，并与自己进行利益分成等。2018年3月，网络技术公司提出仲裁申请，要求温某赔偿经济损失26万余元。

争议焦点

营私舞弊给用人单位造成重大经济损失的，要依法承担赔偿责任。

审理结果

酌定温某向网络技术公司赔偿损失 8 万元。

评析意见

《北京市劳动合同规定》第五十条中规定，因劳动者存在本规定第三十条第二项、第三项（即严重失职、营私舞弊，对用人单位利益造成重大损害的）规定的情形，被用人单位解除合同，且给用人单位造成损失的，应当承担赔偿责任。《北京市工资支付规定》第十一条中规定，除法律、法规、规章规定的事项外，用人单位扣除劳动者工资应当符合集体合同、劳动合同的约定或者本单位规章制度的规定。因劳动者本人原因给用人单位造成经济损失，用人单位按照前款规定扣除劳动者工资的，扣除后的余额不得低于本市最低工资标准。

本案中，温某虽已离职，但其在职期间，在明知网络技术公司有相关规定的情况下，利用其职务便利，营私舞弊，对其亲属进行利益输送，给网络技术公司造成了重大损害，故综合温某的工资标准、工作期限、工作期间获取的劳动报酬、在调查中的自认及行业特点等因素，酌定温某向网络技术公司赔偿损失 8 万元。

37. 经济补偿金“三倍封顶”如何计算

基本案情

施某于 2016 年 1 月 4 日入职北京市某投资公司，从事分析师工作，双方订立了无固定期限劳动合同。自2017年3月起，施某的月工资增长为每月5万元。2019年8月30日，由于劳动合同订立时所依据的客观情况发生重大变化，致使劳动合同无法履行，经投资公司与施某协商，双方未能就变更劳动合同内容达成协议，故投资公司决定与施某解除劳动合同。双方就解除劳动合同经济补偿的计算标准发生争议，施某遂提出劳动争议仲裁申请。

争议焦点

经济补偿金三倍封顶的基数应如何认定。

审理结果

按最新基数计算经济补偿金三倍封顶基数。

评析意见

2019年5月底，北京市人社局和北京市统计局分别发布了两组不同的关于2018年全市的平均工资数据。北京市人社局发布了“全口径城镇单位就业人员平均工资”，为94258元；而北京市统计局发布的是“法人单位从业人员平均工资”，为127107元。2019年8月16日，北京市人社局发布通告称，经研究决定，将北京市统计部门发布的北京市法人单位从业人员平均工资，作为《劳动合同法》规定的由当地政府公布的全市职工平均工资来计算经济补偿的封顶基数。由于法人单位从业人员平均工资取代了原职工平均工资，故按照《劳动合同法》第四十七条的规定，施某解除劳动合同经济补偿计算基数应为31776元，其在投资公司工作3年7个月，故投资公司应当支付其相当于4个月工资的经济补偿金。施某所主张的金额20万元（计算方法为：5万元 ×4个月）与投资公司所主张的金额101604元（计算方法为：8467元 ×3倍 ×4个月）均不符合规定。故仲裁委裁决投资公司向施某支付解除劳动合同经济补偿金额为127104元（计算方法为：10592元 ×3倍 ×4个月）。

38. 劳动合同法实施前经济补偿金年限应如何认定

基本案情

王某于2004年9月20日入职Z公司工作，岗位为生产跟单。2017年12月19日，双方签订了书面的劳动合同，合同约定月工资构成为：基本工资6200元+岗位工资200元+绩效工资，每月5号支付上个月工资。2017年11月28日，Z公司提出与王某解除劳动合同，经协商后王某同意解除。王某离职前十二个月平均工资为8489.52元。Z公司仅以王某自2008年1月1日起的工作年限计算支付解除劳动合同经济补偿金。王某认为2008年1月1日前的工作年限也应当支付经济补偿，遂提起仲裁，要求补付该期间的经济补偿金。Z公司认为，《劳动合同法》第九十七条第三款规定，该法施行前即2008年1月1日之前工作年限的经济补偿金支付和计算应当按照当时的规定执行，而2008年1月1日之前关于经济补偿金的法律依据主要是原劳动部《关于印发〈违反和解除劳动合同的经济补偿办法〉的通知》（劳部发〔1994〕481号），但该文件已于2017年11月24日废止，所以王某要求2008年1月1日之前期间的经济补偿金没有依据，不予认可。王某请求：Z公司补付解除劳动合同经济补偿金33958.08元。

争议焦点

《违反和解除劳动合同的经济补偿办法》被废止后，对废止前期间仍然有效。

审理结果

裁决支持了王某的仲裁请求。

评析意见

《违反和解除劳动合同的经济补偿办法》第五条规定：“经劳动合同当事人协商一致，由用人单位解除劳动合同的，用人单位应根据劳动者在本单位工作年限，每满一年发给相当于一个月工资的经济补偿金，最多不超过十二个月。工作时间不满一年的按一年的标准发给经济补偿金。”虽然该文件已于2017年11月24日废止，但是《劳动合同法》第九十七条第三款规定：“本法施行之日存续的劳动合同在本法施行后解除或者终止，依照本法第四十六条规定应当支付经济补偿的，经济补偿年限自本法施行之日起计算；本法施行前按照当时有关规定，用人单位应当向劳动者支付经济补偿的，按照当时有关规定执行。”在劳动合同法施行前即2008年1月1日之前，《违反和解除劳动合同的经济补偿办法》是有效的，所以2008年1月1日前的经济补偿金的计算和支付仍应当按照该办法规定执行。因此，王某的解除劳动合同经济补偿金应当分两个阶段计算。第一个阶段从2004年9月20日起至2007年12月31日，按照原劳动部《违反和解除劳动合同的经济补偿办法》之规定，应支付经济补偿金为4个月工资，数额为33958.08元。综上，仲裁委支持了王某的仲裁请求。

39. 开具离职证明是用人单位的法定义务吗

基本案情

袁某于2016年2月1日入职某软件开发公司，从事客户经理工作，双方订立了为期3年的劳动合同，约定袁某的月工资为8千元。2017年4月10日，袁某因个人原因向软件开发公司以书面形式提出离职，并告知软件开发公司其将于5月10日离职。5月10日，袁某要求软件开发公司办理离职手续，而软件开发公司要求与袁某订立竞业限制协议后方同意袁某离职。袁某认为订立竞业限制协议将严重损害其本人的权益，故没有签订。软件开发公司以此为由拒绝为袁某开具离职证明并拒绝为其办理社会保险关系转移手续。此后，袁某自行离职，没有再到软件开发公司提供正常工作。之后，袁某应聘某销售公司，销售公司向袁某发出了录用通知，但因袁某无法提供离职证明及办理社会保险关系转移手续而无法为其办理入职手续。2017年9月11日，袁某向仲裁委提出仲裁申请，要求软件开发公司开具离职证明、办理社会保险关系转移手续并支付未办理上述离职手续而给其造成的经济损失。

争议焦点

开具离职证明是用人单位的法定义务吗？由此导致劳动者无法入职新公司是否应承担相应的法律责任。

审理结果

支持袁某的仲裁请求。

评析意见

根据《劳动合同法》第三十七条、第三十八条的规定，劳动者依法享有辞职权。《劳动合同法》第五十条第一款规定，用人单位应当在解除或者终止劳动合同时出具解除或者终止劳动合同的证明，并在十五日内为劳动者办理档案和社会保险关系转移手续。从上述规定来看，在劳动者依法行使辞职权时，用人单位负有为劳动者出具离职证明、办理档案及转移社保关系等法定义务，用人单位不得以任何理由拒绝履行上述法定义务，如不得以劳动者尚在服务期内、未能就解除劳动合同经济补偿与劳动者达成一致、劳动者尚未支付违约金等理由加以拒绝。如果用人单位未依法履行上述法定义务造成劳动者再就业障碍并因此产生经济损失的，用人单位须依法承担赔偿责任。本案中，袁某依法享有辞职权，软件开发公司不应以签订竞业限制协议或任何理由阻止袁某行使该权利。软件开发公司不依法开具离职证明并办理社保转移手续的行为，客观上造成了袁某无法入职新用人单位的事实并导致其产生经济损失，故裁决支持袁某的仲裁请求。

40. 离职证明能否对劳动者进行评价

基本案情

姜某于2016年4月1日入职某房地产经纪公司，从事销售顾问工作，双方订立了为期5年的劳动合同。2018年6月，受市场不景气等因素影响，房地产经纪公司决定关闭部分门店，姜某所在门店就是其中之一。当月，房地产经纪公司两次向姜某发出《调整工作地点通知书》，告知将其工作地点调整至相邻城区的另一门店，岗位及薪资待遇等不变。姜某收到第二份《调整工作地点通知书》后在落款处签署“本人要求公司支付单方解除劳动合同的经济补偿金”，并拒绝到该门店工作。房地产经纪公司以姜某拒绝合理工作安排为由，向其发出两份《警告函》，后又发出《解除劳动合同通知书》。解除当日，房地产经纪公司向姜某出具的《离职证明》中载明，双方解除劳动合同的原因系姜某严重违反公司规章制度。姜某认为房地产经纪公司属于违法解除劳动合同，要求公司支付赔偿金，并不同意《离职证明》中写明离职原因，要求重新出具《离职证明》。

争议焦点

离职证明有瑕疵劳动者是否有权要求重新开具。

审理结果

支持了姜某要求重新开具《离职证明》的仲裁请求。

评析意见

《劳动合同法实施条例》第二十四条规定：用人单位出具的解除、终止劳动合同的证明，应当写明劳动合同期限、解除或者终止劳动合同的日期、工作岗位、在本单位的工作年限。从上述规定看，法律对离职证明应包含的事项作出了明确规定，并未包括解除劳动合同的原因或涉及劳动者能力、品行等情况的描述。如果允许离职证明中包含不利于劳动者的相关事项，显然不利于营造公平无歧视的就业环境。本案中，姜某与房地产经纪公司在劳动合同中约定公司可以根据生产经营的需要合理调整姜某的工作地点，调整后的工作地点与原工作地点相距不远，对姜某的生活并无不利影响，且其工作岗位及薪资待遇并无不利的变化，房地产经纪公司依据《员工手册》的相关规定与其解除劳动合同合法，故对姜某要求支付违法解除劳动合同赔偿金的请求不予支持；但因房地产经纪公司在《离职证明》中写明离职原因无相关依据，故对姜某要求重新开具《离职证明》的请求予以支持。

41. 出租车司机是否应承担“承包运营合同”的违约金责任

基本案情

2013年12月8日，出租车公司与程某签订劳动合同，约定合同期限自2013年12月8日至2019年12月8日，程某岗位为出租汽车驾驶员；《承包营运合同书（适用于驾驶员）》为劳动合同附件。同时双方签订了《承包营运合同书（适用于出租汽车驾驶员）》，在该合同中约定，本合同是劳动合同的附件，出租车公司向程某提供出租车，车牌号为京××××号，营运方式为双班，合同期限自2013年12月8日至2019年12月8日；第二十一条第十项规定，程某除本合同第十九条第二款规定的情形可以要求退车外，在合同期限未满前，因其他原因要求退车并解除合同的，视为程某违约，违约金1万元。

2016年4月，程某的对班司机离职，2016年5月29日程某将其原驾驶的京××××号出租车交还出租车公司。2016年6月2日和3日，出租车公司要求程某到公司协商新岗位。6月8日，出租车公司安排程某到公司待岗。2016年6月13日，程某告知出租车公司，不同意更换岗位，希望公司按原劳动合同内容继续履行。

2016年6月27日，出租车公司遭到乘客投诉。2016年6月27日和28日，出租车公司告知程某回公司办理双班运营手续。2016年6月30日及7月1日、2日，公司告知程某回公司核实发票情况。2016年7月4日和7月7日、8日、9日，公司告知程某回公司办理双班运营手续。2016年7月11日至13日，公司认为程某签字领取的发票出现问题，造成投诉，要求程某回公司参加法制法规培训。2016年7月18日，北京市交通执法队向出租公司出具了责令限期整改通知书，认为出租车公司发票管理存在漏洞，造成乘客投诉，要求出租车公司限期改正。

2016年8月12日和14日，出租车公司向程某送达两份内容相同但落款时间分别为12日和14日的《通知》，内容有："公司驾驶员程某：由于客观情况发生变化，单位要求协商调整你的工作岗位，一直未果，公司为你配好对班通知你到单位，你拒绝到岗，属于旷工行为。2015年11月7日你签字领取的发票出现问题，致使公司受到北京市交通执法队行政处罚，给公司造成严重损失。你的行为已经违反了公司第十三条运营服务奖惩制度中处罚第二项第八条、第十五条驾驶员营运管理制度第八项、第十七条专业发票管理制度的第四项第五条。基于上述情况公司有权解除与你签订的劳动合同和营运承包合同。请收到此通知后到公司办理相关手续。”

2017 年 6 月出租公司向司法部门提出申诉。要求：1. 程某向出租公司支付违反承包营运合同的违约金 10000 元；2. 支付车辆维修费 6714 元；3. 支付车辆运营损失费 12353 元。出租公司提交：1. 劳动合同、承包营运合同书、3—5 月承包金收据、双班合同交接清单、下车申请；2. 投诉登记表、程某领取发票登记记录、执法大队作出的《责令限期整改通知书》、《通知》、《专用发票管理规定》；3. 关于调整上岗、法制法规培训等相关通知函件、交接车清单，程某认可上述证据的真实性，不认可证明目的；4. 修车发票，程某不认可该证据的真实性，辩称没有接到出租车公司修车通知，不认可修理费。

争议焦点

出租汽车司机与出租车公司签订的《承包运营合同书》约定了出租汽车司机承担违约金的条款，如因出租汽车司机原因导致劳动合同提前解除，导致承包运营合同亦同时解除，出租汽车司机是否应向出租车公司支付违约金。

审理结果

驳回出租车公司全部诉求。

评析意见

出租车公司与程某同时签订劳动合同书及承包营运合同书。两份合同均载明承包营运合同书系劳动合同书附件，双方之间建立的基础法律关系应为劳动关系。《劳动合同法》第二十五条规定，除本法第二十二条和第二十三条规定的情形外，用人单位不得与劳动者约定由劳动者承担违约金。出租车公司与程某之间不属于《劳动合同法》第二十二条和第二十三条规定的劳动者可以承担违约金的情形，故出租车公司要求程某负担违约金的做法违反了《劳动合同法》第二十五条规定，故出租车公司主张违约金，法院不予支持。

关于出租车公司主张的车辆维修费。当事人对自己提出的诉讼请求所依据的事实或者反驳对方诉讼请求所依据的事实有责任提供证据加以证明。没有证据或者证据不足以证明当事人事实主张的，由负有举证责任的当事人承担不利后果。出租车公司不能证明其主张的车辆维修费系程某在运营期间造成。对其该项主张，法院不予支持。关于出租车公司主张的车辆运营损失费。2016 年 5 月 29 日出租车公司已将程某驾驶的京 ×××× 号出租车收回，出租车公司不能证明其主张的 2016 年 6 月 1 日至 8 月 12 日该车未运营，也不能证明其主张的该损失系程某造成。对其该项主张，法院也不予支持。

本案处理重点在于，劳动者向用人单位支付违约金的问题。我国法律对职工是有特殊保护的，《劳动合同法》第二十二条第一款和第二款规定：用人单位为劳动者提供专项培训费用，对其进行专业技术培训的，可以与该劳动者订立协议，约定服务期。劳动者违反服务期约定的，应当按照约定向用人单位支付违约金。违约金的数额不得超过用人单位提供的培训费用。用人单位要求劳动者支付的违约金不得超过服务期尚未履行部分所应分摊的培训费用。第二十三条规定：用人单位与劳动者可以在劳动合同中约定保守用人单位的商业秘密和与知识产权相关的保密事项。对负有保密义务的劳动者，用人单位可以在劳动合同或者保密协议中与劳动者约定竞业限制条款，并约定在解除或者终止劳动合同后，在竞业限制期限内按月给予劳动者经济补偿。劳动者违反竞业限制约定的，应当按照约定向用人单位支付违约金。第二十五条规定：除本法第二十二条和第二十三条规定的情形外，用人单位不得与劳动者约定由劳动者承担违约金。从上述法律规定可以看出，仅在劳动者违反服务期约定及劳动者违反竞业限制约定的情况下，用人单位有权要求劳动者支付违约金，除此两种情况外，用人单位不得与劳动者约定由劳动者承担违约金。这样的规定限制了用人单位利用强势地位滥用违约金条款侵害劳动者辞职等行为，有利于劳动力的合理、有序流动，在择业自主权上给予劳动者很大程度上的保护。

本案中，出租车公司与出租车司机之间的劳动关系相较于一般用人单位与劳动者之间的劳动关系有其特殊性，就是因出租车司机驾驶出租车公司所有的车辆进行工作，并须每月向出租车公司交纳一定数额的承包费，故出租车公司与出租车司机之间除签订《劳动合同》外，还签订有《承包运营合同书》。因此，有人提出出租车司机与公司之间不同于一般的劳动关系。《承包运营合同书》有其相对独立性，从普通民事的角度考虑双方约定因出租车司机过错导致合同解除需向出租车公司支付违约金并无问题。但上述观点是错误的，因《承包运营合同书》是依附于《劳动合同》而存在的，出租车司机与公司之间的基础法律关系为劳动关系，而在《劳动合同法》中明确规定除培训服务期及竞业限制外用人单位不得与劳动者约定由劳动者承担违约金，故《承包运营合同书》关于出租车司机过错导致合同解除需支付违约金的约定违反了《劳动合同法》的强制性规定，应属无效。本案中，出租车公司以程某涂改、倒卖出租车专用发票为由解除劳动合同，并要求程某支付违约金不符合法律规定为由，对出租车公司关于违约金的请求不予支持，严格按照《劳动合同法》的相关规定判决，否定了《承包运营合同书》中超出法律规定的违约金条款的效力，维护了劳动者的合法权益。

42. 用人单位事先约定有权单方面调岗降薪合法吗

基本案情

赵某于2011年6月入职某四星级酒店任厨师长，月工资标准为9000元。双方签订的劳动合同约定：赵某应达到该酒店所规定的工作要求和工作岗位标准，按时完成规定的工作数量，达到规定的质量标准；如赵某实际工作能力不能达到该酒店的要求，该酒店有权根据相关规定调整其工作岗位，薪随岗变。2016年11月26日，该酒店提出赵某所管理的厨房存在一次晚餐的成本畸高，分别造成一次晚餐与一次早餐的菜品和人员班次空档并以此为由将赵某岗位降为西餐厨师，月工资标准调整为2800元。赵某于2017年1月4日以该酒店未依法支付工资为由提出解除劳动合同，请求该酒店支付解除劳动合同经济补偿。

争议焦点

用人单位约定享有单方调岗、调薪权利是否合法。

审理结果

某酒店支付赵某解除劳动合同经济补偿。

评析意见

《劳动合同法》第三十五条第一款规定："用人单位与劳动者协商一致，可以变更劳动合同约定的内容。变更劳动合同，应当采用书面形式。"可见，劳动合同当事人都应严格履行劳动合同，不允许一方当事人未经协商而对劳动合同进行单方变更，否则应属无效，且对另一方当事人不产生约束效力。虽然劳动合同的变更原则上是需要劳动合同当事人达成一致，但在实践中，仍应当允许用人单位在善意维系劳动关系的前提下，可根据用工自主管理权对劳动者的岗位进行适当调整，这是因为用人单位作为具有自主经营权的独立商事主体，有权对包括人力资源在内的生产要素进行调配与处分，而完全否认用人单位的单方变更权，既不符合劳动法立法本意，也不利于劳动关系的稳定，更不能使用人单位保持市场竞争力。

通过《劳动合同法》第四十条、《职业病防治法》第三十五条、《女职工劳动保护特别规定》第五条和《工伤保险条例》第三十六条等法律法规，在劳动者患病或者非因工负伤在规定的医疗期满后、劳动者不能胜任工作、劳动者存在职业禁忌的情况下，以及女职工怀孕不能从事原工作和职工因工致残被鉴定为五级、六级伤残等情况下，法律还是赋予用人单位可单方调整工作岗位的权利。本案中的劳动合同虽约定了类似"用人单位可以根据劳动者的绩效情况调整其工作岗位"的条款，但不能简单地以该约定排除了劳动者的协商权而认定为无效。

用人单位应对劳动者具有不能胜任工作的情形承担举证责任，而某酒店却未能举证其单位有针对赵某的具体考评标准，且赵某在任厨师长长达五年的时间里，所辖部门偶然存在产品成本超标、人员和菜品空档也不能必然推导出赵某不能胜任工作的结论，何况某酒店亦未就上述情况主张赵某给其单位造成了重大损失。综上，某酒店在缺乏法定事由、合理依据以及非系生产经营必需的情况下，单方将赵某的工作岗位从厨师长调整至西餐厨师，并大幅降低工资标准的行为属于对劳动者的劳动条件和劳动报酬的不合理变更，系用人单位滥用用工自主管理权的行为。在赵某的薪资无故被降低或减少的情况下，赵某依据《劳动合同法》第三十八条向某酒店提出解除劳动合同后，又向某酒店主张解除劳动合同经济补偿的仲裁请求应获支持。

第四章

工资报酬

1. 工资标准约定不明的责任承担

基本案情

李某于2016年9月5日入职北京市G公司，岗位是网站编辑。双方签订了劳动合同，劳动合同期限自2016年9月5日至2019年9月4日。其中试用期为3个月，自2016年9月5日至2016年12月4日。劳动合同书中没有明确约定具体的每月工资标准。2016年9月李某收到实发工资为3466元，2016年10月至12月每月4000元，2017年1月为4150元，2月为4099元、3月为4427元、4月为4483元。

李某主张其试用期月工资标准为4000元，转正后为4500元，其中不包含加班费等其他项目。G公司主张李某每月工资构成是由基本工资+加班费+奖金三部分组成，其中基本工资为2000元，加班费工资发放的具体数额为2016年9月1100元、2016年10月2000元、2016年11月900元、2016年12月1400元、2017年1月1200元、2017年2月和3月每月1300元、2017年4月1600元，剩余均为奖金，奖金根据公司经营情况和员工个人表现情况发放，公司没有制定具体发放标准。李某2016年9月至2017年4月周末加班27天，法定节假日加班10天。李某于2017年5月3日以个人原因与G公司解除了劳动合同。李某主张按4500元作为加班工资的计算基数。G公司没有集体合同，其也未提供证明与李某相同或者相近岗位劳动报酬的证据。庭审中，仲裁委主持双方就劳动合同报酬重新协商，未达成一致。李某要求G公司支付2016年9月5日至2017年4月30日休息日加班费10068.97元，法定节假日加班费4829.59元。

争议焦点

在工资约定不明的情况下，如何确认月工资标准。

审理结果

支持了李某的申请请求。

评析意见

对于工资标准约定不明的认定，要综合考虑实际工资发放情况以及相同或者相近岗位工资标准等情况。《北京市工资支付规定》第六条规定："用人单位应当依法制定本单位的工资支付制度；制定工资支付制度应当征求工会或者职工代表的意见，并向本单位的全体劳动者公布。工资支付制度应当主要规定下列事项：（一）工资支付的项目、标准和形式；（二）工资支付的周期和日期；（三）工资扣除事项。"也就是说，用人单位应当对工资名目及标准制定相关制度，否则应就工资支付情况做出合理的解释和说明。本案中，G 公司主张其向李某发放的工资组成中包含了加班费与奖金。对于加班费，按照 G 公司主张的加班工资计算基数为 2000 元计算的加班费数额，与其主张的发放数额不相吻合，相差较大。对于奖金，G 公司称没有发放标准，视员工当月表现情况而定。G 公司就李某提出的工资结构、工资标准均没有做出合理的解释和说明。

《劳动合同法》第十八条规定："劳动合同对劳动报酬和劳动条件等标准约定不明确，引发争议的，用人单位与劳动者可以重新协商；协商不成的，适用集体合同规定；没有集体合同或者集体合同未规定劳动报酬的，实行同工同酬；没有集体合同或者集体合同未规定劳动条件等标准的，适用国家有关规定。”仲裁委在庭审中主持双方就劳动合同报酬重新协商但未达成一致，G公司没有集体合同，其也未提供证明与李某相同或者相近岗位劳动报酬的证据。综上，仲裁委采信并支持了李某关于工资标准的主张。

2. 公司有权单方调整工资标准吗

基本案情

周某大学毕业后应聘到某网络科技有限公司负责软件开发工作，双方于2012年7月签订了一年期劳动合同，约定试用期为一个月，试用期工资为8000元，经考核合格后转正，转正后工资为每月10000元。2012年8月，周某经考核合格如期转正，工资也调整为每月10000元。恰在此时，公司承接了某银行的一项基金系统软件开发任务，周某随即被公司派到该项目组参与编程工作。

2012年12月，该软件产品开发完毕，准备进入用户测试阶段。但在调试过程中，公司发现软件与客户端不能接通，无法在客户服务器上运行。经反复检查，最终确认问题出在周某负责编写的一段程序上。周某得知后，立即开始寻找程序漏洞，他周末连续工作两天，终于检查出程序中存在的错误，保证用户测试如期开启，避免了公司的经济损失。但公司领导对此甚为不满，认为周某的专业技术能力有所欠缺，遂决定调整其工资标准，由每月10000元降为8000元。同时人事部在公司内部对此事进行了通报，明确指出如果再有员工出现类似情况，公司都将以工作能力有欠缺为由对其做出降薪处理。周某得知后，当即表示不能接受公司的单方降薪决定，希望公司遵守劳动合同，按约定工资标准执行，公司不予理睬。周某遂向劳动争议仲裁委员会提出申诉，要求网络科技有限公司按约定标准支付工资，补足工资差额并给付经济补偿金。

争议焦点

该网络有限公司降薪的理由是否成立，单方降薪的行为是否合法？

审理结果

支持周某的仲裁请求。

评析意见

依法建立劳动关系并签订的劳动合同合法有效，该合同自签订之日起即对双方均具有约束力。工资标准作为劳动合同中的一项主要内容，同其他条款一样，一经双方约定即具有确定性和不可变更性。如果在劳动合同的实际履行过程中，因客观原因导致需要对劳动合同的内容进行变更，必须依据法定程序，经双方平等协商达成一致方可变更。对此，《劳动法》第十七条作出了明确规定："订立和变更劳动合同，应当遵循平等自愿、协商一致的原则，不得违反法律、行政法规的规定。劳动合同依法订立即具有法律约束力，当事人必须履行劳动合同规定的义务。"

就本案而言，双方签订的劳动合同明确约定周某转正后月工资标准为 10000 元，网络公司单方调整周某工资标准的行为，违反了变更合同的程序性规定，已构成对劳动合同实质性内容的单方变更。且从公司的规章制度内容审查，也没有相应的规定证明该网络公司享有单方变更劳动合同和扣减工资的权限。因此，在周某提供了正常劳动的情况下，公司依法应当按时足额支付劳动报酬。需要指出的是，如果网络公司认为周某不胜任工作，可以依据《劳动合同法》第四十条第二项规定“劳动者不能胜任工作，经过培训或者调整工作岗位，仍不能胜任工作的”，用人单位提前三十日以书面形式通知劳动者本人或者额外支付劳动者一个月工资后，可以解除劳动合同。

3. 工资支付周期的理解和认定

基本案情

2006年6月，李某进入北京市某公司工作，双方签有劳动合同，其提供实际劳动至2012年5月11日。李某的工资执行下发薪，以银行打卡的形式发放。2012年5月11日李某向某公司提出辞职，但某公司只将李某的工资发放至2012年3月25日。2012年6月15日李某申请仲裁，要求支付2012年3月26日至5月11日工资。李某主张公司支付工资周期为每月30日发放上上个月26日至上个月25日的工资。某公司认可双方存在劳动关系，但称公司的工资支付周期为月底发放上个月26日至本月25日的工资，而李某的工资已经支付。某公司提交了工资表证明已支付李某2012年3月26日至5月11日工资，该工资表中仅有姓名、工资总额的记载。在举证期限内，公司没有提供其他关于工资标准以及支付周期等相关证据。

争议焦点

工资支付周期的计算和确认。

审理结果

支持李某的仲裁请求。

评析意见

工资支付周期是指工资的计发时段。实践中有年、月、周薪制不等，劳动者的薪资报酬在工作期间，有可能会出现多个支付周期。例如，月工资的工资支付周期一般是一个自然月，但季度奖、年终奖的支付，有按季度的，有按年度的，还有按考核周期的不等。

劳动法规定的工资必须按月足额支付给劳动者本人，这里所说的按月并不是说每个月支付一次就可以，而是说，要按固定的日期来支付给劳动者本人。例如，如果设定了一个日期，每月都延迟一天，时间长了，就会出现实际少发一个月工资情况，如此用人单位会被认定为拖欠工资。所以，为了避免类似情况发生，劳动部在《工资支付暂行规定》中明确规定，工资必须按时发放，如遇到法定节假日不能发放工资的，应该在最近的工作日发放工资。《北京市工资支付规定》第六条规定，用人单位应当依法制定本单位的工资支付制度；制定工资支付制度应当征求工会或者职工代表的意见，并向本单位的全体劳动者公布。工资支付制度应当主要规定下列事项：（一）工资支付的项目、标准和形式；（二）工资支付的周期和日期；（三）工资扣除事项。该法第十三条第一款规定，用人单位应当按照工资支付周期编制工资支付记录表，并至少保存二年备查，工资支付记录表应当主要包括用人单位名称、劳动者姓名、支付时间以及支付项目和金额、加班工资金额、应发金额、扣除项目和金额、实发金额等事项。作为用工管理方，公司应编制工资支付记录，并清晰记录支付的工资时间，月份的显示，以及组成等相关重要信息。

本案中，公司不认可李某的主张，但也未能就李某的工资标准、支付周期等做出合理的解释。该公司虽提交了工资表，但工资表中记载的信息过于简单，无法证明工资构成、工资标准以及工资支付期间等重要信息，编制工资支付记录是用人单位的法定责任，在公司没有提供其他佐证加以说明的情况下，应承担举证不能的不利后果。仲裁委根据李某提交的银行交易明细（工资卡）核查，认可了李某就工资支付周期的主张，支持了李某要求该公司支付2012年3月26日至5月11日工资的诉求。

4. 工资能否以实物替代

基本案情

北京市某饮料厂为了适应新时期的顾客需要，提高日益下滑的经济效益，决定进行产品结构调整。为了尽快清理库存的积压旧货，经饮料厂领导研究决定，要求全厂职工每人每月领取20箱本厂生产的饮料进行销售，并且以此抵作当月工资。厂领导认为这种方式可以有效提高职工的工作积极性，并且还可以达到尽快清理库存产品的目的。自2001年5月起，赵某等50名职工开始按此办法领取饮料进行销售。但是由于饮料市场品种丰富，供应充足，这些积压的传统产品销路非常不好，虽经职工多方努力，但仍不能全部销出。由于不能尽快售出产品并收回货款以代替工资，使得这些职工的日常生活来源受到严重影响。职工对企业用产品抵工资的做法产生了不满，于是推选赵某作为代表与厂领导进行交涉，要求工厂按月发放工资，而不再以饮料销售款替代工资。厂领导对此解释道：由于工厂正在进行产品结构调整，尚未开始新产品的生产和销售，现在的主要工作就是要压缩库存，工厂目前也无力支付货币工资，希望职工能够谅解。得到这样的答复后，赵某等人无奈向劳动争议仲裁委员会提出申诉，要求饮料厂用货币的方式补发工资，停止以实物替代工资的做法。

争议焦点

工资是否可以用实物或其他有价证券替代。

审理结果

支持饮料厂赵某等人的仲裁请求。

评析意见

《劳动法》第五十条明确规定：“工资应当以货币形式按月支付给劳动者本人。不得克扣或者无故拖欠劳动者的工资。”原劳动部在《工资支付暂行规定》第五条中也规定：“工资应当以法定货币形式支付。不得以实物及有价证券替代货币支付。”本案中，该饮料厂由于产品结构调整，需尽快压缩库存产品，同时由于工厂长期经济效益下滑，确实存在着给付职工工资困难的情况。但即便如此，该饮料厂也不能置法律法规于不顾，单方决定以工厂产品折抵工资，这种做法应当予以及时纠正。

5. 拖欠工资受时效限制吗

基本案情

王某于2013年11月1日入职某汽车配件公司，担任品质部社员一职。2013年每月工资为1737元，2014年每月工资为1920元，2015年每月工资为2060元，自2016年1月开始每月工资调整为2101元，双方签订书面劳动合同。后因调整岗位工资标准等问题，双方发生争议，王某提出应将2013年至2015年的工资差额补足后再协商调岗，公司回复称2013年的工资诉求已过时效，如果王某不同意调岗就按不服从公司管理和安排解除劳动合同处理。王某诉至仲裁委要求公司补发2013年11月至2015年12月的工资差额。

争议焦点

未及时足额支付劳动报酬是否受时效的限制？

审理结果

支持王某的仲裁请求。

评析意见

根据《劳动争议调解仲裁法》第二十七条第一款的规定，劳动争议申请仲裁的时效期间为一年，仲裁时效期间从当事人知道或者应当知道其权利被侵害之日起计算。但现实中，一些劳动者由于害怕失去饭碗，即使知道自己的合法权利受到侵害，也不敢主张自己的权利。因此，法律为了充分保护劳动者的权益，在时效方面又作出了特殊规定。该法第二十七条第四款规定："劳动关系存续期间因拖欠劳动报酬发生争议的，劳动者申请仲裁不受本条第一款规定的仲裁时效期间的限制；但是，劳动关系终止的，应当自劳动关系终止之日起一年内提出。"本案中，某汽车配件公司从2013年11月起就存在扣发月工资的情形，但王某碍于在公司工作一直未敢提出，公司虽然以时效进行抗辩，但基于双方劳动关系持续的状态下，不存在时效的障碍，公司的意见显然是不符合上述法律的相关规定的。因此，王某的诉求符合法律规定，应当得到支持。

6. 培训费中包含工资合法吗

基本案情

黄某于2014年3月1日入职某科技公司，从事工程师工作，双方订立了为期5年的劳动合同。2015年6月1日，科技公司与黄某订立服务期协议，约定将黄某送到国外进行专业技术培训3个月，培训费用为15万元（含黄某培训期间的3个月工资6万元），黄某回国后须为科技公司服务满5年，否则应承担违约责任。黄某培训回国后工作满2年即提出辞职。双方因违约金发生争议，某科技公司提出仲裁申请，要求黄某支付违约金10万元。

争议焦点

培训费用约定包含培训期间的工资是否合法？

审理结果

裁决黄某支付尚未履行约定服务期部分应分摊的培训费用。

评析意见

《劳动合同法》第二十二条第二款规定：劳动者违反服务期约定的，应当按照约定向用人单位支付违约金。违约金的数额不得超过用人单位提供的培训费用。用人单位要求劳动者支付的违约金不得超过服务期尚未履行部分所应分摊的培训费用。《劳动合同法实施条例》第十六条规定：《劳动合同法》第二十二条第二款规定的培训费用，包括用人单位为了对劳动者进行专业技术培训而支付的有凭证的培训费用、培训期间的差旅费用以及因培训产生的用于该劳动者的其他直接费用。从上述规定来看，法律并未将培训期间的工资列入培训费用中。用人单位安排劳动者培训，虽然有提高劳动者个人技能的一面，但更多的是为了让劳动者为用人单位创造更大的经营效益，故即使用人单位安排劳动者脱产培训，上述培训期间仍应当视为劳动者在为用人单位提供劳动。因此，用人单位应当依法、依约足额支付劳动报酬，而不应因劳动者参加培训扣减。本案中，科技公司将黄某在培训期间获得的工资列入培训费用没有法律依据，故只支持黄某支付扣除 6 万元后服务期尚未履行部分所应分摊的培训费用。

7. 不服从加班安排可以扣工资吗

基本案情

2002 年 9 月 21 日是我国传统的中秋佳节。某食品加工厂作为老字号中秋月饼的生产厂家，每年临近这个时候都是一年中最忙的一个月。为了能够完成大量的产品订单，食品厂领导往往都要安排职工定期加班。由于产品销量大，公司利润高，食品厂每年都能保证职工在此期间领到一笔数目不小的加班费，因此大家对频繁加班也都没什么怨言，毕竟多增加了许多收入。

刘某是该食品厂的质检员，几年来也都按厂里要求在中秋节前的一个月配合生产定期加班。但这次有些特殊情况。由于她每周有两次夜大课程恰好与食品厂的加班安排冲突，而且期间还有考试，于是刘某向领导提出这两天能不能不安排加班。食品厂领导对此十分不满，未予批准。但刘某还是不忍放弃学业，于是心一横，刘某跟班组长打了个招呼，每周有课的那两天到点下班就去上课。可是接下来的事却是刘某没想到的。当食品厂领导发现她擅自不服从加班安排后，竟以旷工为由扣发了她当月的效益工资 500 元，还向全厂做了通报。刘某很不服，自己上班从不迟到早退，按时完成了全部正常工作，旷工又从何说起呢？难道没有服从加班安排也算旷工吗？于是，刘某向仲裁委提出仲裁请求，请求支付扣发的效益工资 500 元。

争议焦点

劳动者不同意加班，公司是否有权扣发工资。

评析意见

加班是用人单位和劳动者经常会面临到的问题，用人单位要确保自己行为的合法性，劳动者要确保自己的合法权益，就必须要清楚我国法律关于什么是加班、什么是加班工资、用人单位如何安排职工加班以及如何支付加班工资等问题的具体规定。所谓加班，是指用人单位在劳动者完成劳动定额或规定的工作任务后，根据实际需要安排劳动者在法定标准工作时间以外继续工作的情形。《劳动法》第四十一条对企业安排职工加班作了明确规定："用人单位由于生产经营需要，经与工会和劳动者协商后可以延长工作时间，一般每日不得超过一小时；因特殊原因需要延长工作时间的，在保障劳动者身体健康的条件下延长工作时间每日不得超过三小时，但是每月不得超过三十六小时。"

本案例中，该食品厂因生产经营需要可以安排职工加班，但前提是必须经与工会和劳动者协商后方可执行，并且不得违反《劳动法》对加班时间作出的限制性规定。食品厂未与工会及刘某本人协商，单方安排其延长时间工作，显然已经违反了《劳动法》的上述规定，侵害了职工的合法权益。而该食品厂非但未停止侵害行为，认为刘某违反食品厂的加班规定，在刘某已提供了正常劳动的情况下，还以旷工为由扣发其当月效益工资，该行为则违反了《劳动法》第五十条"工资应当以货币形式按月支付给劳动者本人。不得克扣或者无故拖欠劳动者的工资"的规定。因此，该食品厂以刘某不服从加班安排扣发其工资的行为不合法。

8. 因客户欠款扣发工资合理吗

基本案情

李某大学毕业后被某网络公司录用，担任公司市场部销售代表。李某对自己的工作很满意，干劲十足，加之人又聪明能干，善于交际，没过多久，他就为公司拉来一家客户单位——某数码集团。经过几次洽谈，在履行了公司的必经工作程序后，李某代表公司与该数码集团签订了《电子邮件产品销售合同》。该合同约定由网络公司向数码集团提供电子邮件网络服务，数码集团按季付款结算，李某作为网络公司代表按季与数码集团相关人员结算账款。合同履行的前两个季度十分顺利，李某均及时收回了账款。但到第三个季度，由于数码集团财务出现临时问题，导致其不能按合同要求结算当季账款，且数码集团希望能够延时一个月支付，并保证会按合同约定支付相应赔偿。李某将上述情况向网络公司领导做了汇报。由于公司以前从未出现过客户拖欠货款的问题，因此公司领导得知后十分恼火，指责李某办事不力，并责成他与数码集团签订了一份《补充付款协议》，约定第三季度账款的最晚结清日期及相应的赔偿责任。当月，公司人事部向李某下发了一份决定书，以其工作不力为由扣发其300元工资以示惩罚。李某对此不服，经与公司协商未果后，到劳动争议仲裁机构提出仲裁申请，要求公司返还扣发的工资并给予赔偿。

争议焦点

劳动合同正常履行期间，公司是否可以以任意理由减少或扣罚劳动者的工资。

审理结果

裁决某网络公司支付李某被扣发的工资。

评析意见

这是一起克扣职工工资的典型案例，类似情况大多发生在从事销售工作的劳动者与用人单位之间。本案例中，某网络公司的做法显然是错误的。如何确定用人单位扣发劳动者工资的行为是否属于“克扣”呢？关键在于以下两个方面：一是劳动者是否向用人单位提供了正常劳动；二是用人单位是否有正当理由扣发职工工资。

《劳动法》第五十条规定了用人单位不得克扣或者无故拖欠劳动者的工资。原劳动部在《对〈工资支付暂行规定〉有关问题的补充规定》中则做出了更进一步的解释，指出：“克扣”是指用人单位无正当理由扣减劳动者的应得工资（即在劳动者已提供正常劳动的前提下用人单位按劳动合同规定的标准应当支付给劳动者的全部劳动报酬）。对于本案而言，李某作为该网络公司的销售代表，依照劳动合同的约定和本人的工作职责，切实履行了自己的工作义务，严格依公司的工作规程代表公司签下了销售订单，这表明他已为公司提供了正常劳动，其行为不存在任何过错。而后出现的数码集团不能依销售合同约定按期付款的情形，则缘于该公司自身出现的财务问题，与李某的行为并无直接关系，并且数码集团亦对此欠款事宜与某网络公司签订了《补充付款协议》，明确了其中的责任。李某代表公司与客户签订《电子邮件产品销售合同》，属于公司授权的职务行为，在李某自身并无过错的情况下，该合同在实际履行过程中的风险责任理应由网络公司来承担。因此，网络公司扣发李某工资的做法缺乏法律依据。

那么是不是用人单位在任何情况下都不能扣发或代扣劳动者的工资呢？根据《对〈工资支付暂行规定〉有关问题的补充规定》的规定，用人单位可以减发工资的五种情况为：（一）国家的法律、法规中有明确规定的；（二）依法签订的劳动合同中有明确规定的；（三）用人单位依法制定并经职代会批准的厂规、厂纪中有明确规定的；（四）企业工资总额与经济效益相联系，经济效益下浮时，工资必须下浮的（但支付给劳动者的工资不得低于当地的最低工资标准）；（五）因劳动者请事假等相应减发工资等。此外，原劳动部《工资支付暂行规定》第十五条，列举了用人单位可以代扣劳动者工资的四种情形：（一）用人单位代扣代缴的个人所得税；（二）用人单位代扣代缴的应由劳动者个人负担的各项社会保险费用；（三）法院判决、裁定中要求代扣的抚养费、赡养费；（四）法律、法规规定可以从劳动者工资中扣除的其他费用。

通过上述法律规定，我们不难看出，扣发或代扣工资是受条件限制的，满足上述条件的扣发、代扣工资行为才是合法的。

9. 变更工资标准要履行什么程序

基本案情

王某原为北京市某物流公司司机，双方签订了自2015年3月27日至2017年3月31日的书面劳动合同。该劳动合同到期前，某物流公司依据《劳动合同法》第四十四条第一项规定，通知王某劳动合同到期终止，并向其发出了《终止劳动合同通知书》。王某在职期间，2016 年 9 月之前其工资构成为基本工资（北京市最低工资标准）+ 提成工资，之后该公司为更好地激励员工，调整员工工资结构，取消司机岗位的基本工资，完全按提成收入发放。2015 年度王某月均工资为 4292.06 元，劳动合同终止前十二个月王某月均工资为 5164 元。王某主张某物流公司自 2016 年 9 月起单方变更工资结构，取消其基本工资的行为已构成克扣工资。王某要求某物流公司按最低工资标准支付其 2016 年 9 月 1 日至 2017 年 3 月 31 日克扣的基本工资。

争议焦点

用人单位单方变更工资结构、标准以及支付形式等的效力认定。

审理结果

驳回王某要求某物流公司支付 2016 年 9 月 1 日至 2017 年 3 月 31 日克扣的基本工资的仲裁请求。

评析意见

《劳动合同法》第四条规定："用人单位应当依法建立和完善劳动规章制度，保障劳动者享有劳动权利、履行劳动义务。用人单位在制定、修改或者决定有关劳动报酬、工作时间、休息休假、劳动安全卫生、保险福利、职工培训、劳动纪律以及劳动定额管理等直接涉及劳动者切身利益的规章制度或者重大事项时，应当经职工代表大会或者全体职工讨论，提出方案和意见，与工会或者职工代表平等协商确定。在规章制度和重大事项决定实施过程中，工会或者职工认为不适当的，有权向用人单位提出，通过协商予以修改完善。用人单位应当将直接涉及劳动者切身利益的规章制度和重大事项决定公示，或者告知劳动者。”本案中，王某虽主张某物流公司在未经与其协商并通知其本人的情况下单方变更工资构成，但该公司提交的《包干运输新核算办法的通知》《职代会会议纪要》及 2016 年 8 月 18 日、19 日《工作周例会会议纪要》可证明包干运输新核算办法经过工会及职代会讨论通过并通过开会方式公示。公司经过合法程序调整员工工资结构，取消员工基本工资，完全按提成收入计提发放，调整之后的员工正常工资不低于最低工资标准及合同约定标准，不构成克扣工资。

此外，《最低工资规定》第十二条第一款规定，在劳动者提供正常劳动的情况下，用人单位应支付给劳动者的工资在剔除下列各项以后，不得低于当地最低工资标准：（一）延长工作时间工资；（二）中班、夜班、高温、低温、井下、有毒有害等特殊工作环境、条件下的津贴；（三）法律、法规和国家规定的劳动者福利待遇等。该条第二款规定：实行计件工资或提成工资等工资形式的用人单位，在科学合理的劳动定额基础上，其支付劳动者的工资不得低于相应的最低工资标准。结合本案，王某的工资构成变更后，其实际工资水平不低于最低工资标准及合同约定标准，还有明显提高，且该变更已实际履行近半年，王某未向公司提出过任何异议，应视为对变更的认可。

10. 参加社会活动是否能认定为提供正常劳动

基本案情

老郝是某市某国有化工厂的一名老职工，为人忠厚本分，对工作一丝不苟。自1976年入厂以来没有请过事假，年年被评为优秀工人，眼看就要光荣退休了，不想2002年3月的一件事使老郝心里十分不痛快。事情是这样的：2002年1月的一天傍晚，某国有化工厂门外的一条小路上发生了一起交通肇事逃逸案，老郝正巧在下班途中目睹了案件的全过程，正义感驱使他立刻报了警。法院于3月22日公开开庭审理此案，老郝作为本案的重要证人也收到法院的传票，要求其当日务必出庭作证。老郝立即向厂领导汇报了此事，厂领导当即批准了他半天假。3月22日下午老郝如期出庭作证。但当他领取3月工资时，竟然发现自己被扣发了半天的事假工资。虽说钱不多，可老郝凡事就爱较个真，自己半天没上班是事实，但也没去干私事呀，况且也跟领导说明了情况，怎么还能扣工资呢？老郝便申请仲裁。

争议焦点

参加社会活动是否可视同提供正常劳动。

审理结果

支持老郝的仲裁请求。

评析意见

《劳动法》第五十一条规定："劳动者在法定休假日和婚丧假期间以及依法参加社会活动期间，用人单位应当依法支付工资。"依照此规定，劳动者在法定工作时间内依法参加社会活动，用人单位应视同其提供了正常劳动而支付工资。那么，劳动者在哪些情况下属于依法参加社会活动呢？对此原劳动部《工资支付暂行规定》第十条明确指出，社会活动包括：依法行使选举权或被选举权；当选代表出席乡（镇）、区以上政府、党派、工会、青年团、妇女联合会等组织召开的会议；出任人民法庭证明人；出席劳动模范、先进工作者大会；《工会法》规定的不脱产工会基层委员会委员因工会活动占用的生产或工作时间；其他依法参加的社会活动。

本案中，老郝作为证人应人民法院的要求出庭作证，属于依法参加社会活动的情形，用人单位应当依法向其支付工资。化工厂将老郝依法参加社会活动的时间按事假处理并扣发工资，这种做法显然不符合上述法律规定，应当补发所扣发的工资。劳动者在法定休假日和婚丧假期间以及依法参加社会活动期间，用人单位应当依法支付工资。

11. 销售定额人员是否可以适用最低工资标准

基本案情

李某是某奶制品公司的销售员，双方签订有劳动合同，详细约定了合同期限、工作岗位及其他权利义务。其中关于工资报酬一项做了如下约定："月基本工资为2000元，如未完成公司下达的月销售指标，则只支付基本工资；完成月销售指标后，根据公司销售提成办法计发奖金。”李某对这种分配方式也表示了认可。

李某入职后，前 3 个月均超额完成公司下达的任务指标，实际月收入近 2500 元，李某对此很满意。然而好景不长，由于公司从第四个月起调整了李某所负责的销售区域，虽经其本人努力，但当月仍未能完成公司下达的销售指标。公司以劳动合同对工资标准已做明确约定为由，根据李某当月未完成销售指标的事实，按合同约定给付了李某当月的基本工资 2000 元。李某对此并未提出异议，心想：合同是双方共同签订的，就应该按照合同履行，这没什么问题。一个月后，在一次劳动法知识培训中，李某得知其所在城市的最低工资标准为 2200 元，公司按双方合同约定的 2000 元低于当地最低工资标准。李某对此产生了疑问，并提请仲裁委裁决，要求公司按最低工资标准支付差额工资。

争议焦点

定额人员未完成销售额，月基本工资能否低于法定最低工资标准?

审理结果

支持李某的仲裁请求。

评析意见

《劳动法》第四十八条规定：“国家实行最低工资保障制度。最低工资的具体标准由省、自治区、直辖市人民政府规定，报国务院备案。

用人单位支付劳动者的工资不得低于当地最低工资标准。”根据《最低工资规定》的规定，最低工资是指劳动者在法定工作时间或依法签订的劳动合同约定的工作时间内提供了正常劳动的前提下，用人单位应支付的最低劳动报酬。所谓正常劳动，是指劳动者按依法签订的劳动合同约定，在法定工作时间或劳动合同约定的工作时间内从事的劳动。因此，确定用人单位能否低于当地最低工资标准向劳动者支付工资，关键是要看职工是否向用人单位提供了正常劳动。

此外，《关于贯彻执行〈中华人民共和国劳动法〉若干问题的意见》第五十六条还规定：“在劳动合同中，双方当事人约定的劳动者在未完成劳动定额或承包任务的情况下，用人单位可低于最低工资标准支付劳动者工资的条款不具有法律效力。”根据上述规定，李某自从进入公司就已向该企业提供了正常劳动，虽然由于销售区域的调整导致李某未完成销售指标，但该奶制品公司同样不应因此低于最低工资标准向李某发放工资。公司以劳动合同中约定的基本工资 2000 元作为发放薪金的标准显然违反了有关法律规定，该行为属侵害职工权益的行为，应当予以纠正。

近些年来，随着市场经济秩序的广泛建立，对于制造业公司的销售人员，公司在决定这部分人员工资分配方式时，绝大部分采用底薪加提成的分配方式，但是，双方对于底薪即基本工资的约定是不能低于当地的最低工资标准的，否则就构成了违法。本案中，奶制品公司的行为是错误的，应当及时纠正，并按当地最低工资标准补发李某的工资差额。

12. 工伤职工的工资标准如何认定

基本案情

赵某于2016年3月1日入职北京市某钢材厂从事焊工工作。上班第二天，赵某不慎在厂内摔伤，导致左臂骨折，经劳动能力鉴定委员会鉴定，已达到职工工伤与职业病致残等级标准九级。赵某受伤后，该厂按本市最低工资标准向赵某支付了6个月的停工留薪期工资。赵某认为，入职前双方口头约定月工资为7000元，其工伤停工留薪期间，该厂应按原工资标准即7000元支付工资，现该厂仅按北京市最低工资标准支付停工留薪期工资，明显低于法律规定标准，应当支付工资差额。同时，因工伤产生的一次性伤残补助金也应按照7000元支付。某钢材厂则认为，双方从未约定过工资，因其刚刚入职上班，还未来得及签订劳动合同，且赵某所在岗位的工资标准均为北京市最低工资标准，按最低工资标准支付赵某工资不违反法律规定。其一次性伤残补助金也应按北京市最低工资标准计算，但因低于2015年本市职工月平均工资的60%，可以按60%为基数计算。

争议焦点

劳动者刚入职即发生工伤，劳动报酬约定不明确，如何确定工资标准？

审理结果

裁决钢材厂以5000元为标准，支付赵某停工留薪期工资差额及一次性伤残补助金。

评析意见

根据《北京市工资支付规定》第十三条的规定，用人单位应当按照工资支付周期编制工资支付表，并至少保存二年备查。也就是说，用人单位应当承担两年内工资支付情况的举证责任。但结合本案实际情况，赵某入职后第二天即发生工伤，工资还未发放，双方也未能及时签订书面劳动合同，如仅按举证责任划分，以钢材厂未举证证明赵某的工资标准为由，直接采信赵某月工资为 7000 元的主张显然不妥。因此，本案可以遵循“同工同酬”原则，依据《劳动合同法》第十一条的规定，用人单位未在用工的同时订立书面劳动合同，与劳动者约定的劳动报酬不明确的，新招用的劳动者的劳动报酬按照集体合同规定的标准执行；没有集体合同或者集体合同未规定的，实行同工同酬。根据《北京市高级人民法院、北京市劳动人事争议仲裁委员会关于审理劳动争议案件法律适用问题的解答》的规定，用人单位与劳动者在劳动合同中约定了工资标准的，以该约定为准。劳动合同没有约定的，按照集体合同约定的工资标准确定。劳动合同、集体合同均未约定的，按照劳动者本人正常劳动实际发放的工资标准工资确定。

赵某与钢材厂未签订劳动合同，也未就劳动报酬进行书面约定，属于对劳动报酬约定不明确，钢材厂也没有和职工签订过集体合同，在此情况下，可以遵循同工同酬原则确定赵某的工资标准。赵某的工作岗位为焊工，钢材厂向本委提交了其他焊工岗位职工的书面劳动合同、工资支付记录、考勤记录，社会保险缴费记录、个人所得税信息等材料。但书面劳动合同未约定焊工的工资标准。钢材厂提交的劳动合同虽未约定焊工的工资标准，但其提交的工资支付记录、社会保险缴费记录和个人所得税信息均显示焊工岗位员工的月应发工资在5000元至6000元不等，其中基本工资、交通补助、电话补助等相对固定数额均在5000元左右，不固定的绩效奖金在500元到1000元不等。因此，赵某的月工资标准可参考同工种、同岗位其他职工的工资标准综合认定。据此，仲裁委认定赵某的月工资标准为5000元，钢材厂应按5000元的标准向赵某补齐六个月的停工留薪期工资，并以此为基数计算支付一次性伤残补助金。

在实践中，刚入职就发生工伤事故的情况并不少见，用人单位往往还未来得及为劳动者办理社会保险，劳动者的工伤待遇需要由用人单位全额承担，而工资标准与劳动者的工伤待遇标准有直接的关系，在此情况下，更应谨慎确定劳动者的工资标准，以保护劳动者的合法权益，同时避免用人单位承担不必要的损失。

13. 以未办结离职手续为由拒付工资不合法

基本案情

刘某于2014年3月10日到某自动门公司工作，工作岗位为物料计划主管，双方签有三年期劳动合同，刘某的月工资标准为7000元。刘某于2014年6月9日向自动门公司提交《辞职申请书》，其中离职原因写明："1. 达不到岗位要求；2. 适应不了公司的管理流程。"双方劳动合同于2014年6月21日解除，但自动门公司未支付刘某2014年5月1日至6月21日的工资，理由是刘某没有按照双方在劳动合同中的约定办理离职交接手续，待刘某依约办理完毕工作交接手续后再向其支付。仲裁委审理后认为，提供劳动获得报酬是劳动者的法定权利，2014年5

月1日至6月21日刘某为自动门公司提供了劳动，自动门公司就应该及时足额支付工资，自动门公司以刘某没有依约办理工作交接手续为由，拒不支付刘某劳动报酬是没有法律依据的。

争议焦点

离职手续尚未办完，是否可以拒付劳动报酬？

审理结果

支持刘某要求支付劳动报酬的仲裁请求。

评析意见

按照《劳动合同法》第五十条的规定，劳动者应当按照双方约定，办理工作交接。用人单位依照本法有关规定应当向劳动者支付经济补偿的，在办结工作交接时支付。也就是说按照法律的规定，即便劳动者没有按照约定办理工作交接手续，用人单位也只是可以暂时不支付经济补偿金，待劳动者依照约定办理工作交接时同时支付经济补偿金。《北京市工资支付规定》第十二条也规定：用人单位与劳动者双方依法终止、解除劳动合同的，用人单位应当一次性付清劳动者工资。

本案中虽然劳动者是因其自身原因而提出辞职，用人单位可不支付经济补偿金，但是如果在劳动合同履行过程中用人单位未及时支付劳动报酬，也是要承担相应的法律责任的。根据《劳动合同法》第三十八条第一款第二项以及第四十六条第一项的规定，未及时足额支付劳动报酬导致劳动者辞职的，劳动者有权要求用人单位支付解除劳动合同经济补偿金，解除劳动合同经济补偿金以劳动者离开企业前十二个月的平均工资为基数，再乘以其在单位的工作年限。由此可见，用人单位切不可因小失大，最终落个既违反法律规定又造成额外经济损失的后果。

14. 员工中途离职是否应支付年终奖金

基本案情

申请人王某于 2015 年 11 月 9 日入职被申请人某公司，双方曾签订为期三年的劳动合同，其停止工作时间为 2017 年 8 月 2 日，当日双方解除劳动合同。2017 年 2 月 6 日双方签订一份《劳动合同补充协议》，约定王某薪资调整为年工资 30 万元，其中年薪固定工资 24 万元（每月支付 2 万元）、年终奖金 6 万元，年终奖金按照年底考核进行发放，中途离职年终奖金不予发放，生效时间为 2017 年 1 月 1 日。现申请人王某要求被申请人某公司支付 2017 年 1 月 1 日至 2017 年 8 月 2 日的年终奖金。

争议焦点

在双方签有协议的情况下，员工中途离职，用人单位是否应支付年终奖金。

审理结果

对王某的仲裁申请不予支持。

评析意见

关于劳动合同期限未满，劳动者提前离职是否应支付年终奖金的问题，在实践中有两种观点：

一种观点认为：应当支付年终奖金。离职员工与在职员工一样为公司提供劳动并做出贡献，年终奖金应属其劳动报酬的一部分。根据《劳动法》第五十条之规定，工资应当以货币形式按月支付给劳动者本人，不得克扣或者无故拖欠劳动者的工资。无论劳动者何时或者以何种原因离职，均应遵循公平原则，根据离职员工本年度工作时间折算发放相应的年终奖金。

另一种观点认为：不应当支付年终奖金。首先，双方在合同中已约定中途离职，年终奖金不予发放，根据平等自愿的原则，经双方协商一致，该约定不违反国家法律法规的强制性规定，亦不损害国家、集体或第三人的合法权益，约定应属合法有效，劳动者在知晓中途离职年终奖金不予发放的情况下提出离职，其享受年终奖金的权利应属自愿放弃。其次，从年终奖金的设立目的考量，年终奖金一般是公司为激励员工，稳定人员的一种福利待遇，一般选择在年末进行发放。现实当中，员工是否离职也确实受到年终奖金的影响，一般情况下，年终奖金可以起到维持公司人员结构稳定的作用。对中途离职的员工不予发放年终奖金，才符合年终奖金的设立目的，故不应当支持申请人的仲裁请求。再次，年终奖金的发放可视为公司自主经营权的范畴，根据《劳动法》第四十七条的规定，用人单位根据本单位的生产经营特点和经济效益，依法自主确定本单位的工资分配方式和工资水平。在实际用工过程中，企业可以根据本年度的综合经营状况、发展状况以及劳动者个人年度工作表现决定是否发放年终奖金等奖励，这是企业行使用工自主权的一种表现。当员工中途离职不符合发放标准时，公司取消年终奖金也是合法合理的。最后，年终奖金是否发放还应当结合员工离职的原因。当用人单位符合《劳动合同法》第三十八条所列情形，劳动者提出解除劳动合同时，虽然用人单位存在过错，但其已无法对员工一年的工作进行考核，故发放条件欠缺。当劳动者符合《劳动合同法》第三十九条所列情形，用人单位解除劳动合同时，劳动者既然存在一定的过错，那么用人单位取消年终奖金的发放并无过错。总之，当用人单位不能对员工整年的工作进行考核时，就不具备年终奖金的发放条件，因此，不应当发放年终奖金。

笔者认为，结合社会实践，可以根据年终奖金的性质来决定是否进行发放。目前，年终奖金主要有以下几种形式：

一、薪金性质的年终奖金。这类奖金常以十三薪、年底双薪或者在年薪制的合同中约定年底发放全年工资的一定比例等形式存在。对于该类年终奖金，应当视为工资的一种类型，即使劳动者中途离职，也应当按照已工作时间折算后进行发放，不得克扣或者无故拖欠。

二、以考核为发放前提的年终奖金。该类年终奖金一般体现在公司的规章制度或者劳动合同中，其是否发放取决于公司业绩或者员工表现，属于绩效类的工资，应该发放。

三、福利性质的年终奖金。此类年终奖金是否发放属于公司自主经营权范畴，一般由公司决定，具有随机性、临时性等特点，并且在发放形式上不固定，一般根据企业效益情况再结合员工全年工作表现决定是否发放及发放金额，以年终红包等形式予以发放。该类年终奖金是用人单位自主决定的，是否对中途离职的员工进行发放，应当尊重用人单位的用工自主权。

本案中，双方在《劳动合同补充协议》中明确约定王某年工资为30万元，其中年薪固定工资24万元、年终奖金6万元。表明年终奖金应属工资的一部分，但不是固定年薪，系浮动工资。故该公司以双方“中途离职年终奖金不予发放”约定条件不予支付王某的年终奖金，并无不妥。

15. 绩效奖金支付的实践认定

基本案情

付某于2007年7月入职某开发银行工作。付某在职期间参与了某项目的开发工作。付某主张依据该公司绩效考核办法规定，该项目净收入超过1亿元，承做奖励金额总额应为800万元，依据项目组的《项目贡献度评估表》，其本人的贡献度为11.2%，故应按照该项目承做奖励金额总额乘以贡献度计算其绩效奖金，但某开发银行一直未支付其该项目绩效奖金。付某申请仲裁，要求某开发银行支付某开发项目的绩效奖金。庭审中，某开发银行认可付某在该项目中的贡献度为11.2%及该项目已经有款项到账，但主张该项目尚未完成绩效考核的实施程序，尚不具备发放条件；还主张项目奖金需以项目净收入为基数进行计算，需扣除相关费用。

争议焦点

如何认定绩效奖金发放的条件和计算方式?

审理结果

某开发银行应向付某支付项目绩效奖金。

评析意见

一、关于开发项目绩效奖金是否具备发放条件的问题。

用人单位根据本单位的生产经营特点和经济效益，依法自主确定本单位的工资分配方式和工资水平。绩效奖金作为用人单位基于本单位经济效益、劳动者的个人表现及业绩等综合因素自主发放具有奖励性质的货币，用人单位有权根据单位的经营状况、员工的业绩表现等，自主确定奖金发放与否、发放条件及发放标准，并依法制定相应的支付制度。因此，就绩效奖金的核算条件、标准等，用人单位应承担举证责任。本案中，某开发银行虽主张某开发项目绩效考核目前尚未实施，还在研究中，不具备支付条件，但某开发银行认可其公司已于 2017 年 8 月 29 日收到该项目的收入，而依据该公司绩效分配管理办法的规定，“投资银行总部原则上应在项目收入到账后次月进行绩效考核并发放。包括项目承揽奖励、项目承做奖励、保荐责任报酬等”，某开发银行原则上应在 2017 年 9 月进行包括项目承做奖励在内的绩效考核并发放。现某开发银行未提交证据证明该项目绩效考核程序因例外状况尚未实施，故按照该规定，应视为某开发银行已完成该项目的绩效考核程序，对某开发银行主张该项目绩效奖金尚不具备发放条件的抗辩意见未予采信。

二、关于开发项目绩效奖金的计算方式问题。

付某主张依据某开发银行的绩效分配管理办法中关于承做奖励金额标准的规定，按项目关闭财务结算单中显示的项目到账收入金额，该项目承做奖励金额应为800万元，并按项目贡献度评估表其个人贡献度评估值应为11.2%，故其该项目绩效奖金应按照800万元×11.2%来计算。某开发银行对付某在该项目中的贡献度评估值认可，但主张该项目收入实际到账金额仅为2000万元，且还需扣除相关费用后才能计算出净收入，然后根据项目净收入来计算承做奖励金额。依据某开发银行《绩效分配管理办法》的规定，项目承做奖励金额确需根据项目净收入所在区间来确定。但如前节所述，某开发银行对某开发项目绩效奖金的核算条件、标准等负有举证责任，而某开发银行仅提交了付款凭证的复印件，并未提交原始会计账目、银行出具的同期账户交易记录等证据加以佐证，故该项证据真实性无法进行核实；且即便该项证据是真实的，也无法排除付款方就该项目曾于其他时间向某开发银行支付项目费用的合理怀疑；其亦未就该项目净收入的计算方式提交相应证据，故某开发银行应就此承担举证不能的不利后果。在此情形下，仲裁委对付某主张的按照其提交的项目关闭财务结算单中项目到账收入计算绩效奖金的说法予以采信，则按照某开发银行绩效分配管理办法的规定，该项目承做奖励金额应为800万元。鉴于某开发银行对付某所主张的该项目贡献度评估值11.2%认可，故某开发银行应按800万元乘以11.2%的计算标准支付付某该项目绩效奖金。

第五章

加班与带薪年休假

1. 劳动者请求支付加班工资应提供哪些证据

基本案情

陈某于2011年4月20日入职某科研公司，担任调查员一职，其月工资为5100元。陈某正常工作至2014年2月10日离职。2014年2月17日陈某就其与科研公司的加班工资争议向仲裁委提起了申请。庭审中，陈某主张2014年1月1日至2014年2月10日其每天工作8小时、每周工作7天，每周有2天休息日加班。仲裁庭对双方进行了耐心细致的调解工作，告知陈某参照《最高人民法院关于审理劳动争议案件适用法律若干问题的解释（三）》（现已失效）的规定，涉及加班事实的举证责任由劳动者承担，而他仅提供了一份书面证人证言，证明2014年1月1日至2014年2月10日每天的工作时长情况，庭审时证人又没有到庭，科研公司对于证人证言的真实性也不予认可，依据证据规则，仲裁委对这份证人证言将无法采纳。后经仲裁庭调解，最终双方达成一致意见，科研公司同意向陈某支付2014年1月1日至2月10日法定节假日加班工资。

争议焦点

劳动者主张加班事实的，应当提供哪些证据加以证明？

审理结果

调解后科研公司同意支付陈某仲裁请求的部分事项。

评析意见

加班工资的争议应当把握以下几个方面：第一，劳动者必须是从事用人单位安排的加班，自行加班不能要求加班工资。第二，用人单位安排劳动者在休息日也就是双休日加班的，应当首先安排劳动者倒休，不能安排倒休的，应当按照劳动者的工资标准支付200%的加班工资；如果安排劳动者在平时或者法定节假日加班，则不能以倒休为借口不支付加班工资，除非双方另有协议。第三，如果劳动者执行的是非标准工时制，执行不定时工时制的，劳动者无权要求加班工资；执行综合工时制的，劳动者可以就超过法定工时部分按照延时加班的标准主张加班工资，遇法定节假日上班，有权要求法定节假日的加班工资。虽然法律规定了加班事实的举证责任由劳动者负担，但是劳动者有证据证明单位掌握着其加班事实的证据而拒不提供的，单位要承担败诉的后果。

2. 高薪人员加班，公司可以不支付加班费吗

基本案情

小赵大学毕业后应聘进入某网络公司担任网络管理员，双方签订了为期一年的劳动合同，合同约定小赵月工资为5万元。根据公司规定，所有担任网管工作的员工每周六均要轮流到公司上班。小赵在这一年中实际周六上班共计25天，但该公司从未安排其倒休，也未向其支付加班费。小赵对此早有不悦，但由于其他员工都是这样的待遇，自己刚来也不好意思提要求，于是就忍下来没说。合同到期后双方未再续签，在办理离职手续时，小赵决定向领导提出补发其一年来周六上班的加班

费。但公司经理回复称：“公司当初在核定月工资时就考虑到了你周六要上班的情况，所以你月工资高达5万元，否则怎能拿到这个标准，现在提出要加班费没道理。”小赵无奈向仲裁委提出仲裁申请，请求公司支付加班工资。

争议焦点

公司是否需要向高薪人员支付休息日加班工资？

审理结果

支持小赵的仲裁请求。

评析意见

根据《劳动法》第四十四条第二项的规定，休息日安排劳动者工作又不能安排补休的，支付不低于工资的200%的工资报酬。周六属于法定休息日，本案中某网络公司根据工作需要，要求小赵等员工周六轮流到公司上班，这已构成安排劳动者休息日工作的事实。对此，公司应当及时安排小赵等人补休，如果不能安排补休，则应支付其不低于工资200%的加班费。而该网络公司既未安排补休，也未支付加班费，此行为显然与法相悖。至于公司经理强调的向小赵支付的高额工资中已包含周六上班报酬的说法，也是于法无据的。当然，作为劳动者，在自己的权益受到侵害时，应当注意及时主张自己的权益。《劳动争议调解仲裁法》第二十七条“劳动争议申请仲裁的时效期间为一年。仲裁时效期间从当事人知道或者应当知道其权利被侵害之日起计算”之规定，要求权益受到侵害的当事人必须在一年内向劳动仲裁部门提出仲裁申请，否则自身权益将难以得到有效维护。

此外，我们还应明确，用人单位因生产经营需要，经与劳动者协商，可以依法安排劳动者在休息日加班，凡安排劳动者在休息日加班的，相应安排补休或支付不低于工资200%的工资报酬这两种补偿方式，而用人单位应首先选择安排补休这一方式，只有在无法安排补休的情况下，才支付不低于工资200%的工资报酬。如果劳动者在休息日加班，用人单位已为其安排了补休，则不必再支付加班工资。此决定权在用人单位，作为劳动者，无权自主选择是要补休还是要加班工资。高额工资不能替代加班费，用人单位安排劳动者在休息日加班又不能安排补休的，应当支付不低于工资的200%的工资报酬。

3. 定额加班工资标准是否合法

基本案情

王某等十人于2010年1月应聘进入某市汽车配件制造厂（以下简称制造厂）工作，当月与公司签订为期5年的劳动合同。2011年1月因汽车市场升温，各大汽车制造商所需各类配件供不应求，导致该制造厂的生产任务不断加大，由于职工人数有限，于是厂领导经研究决定要求广大职工加班，并向职工承诺每加班1小时支付加班补助10元。据不完全统计，自当月开始直到2011年6月，全厂职工人均每天加班3小时。王某等十人每月在领取工资时均多领到600～900元不等的加班补助。可是随着订货量的不断加大，加班时间越来越长，大家日益感到难以适应。繁重的工作使王某等人开始产生不满情绪，恰在此时，他们又从其他单位的工友处得知，工厂发放的加班补助低于法定的加班费标准。大家经商量，决定推选王某为代表与厂方协商，要求工厂补发所欠的加班费，并安排他们倒休。但是厂领导对王某等人的要求却不以为然。他强调，工厂已按最初制定并公布的标准按时足额向他们支付了相应的加班补助，并不存在少发的情况。对于双休日加班的情形，由于已向职工发放了加班补助，因此也就不存在倒休的问题了。王某等十人向劳动仲裁委员会提出申请，请求工厂按法律规定的标准支付加班工资。

争议焦点

用人单位“定额”加班工资标准是否合法有效。

审理结果

支持王某等十人的仲裁请求。

评析意见

劳动者在法定节假日和公休日进行工作的，视为加班；超过每日正常工作时间而延长工作的时间叫加点。用人单位安排职工加班加点，实际上就是占用了劳动者的法定休息时间，为保障劳动者的休息休假权利，法律对加班加点作出了明确规定。《劳动法》第四十一条明确规定：“用人单位由于生产经营需要，经与工会和劳动者协商后可以延长工作时间，一般每日不得超过一小时；因特殊原因需要延长工作时间的，在保障劳动者身体健康的条件下延长工作时间每日不得超过三小时，但是每月不得超过三十六小时。”用人单位延长工作时间，使劳动者在正常工作时间以外又付出了大量劳动，用人单位必须按高于劳动者正常工作时间的工资标准支付劳动者延长工作时间的劳动报酬。这一方面是要求用人单位给劳动者额外付出的劳动予以补偿，另一方面也可通过增加用人单位安排劳动者加班的经济成本，从而达到限制用人单位延长工作时间，保障劳动者休息权的目的。《劳动法》及原劳动部《工资支付暂行规定》对加班工资的给付标准作出了明确规定：（一）用人单位依法安排劳动者在每日法定标准工作时间以外延长工作时间的，按照不低于劳动合同规定的劳动者本人小时工资标准的150%支付劳动者工资；（二）用人单位依法安排劳动者在休息日工作，而又不能安排补休的，按照不低于劳动合同规定的劳动者本人日或小时工资标准的200%支付劳动者工资；（三）用人单位依法安排劳动者在法定休假日工作的，按照不低于劳动合同规定的劳动者本人日或小时工资标准的300%支付劳动者工资。

对于本案而言，该制造厂在未与工会和劳动者协商的情况下单方决定要求职工加班，且平均每日加班三小时，月加班时间大大超过了劳动法所规定的三十六小时的最高限制，这显然属于违法行为，严重侵害了职工的合法权益，应当予以及时纠正。该厂关于定额加班补助标准的规定，与劳动法相关规定相悖，且低于法定加班费计算及给付标准，因此应当予以撤销。该制造厂应当按法定标准补发王某等十人的加班工资。

4. 加班工资基数可以约定吗

基本案情

黄某于2013年7月1日入职某餐饮公司，从事杂工工作，双方订立了期限为2年的劳动合同，约定黄某的月工资标准为3000元，同时约定加班工资基数以北京市最低工资标准计算。工作期间，黄某每周休息日加班一天，某餐饮公司均按照北京市最低工资标准向其支付加班工资。离职后，黄某向仲裁委提出仲裁申请，要求公司支付休息日加班工资差额。

争议焦点

用人单位在劳动合同中约定，加班工资以最低工资标准为基数是否有效。

审理结果

支持黄某的仲裁请求。

评析意见

《北京市工资支付规定》第四十四条规定，根据本规定第十四条计算加班工资的日或者小时工资基数、根据第十九条支付劳动者休假期间工资，以及根据第二十三条第一款支付劳动者产假、计划生育手术假期间工资，应当按照下列原则确定：（一）按照劳动合同约定的劳动者本人工资标准确定；（二）劳动合同没有约定的，按照集体合同约定的加班工资基数以及休假期间工资标准确定；（三）劳动合同、集体合同均未约定的，按照劳动者本人正常劳动应得的工资确定。依照前款确定的加班工资基数以及各种假期工资不得低于本市规定的最低工资标准。从上述规定来看，加班工资的基数顺序按劳动合同中约定的劳动者本人工资标准、集体合同约定的加班工资基数及本人正常劳动应得工资来确定。

本案中，某餐饮公司与黄某在劳动合同中按照最低工资标准支付加班工资的约定，不符合法律及北京市的相关规定，所以裁决该公司应以黄某的月工资3000元为基数向黄某支付加班工资差额。用人单位不得违反《劳动法》的规定延长劳动者的工作时间，如每天的加班时间不应超过三小时、每月的加班时间不应超过三十六小时。依法支付加班工资，用人单位不得克扣。

5. 加班工资基数依法应如何认定

基本案情

于某于2007年9月27日入职某饭店任厨师，其2015年月平均工资为4500元。于某称其每天工作时间为10：00至14：00及17：00至21：00，每周工作六天，休息一天，故每周存在一天休息日加班的情况。某饭店不予认可，称于某每天工作时间为11：00至14：00及17：00至20：00，其公司每周至少安排于某休息一天。

于某就其加班的主张提交了两位证人的证言及工资条，两位证人出庭作证，证实于某每天工作八小时，每周工作六天，企业未曾安排补休也未支付过休息日加班费。某饭店对证人证言的真实性不予认可。因工资条时间段并不连续，涉及本案诉争期间的工资条有2014年3月、2015年3月及2015年8月，工资条未显示有加班费。

某饭店对工资条的真实性不予认可，称其饭店每月固定向于某支付加班费1000元至1300元不等，故其即便存在加班，也已足额支付了加班费，并就其主张提交了2014年及2015年工资收入台账，其上显示工资构成有加班工资一栏，2014年加班工资每月均为1300元，2015年每月约1000余元。于某对此并不认可。某饭店另主张，即便应当支付加班费，亦应按照集体合同约定而非于某的月平均工资作为计算基数。该单位就此主张提交了其饭店第三届职工代表大会第五次会议签到表、其饭店集体合同及人力资源和社会保障局集体合同备案受理通知书。签到表显示会议时间为2014年3月5日，其中有某饭店员工代表签字，但无于某签字；集体合同第十一条约定，企业安排职工加班，所支付的加班工资标准按照北京市的有关规定执行。职工加班工资基数可以由本企业和工会协商确定，但不得低于当年本市最低工资标准；集体合同备案受理通知书显示2014年3月19日人力资源和社会保障局对某饭店报送的集体合同进行备案受理。

争议焦点

加班举证责任如何分配、加班费计算基数如何确认。

审理结果

某饭店向于某支付 2014 年 1 月 26 日至 2015 年 12 月 31 日休息日加班费。

评析意见

《最高人民法院关于审理劳动争议案件适用法律若干问题的解释（三）》第九条 [现为《最高人民法院审理劳动争议案件适用法律问题的解释（一）》第四十二条，后同] 规定，劳动者主张加班费的，应当就加班事实的存在承担举证责任。但劳动者有证据证明用人单位掌握加班事实存在的证据，用人单位不提供的，由用人单位承担不利后果。本案中，某饭店认可于某每周只休息一天，应当就于某每天工作时间及每周工作时间不超过四十小时承担举证责任。现某饭店虽主张于某每周工作时间不超过四十小时、不存在加班，但该主张与其提交的工资收入台账中明确载明加班工资明显矛盾，且其亦未就于某每天工作时间提供证据。另外，某饭店关于不存在加班事实与已足额发放加班费之陈述前后矛盾。综上，应采信于某存在休息日加班的主张。另，本案中，劳动合同虽约定工资标准，但与劳动合同实际履行过程中的实际工资不吻合，且 2015 年月平均工资为 4500 元，可见双方已经就工资标准达成新的合意，故不应按照劳动合同约定的工资作为加班费的计算基数。集体合同并未对加班工资的计算基数做出明确约定，故应以于某 2015 年月平均工资作为基数核算加班费。

关于加班事实的举证责任分配。在民事诉讼中，举证责任一般是按照谁主张谁举证的原则，即谁提出请求，谁就要证明请求所依据事实存在，否则就得不到法律的支持。而在劳动争议纠纷案件中的举证责任，并不完全依照民法上的谁主张谁举证原则，而是规定了一部分举证责任应当由用人单位来承担。《最高人民法院关于审理劳动争议案件适用法律若干问题的解释（三）》第九条规定："劳动者主张加班费的，应当就加班事实的存在承担举证责任。但劳动者有证据证明用人单位掌握加班事实存在的证据，用人单位不提供的，由用人单位承担不利后果。"根据该规定，劳动者就加班事实存在承担初步举证责任，如果劳动者穷尽手段，提供了一定证据能形成证据链证明加班事实，如照片、复印件、日志、电子邮件等，并且所有证据均指向用人单位掌握存在加班事实的原件，则不应由于用人单位简单否认证据的真实性而对劳动者的主张不予采信。并应在劳动者初步举证责任完成的基础上，将举证责任转移至用人单位。

《工资支付暂行规定》规定，用人单位必须书面记录支付劳动者工资的数额、时间、领取者的姓名以及签字，并保存两年以上备查。用人单位在支付工资时应向劳动者提供一份其个人的工资清单。《北京市工资支付规定》第十三条规定，用人单位应当按照工资支付周期编制工资支付记录表，并至少保存二年备查。工资支付记录表应当主要包括用人单位名称、劳动者姓名、支付时间以及支付项目和金额、加班工资金额、应发金额、扣除项目和金额、实发金额等事项。根据上述规定，用人单位负有提供自争议发生之日起两年内关于工资支付记录及考勤记录的义务，如未予提供，或提供的证据自相矛盾、存在瑕疵又无法自圆其说的，均应承担相应的不利后果。两年之外的，应由劳动者承担举证责任。

关于加班费计算基数。《北京市工资支付规定》第四十四条规定，加班工资的计算应当首先按照劳动合同约定的劳动者本人工资标准确定；劳动合同没有约定的，按照集体合同约定的加班工资基数以及休假期间工资标准确定；劳动合同、集体合同均未约定的，按照劳动者本人正常劳动应得的工资确定。现实中，用人单位为逃避责任，经常存在劳动合同约定的工资标准与实发月工资标准并不相符的情况，故在审理过程中，对于有劳动合同的情况下，我们还应核对劳动合同所载工资标准是否是劳动者的真实月工资标准。用人单位提供了集体合同的，集体合同中还应载有明确的加班工资基数。如上述两种情形均不存在，或约定不明确，如使用“不低于最低工资标准”“基本工资加奖金、绩效（浮动）”等无法确定具体数额的表述，应按照劳动者本人正常劳动应得的工资确定，通常即为月平均工资。

6. 加班事实举证责任的考量

基本案情

董某于2012年6月4日诉至仲裁委，称自己于2019年8月1日入职北京市某食品加工公司，约定月工资为3000元。在职期间，公司经常要求职工加班加点，但并未支付加班工资。公司发工资时，也从来不给员工工资条，只是要求员工签完字后领取现金。为此，董某曾多次与公司交涉要求支付加班工资，公司未给出任何书面承诺。在仲裁委审理过程中，北京市某食品加工公司的委托代理人表示：根据《最高人民法院关于审理劳动争议案件适用法律若干问题的解释（三）》的规定，董某说加班就应该拿出证据来，如果他拿不出公司安排加班和未支付加班费的证据，仲裁委就不应采信董某的主张。公司已经足额支付工资，就此，北京市某食品加工公司提交了工资表和考勤表，董某对工资表和考勤表予以认可，但表示在考勤表记录的加班之外还有部分加班未记录。

董某请求某食品加工公司支付其2010年8月1日至2012年5月30日加班费共计15000元。

争议焦点

加班事实的举证责任应当由谁承担。

审理结果

仲裁委裁决北京市某食品加工公司补齐加班工资差额。

评析意见

加班费是指劳动者按照用人单位生产和工作的需要在规定工作时间之外继续生产、劳动或者工作所获得的劳动报酬。根据法律规定，用人单位在延长劳动者工作时间的情况下，应当支付高于劳动者正常工作时间工资的工资报酬，即加班费。《劳动争议调解仲裁法》第六条规定了“发生劳动争议，当事人对自己提出的主张，有责任提供证据”。也就是说，通常情况下，在劳动争议案件中实行“谁主张、谁举证”的举证规则。根据《最高人民法院关于审理劳动争议案件适用法律若干问题的解释（三）》第九条的规定，劳动者主张加班费的，应当就加班事实的存在承担举证责任。故此，本案中董某对自己加班事实的存在应当承担举证责任，董某却未提交证据证实。而用人单位提交的工资表和考勤表中，对于计算加班费的计算方式存在错误，该事实客观地反映了董某存在加班的事实。故，仲裁委综合庭审情况，根据《北京市工资支付规定》的相关规定，对于延时加班、双休日加班应以工资标准的150%、200%进行计算，对于少计算的加班工资数额部分，裁决用人单位应当补足差额。

7. 安排带薪年休假是法定义务吗

基本案情

关某于2013年8月1日入职某酒店，从事后厨工作，双方订立了为期2年的劳动合同。2015年7月31日，劳动合同到期，某酒店未与关某续订劳动合同，并向关某支付了2个月工资作为终止劳动合同的经济补偿。关某提出，其工作期间未休过带薪年休假，某酒店应按照其未休年休假天数向其支付三倍工资作为补偿。某酒店认为，关某工作期间从未提出过休带薪年休假，且酒店的规章制度规定带薪年休假跨年不休即作废，故不同意支付未休带薪年休假的补偿。因双方未能就此达成一致，关某于2015年9月向仲裁委提出仲裁申请。

争议焦点

带薪年休假由单位统筹安排，劳动者未休年休假需补偿。

审理结果

支持关某支付未休带薪年假补偿的仲裁请求。

评析意见

按照《职工带薪年休假条例》《企业职工带薪年休假实施办法》的相关规定，劳动者连续工作一年以上的，即可享受带薪年休假。用人单位应根据生产、工作的具体情况，并考虑劳动者本人意愿，统筹安排劳动者年休假。用人单位因生产、工作特点确有必要跨年度安排职工年休假的，可以跨一个年度安排。用人单位应当保证劳动者享受年休假。是否休年休假应由单位统筹安排，而不以劳动者提出休年休假为必要条件。用人单位安排劳动者休年休假，但是劳动者因本人原因且书面提出不休年休假的，用人单位可只支付正常出勤期间的工资，而无须另外支付未休年休假的补偿。对于劳动者应休未休年休假天数，用人单位应按照劳动者日工资收入的300%支付未休年休假工资报酬，其中包含用人单位支付劳动者正常工作期间的工资收入。本案中，关某在入职某酒店之前，已经连续工作超过一年，已经具备休带薪年休假的法定条件。某酒店在关某工作期间未安排其休带薪年休假，且关某要求支付2013年至2015年未休带薪年休假补偿的请求未超过仲裁时效。某酒店已向关某支付了正常出勤期间的工资，故只需按照关某未休年休假天数向其额外支付两倍的工资作为补偿。

8. 带薪年休假与福利年假有何区别

基本案情

孙某曾任职于某科技公司，双方于2014年4月1日建立劳动关系并签订劳动合同，于2015年4月1日解除劳动合同关系。孙某与某科技公司签订的劳动合同约定：孙某月工资标准为25000元，自本合同签订之日起每年的基础年休假为10天，每连续工作1年年休假增加1天（福利年假）。孙某主张，其在某科技公司工作期间，某科技公司未安排其享受每年的基础年休假，应支付其2014年4月1日至2015年3月31日未休10天带薪年休假工资，支付福利年假的补偿金。某科技公司认可孙某未享受过在职期间的年休假，主张该年休假天数应按照孙某在其公司的工作年限计算，不认可其主张福利年休假的经济补偿金诉求。孙某未就其入职某科技公司之前的累计工作年限情况进行举证。

争议焦点

用人单位的福利假与带薪年休假的区别。

审理结果

驳回孙某的该项请求。

评析意见

《职工带薪年休假条例》第三条第一款规定："职工累计工作已满1年不满10年的，年休假5天；已满10年不满20年的，年休假10天；已满20年的，年休假15天。"根据《企业职工带薪年休假实施办法》第四条的规定，"年休假天数根据职工累计工作时间确定"。对于孙某入职某科技公司之前的累计工作年限，孙某作为劳动者具有比用人单位更强的举证能力，故孙某应对其累计工作年限情况负举证责任。现孙某未对此进行举证，本案虽未涉及法定年假天数的争议，但对福利年假是否视同法定年假产生争议。孙某与某科技公司签订的劳动合同中约定了孙某“每年的基础年休假为 10 天，每连续工作 1 年年休假增加 1 天”。用人单位有权在保障劳动者享受法定带薪年休假的基础上和劳动者约定额外的公司福利性年休假。某科技公司与孙某并不存在公司福利年假未休是否需要支付未休补偿金的约定，现孙某要求某科技公司按照未休法定带薪年休假工资的标准支付其未休福利年休假报酬的请求，于法无据。

9. 享受带薪年假的条件有哪些

基本案情

王某于 2014 年 6 月 1 日入职某物业公司，从事电工工作，双方订立了为期 2 年的劳动合同，约定王某的月工资为 5000 元。劳动合同到期时，王某选择不与物业公司续订劳动合同。离职结算时，王某提出工作期间未休带薪年休假，故要求支付相应的补偿。物业公司同意向王某支付相应的补偿，但只同意向王某支付入职满一年后的未休年休假工资报酬。王某则认为，入职物业公司之前，其累计工作年限已达 10 年以上，每年应享有 10 天带薪年休假，其入职当年就应享有相应的年休假。因双方发生争议，王某向仲裁委提出仲裁申请，要求物业公司支付全部工作期间的未休年休假工资报酬。仲裁委审理后认为，王某在 2014 年 1 月至 5 月在前一用人单位工作时未休年休假，其入职物业公司之前已经具有 10 年以上的累计工作年限，故王某入职物业公司的当年即可享受年休假，无须在物业公司工作满一年后才可享受年休假。后仲裁委裁决物业公司向王某支付了在物业公司全部工作期间的带薪年休假工资报酬，并对该案实行了一裁终局。

争议焦点

带薪年假的工龄计算为劳动者参加工作后累计工作年限，非本单位工作年限。

审理结果

支持王某支付未休带薪年假补偿。

评析意见

实践中，一些用人单位将员工休年休假的条件设定为必须在本单位连续工作满 1 年。《企业职工带薪年休假实施办法》第三条规定：职工连续工作满 12 个月以上的，享受带薪年休假；该法第五条规定：职工新进用人单位且符合本办法第三条规定的，当年度年休假天数，按照在本单位剩余日历天数折算确定，折算后不足 1 整天的部分不享受年休假。前款规定的折算方法为：（当年度在本单位剩余日历天数 ÷365 天）× 职工本人全年应当享受的年休假天数。从上述规定来看，只要劳动者在新入职之前已经连续工作满 12 个月以上，即可在新用人单位享有当年度的带薪年休假，而无须在新单位再次工作满 12 个月后才能享有，新用人单位不得以此为由限制或剥夺劳动者的休假权利。

终局裁决制度是指劳动争议案件经仲裁裁决后即发生法律效力，用人单位一方不得再向人民法院提起诉讼。按照《劳动争议调解仲裁法》第四十七条的规定，涉及追索劳动报酬、工伤医疗费、经济补偿或者赔偿金，不超过当地月最低工资标准十二个月金额的争议，以及因执行国家的劳动标准在工作时间、休息休假、社会保险等方面发生的争议，实行终局裁决。很多劳动者在自身的劳动权益受到损害时，不愿维权，主要是因为维权的时间成本过高，使维权变得更为艰难。对劳动争议案件进行有条件的终局裁决，可以帮助劳动者尽快讨回公道，防止用人单位恶意拖延时间，让劳动者正当的劳动权益得到及时维护。在终局裁决之下，更多的用人单位面对高效的劳动仲裁效率，会有所忌惮，不敢随意损害劳动者合法权益。

10. 无法享受带薪年休假的情形

基本案情

陈某于2014年4月1日入职某信息科技公司，双方订立了为期5年的劳动合同。2018年9月28日，因客观情况发生重大变化，信息科技公司未能就协商变更劳动合同达成一致，故提出与陈某解除劳动合同，并依法向其支付了解除劳动合同经济补偿。陈某提出，其累计工作年限10年以上不足20年，其2018年应享有10天带薪年休假，因工作原因其未能休2018年的带薪年休假，故要求某信息科技公司支付相应的补偿。某信息科技公司认为，陈某因自身原因未提出休2018年年休假，且在2017年年初休完当年度10天带薪年休假后，休病假长达2个月，故不同意支付该补偿。因双方发生争议，陈某向仲裁委提出仲裁申请，要求某信息科技公司支付2018年未休带薪年休假的工资报酬。

争议焦点

符合法定情形劳动者才可不享受当年度年休假。

审理结果

支持陈某要求某信息科技公司支付未休带薪年假补偿的仲裁请求。

评析意见

《职工带薪年休假条例》第四条规定："职工有下列情形之一的，不享受当年的年休假：（一）职工依法享受寒暑假，其休假天数多于年休假天数的；（二）职工请事假累计 20 天以上且单位按照规定不扣工资的；（三）累计工作满 1 年不满 10 年的职工，请病假累计 2 个月以上的；（四）累计工作满 10 年不满 20 年的职工，请病假累计 3 个月以上的；（五）累计工作满 20 年以上的职工，请病假累计 4 个月以上的。"《企业职工带薪年休假实施办法》第八条规定："职工已享受当年的年休假，年度内又出现条例第四条第（二）、（三）、（四）、（五）项规定情形之一的，不享受下一年度的年休假。"因陈某在 2017 年年初休完当年度 10 天带薪年休假，随后休病假 2 个月，故 2017 年度休病假并未达到 3 个月以上，依照相关规定，其仍然有权享受 2018 年度带薪年休假。某信息科技公司仍须向其支付 2018 年未休年休假的工资报酬。此外，根据《企业职工带薪年休假实施办法》第十条第二款的规定，劳动者因本人原因且书面提出不休年休假的，用人单位亦只需支付其正常工作期间的工资收入而无须额外支付补偿。

11. 未申请带薪年休假能否视为放弃

基本案情

孔某于2012年3月1日入职某互联网公司，双方订立了为期5年的劳动合同。2017年2月28日，劳动合同到期，互联网公司通知不与孔某续订劳动合同。在办理离职手续并领取终止劳动合同经济补偿时，孔某提出，2015年至2017年，因工作繁忙，其未能休带薪年休假，故要求互联网公司支付相应的补偿。互联网公司认为，孔某因自身原因未提出休年休假，按照公司员工手册的规定，每年12月31日之前未提出休年休假的，属于自动放弃当年年休假，故公司无须支付补偿。因双方发生争议，孔某向仲裁委提出仲裁申请，要求互联网公司支付未休年休假的工资报酬。

争议焦点

劳动者不申请休带薪年休假，是否就意味着放弃了带薪年休假。

审理结果

对孔某的仲裁请求予以支持。

评析意见

非经劳动者书面且系因个人原因提出不休年休假，不等同于其放弃年休假补偿。《企业职工带薪年休假实施办法》第九条规定：用人单位根据生产、工作的具体情况，并考虑职工本人意愿，统筹安排年休假。用人单位确因工作需要不能安排职工年休假或者跨一个年度安排年休假的，应征得职工本人同意。该法第十条第二款规定：用人单位安排职工休年休假，但是职工因本人原因且书面提出不休年休假的，用人单位可以只支付其正常工作期间的工资收入。从上述规定可以看出，年休假应由用人单位统筹安排，且在劳动者本人同意的情况下可跨一个年度安排。本案中，互联网公司的员工手册中虽规定每年12月31日之前未提出休年休假的，属于自动放弃当年年休假，但并无证据表明孔某曾书面提出因个人原因不休年休假，且上述员工手册中的规定也违反了《职工带薪年休假条例》的相关规定，故裁决支持孔某的仲裁请求。

12. 未休带薪年休假工资的仲裁时效如何界定

基本案情

张某于2013年2月1日入职某科技公司。入职后，某科技公司一直未安排张某休带薪年休假。2017年10月10日，张某向仲裁委员会提起了仲裁申请。至庭审时，张某的工作年限未满十年，与某科技公司的劳动关系尚未解除。双方当事人在庭审中均未对某科技公司安排职工休年假的方式举证。张某主张年假可以跨年度安排，且获得未休年假工资的权利应受特殊时效制度保护；某科技公司则认为一个公历年度的年假仅应在当年度安排，且张某的请求已经超过仲裁时效。张某要求某科技公司支付其2014年2月1日至2017年10月10日的未休带薪年休假工资。

争议焦点

未休带薪年休假的工资有仲裁时效的限制吗？

审理结果

某科技公司支付张某2015年1月1日至2015年12月31日的未休年假工资、驳回其他仲裁请求。

评析意见

《劳动争议调解仲裁法》第二十七条规定了劳动争议仲裁的时效期间为一年，但仲裁时效的起算点有两种：一是一般时效，自当事人知道或应当知道其权利被侵害之日起计算；二是特殊时效，对于劳动关系存续期间发生的劳动报酬争议不受一般时效制度的规制，但当事人应在劳动关系终止之日起一年内就劳动报酬争议提起仲裁申请。

未休年假工资的性质决定了其所适用的时效制度。早在1995年出台的《劳动法》中，我国便明确了劳动者享有休息年假的权利。2008年施行的《职工带薪年休假条例》将“维护职工休息休假权利，调动职工工作积极性”作为立法原则写在了条例之首，该立法原则显示了年假制度系为了满足劳动者生存利益外更高层次的人权需求，同时鼓励劳动者更好地投入工作和生活。而在劳动者因实际生产情况无法享受带薪年休假时，根据《企业职工带薪年休假实施办法》第十条的规定，用人单位应当对职工应休未休年休假天数，按照其日工资收入的300%支付未休年休假工资报酬，其中包含用人单位支付职工正常工作期间的工资收入。由此可见，未休年假工资是用人单位对劳动者应休未休年假的替代性补偿，虽然其数额与劳动者的日工资相关，但与作为具体劳动对价、保障劳动者生存条件的劳动报酬的性质明显不同。因此，未休年假工资（200% 日工资部分）作为一种经济补偿金，应当适用一般时效制度。

根据未休年假工资争议的仲裁时效起算点，因年假安排方式不同。《职工带薪年休假条例》第五条第二款规定，年休假在一个年度内可以集中安排，也可以分段安排，一般不跨年度安排。单位因生产、工作特点确有必要跨年度安排职工年休假的，可以跨一个年度安排。也就是说，用人单位根据生产、工作的具体情况，可以在当年度安排劳动者休当年度的年假，也可以将劳动者当年度的应休年假安排在次年度休息。在跨年度安排劳动者休本年度年假时，次年的 12 月 31 日为劳动者知道或者应当知道其相关权益受到侵害的时间点，仲裁时效期间也应自次年 12 月 31 日起算；在不跨年度安排劳动者休年假时，仲裁时效期间则为当年 12 月 31 日起的一年内。

年假安排方式由用人单位承担举证责任。《职工带薪年休假条例》第五条第一款规定："单位根据生产、工作的具体情况，并考虑职工本人意愿，统筹安排职工年休假。"法律既赋予用人单位统筹安排劳动者休年假的权利，在发生争议时，用人单位即有责任就年假的安排方式进行举证。特别地，因年假属于涉及劳动者切身利益的重大事项，根据《劳动合同法》第四条的规定，用人单位在制定、修改或者决定有关休息休假的规章制度或者重大事项时，应当经职工代表大会或者全体职工讨论，提出方案和意见，与工会或者职工代表平等协商确定。在双方当事人就年假的安排方式存在争议时，应由用人单位承担举证责任。

本案中，双方当事人对某科技公司安排年假的方式持有不同主张，在某科技公司未举证证明该公司年假安排方式的情况下，应当承担不利后果。仲裁委采信了张某关于某科技公司的年假系跨年安排的主张。张某知道或应当知道其关于2015年度年假权益受到侵害的时间为2016年12月31日，自该日起一年内仲裁委应对张某的年假相关权利予以保护。张某于2017年10月10日提起关于2015年度未休年假工资的仲裁申请，尚处于仲裁时效期间内，因某科技公司既未在2016年12月31日前安排张某休2015年度年假亦未支付张某未休年假工资，对张某关于2015年1月1日至2015年12月31日未休年假工资的仲裁请求，仲裁委予以支持。但张某关于2014年2月1日至2014年12月31日的未休年假工资请求已经超过仲裁时效，仲裁委不予支持。因双方劳动关系尚未解除，而2017年度至庭审时尚至10月，因此，某科技公司仍可继续安排张某休2016年度和2017年度的年假，张某相关年假权利并未受到侵害，仲裁委因此对张某要求支付2016年1月1日至2017年10月10日未休年假工资的请求不予支持。

第六章

社会保险

1. 持有“保证书”可以不缴纳社会保险吗

基本案情

杨某于2008年3月进入某食品公司工作，工作岗位为操作工，双方签订了《劳动合同书》，但食品公司没有为杨某缴纳社会保险。2014年6月24日，杨某以食品公司未为其缴纳社会保险为由提出解除劳动合同，并向食品公司邮寄了《解除劳动合同通知书》。该食品公司主张，没有给杨某缴纳社会保险是因其本人曾向单位写了自愿不缴纳社会保险的“保证书”，所以未缴纳社会保险的责任在于杨某本人，不同意支付解除劳动合同经济补偿金。仲裁委审理后认为，根据《社会保险法》及相关规定，用人单位应自用工之日起30日内为劳动者办理社会保险缴纳手续。

争议焦点

缴纳社保可以因双方约定或个人意愿而不执行吗？

审理结果

食品公司支付杨某解除劳动合同经济补偿金。

评析意见

杨某于2008年进入食品公司工作，虽然写了自愿不缴纳社会保险的保证书，但依法缴纳社会保险是劳资关系双方的法定义务。《劳动法》第七十二条规定，社会保险基金按照保险类型确定资金来源，逐步实行社会统筹。用人单位和劳动者必须依法参加社会保险，缴纳社会保险费。可见，依法缴纳社会保险是法律规定的一项强制性义务，即便杨某写了保证书，不为其缴纳社会保险也是违法的，食品公司的辩解不能作为未缴纳社会保险的理由。根据《劳动合同法》第三十八条第一款第三项的规定，用人单位未依法缴纳社会保险的，劳动者可以解除劳动合同，用人单位还需要支付解除劳动合同经济补偿金。

依法缴纳社会保险虽然让用人单位承担一些费用，但可以规避可能发生的风险，如用人单位依法缴纳了工伤保险，劳动者发生工伤意外时所引发的支付工伤待遇的费用由工伤保险基金支付，医疗、生育、失业、养老等也类似。但如果用人单位未依法缴纳社会保险造成劳动者损失的，用人单位是要承担赔偿责任的，孰轻孰重不言自明。

2. 社保费折现支付给个人合法吗

基本案情

张某系外地农民工，于2014年8月入职某餐饮公司，从事后厨工作，双方订立了为期3年的劳动合同，约定其月工资为4000元。同时，双方订立了一份《社保补偿协议》约定，因张某本人原因不要求餐饮公司为其缴纳社会保险费，餐饮公司将每月社保费用折现为500元支付给张某，张某自行承担放弃缴纳社会保险费的相关法律后果等。

2016年7月，张某以餐饮公司未依法为其缴纳社会保险费为由提出解除劳动合同，并要求公司支付其解除劳动合同经济补偿金，同时还提出要求公司为其补缴在职期间的社会保险费。餐饮公司辩称，其已将社保费每月折现足额支付给了张某，现在张某却反过来要单位为其缴纳社会保险，违背诚信原则，故不同意支付张某经济补偿金。仲裁委审理后认为，张某与餐饮公司所订立的《社保补偿协议》违反法律的强制性规定，应属无效。

争议焦点

将社保费用现金折现支付给劳动者，是否合法？

审理结果

双方达成调解，餐饮公司为张某补缴社会保险费，并支付部分经济补偿金。张某返还每月所得 500 元。

评析意见

按照《社会保险法》的相关规定，用人单位与劳动者均负有依法缴纳社会保险费的义务。本案中，餐饮公司与张某签订了《社保补偿协议》，张某每月获得了更多的工资，餐饮公司也可以少承担一些社保费用，似乎两者都有利，但存在张某在生病、生育、年老等情况下，无法获得相应社会保障的巨大风险，从而最终损害个人、用人单位乃至社会利益。虽然张某有违“诚信”原则，但由于《社保补偿协议》本身不具有法律效力，且用人单位有代扣代缴社会保险费的法定义务，未依法缴纳社会保险费的事实成立，单位虽然主张该费用折现给了张某本人，但因操作不合法不能支持。故在张某以此为由提出解除劳动合同时，餐饮公司依法仍需支付其解除劳动合同的经济补偿金。

3. 工伤六级是否可以拒绝提供正常劳动

基本案情

代某于2012年8月6日入职某技术公司从事生产线组装工作。2017年2月21日在工作中不慎触电，经医院诊断后为左手坏死，需截掉四根手指。2017年4月7日经区人力资源和社会保障局认定为工伤，2018年3月6日，经北京市顺义区劳动能力鉴定委员会鉴定，伤残等级为六级。

2018年4月18日，公司通知代某到岗工作，代某表示因工伤原因无法继续从事生产线组装工作。后公司又安排其到行政部工作，主要负责收发文件及公司通知的上传下达，工资福利待遇不变，代某亦表示不能胜任，而公司表示可以先对其进行培训，也遭到代某的拒绝。此后，公司先后与代某协商为其安排前台、保洁员等工作，直至公司要求代某每天只需到公司办公室报到，无须从事具体工作，但需遵守公司的作息时间，代某均表示无法接受。自2018年5月10日，代某就未到公司报到，公司于2018年5月16日向代某邮寄了限期到岗通知书，告知其按时到公司出勤，否则将承担相应的责任。代某收到该通知依旧未按通知的要求到公司报到，公司于2018年5月30日向代某发送了解除劳动合同通知书，理由为代某未按公司规定的时间到公司报到，旷工已经超过7天，严重违反公司的考勤管理规定，属于严重违反规章制度的行为。代某对公司做出的解除劳动合同的决定不服，向劳动人事争议仲裁委员会申请仲裁，要求裁决公司继续履行双方订立的劳动合同。

争议焦点

职工因工致残被鉴定为六级伤残的，如严重违反用人单位的规章制度，用人单位是否可以解除劳动合同?

审理结果

裁决驳回代某的仲裁请求。

评析意见

根据《工伤保险条例》第三十六条的规定，职工因工致残被鉴定为六级伤残的，享受以下待遇：（一）从工伤保险基金按伤残等级支付一次性伤残补助金，六级伤残为16个月的本人工资；（二）保留与用人单位的劳动关系，由用人单位安排适当工作。难以安排工作的，由用人单位按月发给伤残津贴，六级伤残为本人工资的60%，并由用人单位按照规定为其缴纳应缴纳的各项社会保险费。伤残津贴实际金额低于当地最低工资标准的，由用人单位补足差额。经工伤职工本人提出，该职工可以与用人单位解除或者终止劳动关系，由工伤保险基金支付一次性工伤医疗补助金，由用人单位支付一次性伤残就业补助金。

通过上述规定可知，除了工伤保险基金应当支付的补助金以外，达到六级的伤残职工和用人单位有三个选项：一是保留与用人单位的劳动关系，由用人单位安排适当工作；二是难以安排工作的，由用人单位按月发给伤残津贴；三是经工伤职工本人提出，该职工可以与用人单位解除或者终止劳动关系，由工伤保险基金支付一次性工伤医疗补助金，由用人单位支付一次性伤残就业补助金。

但在实践中，用人单位安排“适当的”工作如何界定，“难以安排工作”如何把握，我国法律、法规并未进行明确的规定，安排工作是权利，还是义务，还是既是权利又是义务，工伤职工因受伤害部位的不同，被鉴定为六级不一定就会丧失劳动能力，不一定所有的工作劳动者就都不能适应，如果用人单位穷尽一切手段合理安排劳动者，维持或者提高受伤前劳动者的工资福利待遇，而且工作岗位不具有明显的不合理或侮辱性，劳动者不服从用人单位的安排管理，且行为也已经违反用人单位的规章制度，用人单位是否可以行使解除权？《劳动合同法》第三十九条明确规定用人单位可以解除劳动合同的情形，而且结合《劳动合同法》其他关于用人单位可以解除劳动合同的条款，第三十九条的规定可以说是排除性规定，即劳动者存在特殊的情形，如三期女职工、医疗期满职工，只要劳动者存在该条款的情形，用人单位即可以解除劳动合同并无须支付补偿。

从《工伤保险条例》第三十六条和第三十五条的对比来看，首先规定的均是保留劳动关系，从该字眼的含义来看，保留即为保存不改变、暂时留着不处理的意思。从立法本意来看，职工因为工作原因受伤，而且根据受伤的程度以及对未来就业能力的影响和不确定性，公司应当保障工伤职工的权益，但同时立法机关又考虑到六级伤残的特殊性给予了劳动者和用人单位自主选择。鉴于劳动关系的性质，劳动者让渡劳动力在用人单位的管理下从事有报酬的劳动是劳动关系的本质特征，因此劳动者接受用人单位的管理和安排是用人单位用工自主权的体现，当然，用人单位需在法律规定的范围内行使该权利。因此，这就要求裁判机关对用人单位安排适当工作以及难以安排工作进行合理认定，对于该条款主要有以下几点需要明确：一是用人单位安排工作是否需要与劳动者协商；二是难以安排工作如何界定。根据《劳动合同法》第三十五条的规定，用人单位与劳动者协商一致，可以变更劳动合同约定的内容。变更劳动合同，应当采用书面形式。从一般情况来看，受伤达到五级或六级的工伤职工继续从事原工作的可能性不是很大，用人单位安排适当工作势必会涉及调整工作岗位，而根据《劳动合同法》的规定，调整岗位需要协商一致，但从《工伤保险条例》的立法目的来看，用人单位安排适当工作是义务，是对工伤职工的一种特殊保护措施。

同时，考虑到劳动关系的性质，劳动者也应当服从用人单位的安排和管理。在此情况下，安排适当工作应当遵循公平、合法、合理、平等自愿、协商一致、诚实信用的原则，双方就工作达成合意。具体来说：首先是用人单位应当基于劳动者受伤害部位并结合其单位的生产经营、工作岗位的合理需要；其次是应当维持或提高工伤职工的薪酬福利待遇；最后是新调整的岗位不具有侮辱性。因此，既然工伤保险条例规定了用人单位安排适当工作，用人单位按照上述原则为劳动者提供了相应的工作岗位，那么劳动者也应当服从安排，不服从或者严重违反单位的规章制度用人单位可行使解除权。本案中代某虽系工伤六级，但其几次拒绝提供正常工作的行为，严重违反某技术公司的规章制度，故某技术公司提出与代某解除劳动关系，并无不妥。

4. 工伤职工给用人单位造成经济损失的，需要赔偿吗

基本案情

黄某是某城镇集体所有制包装容器厂的一名老职工，自1996年4月入厂直至2012年4月，厂龄已达16年。根据黄某在该厂工作的实际工龄，其已符合续订无固定期限劳动合同的条件。2012年5月，在黄某原劳动合同到期后，该包装容器厂与黄某续签了无固定期限劳动合同，约定月工资为15000元。2012年7月，黄某在工作中因意外事故导致腰部扭伤，经当地劳动和社会保障行政部门认定，确认其为工伤。后经劳动鉴定委员会确认黄某应休工伤医疗期为6个月。医疗期满后，黄某恢复上班。可是让容器厂领导想不到的是，黄某伤愈后经常以自己有工伤为由擅自脱岗，工作非常懒散，厂领导多次对其提出批评，但黄某均未改正，最终在其分管的发货工作中因其严重失职，直接导致一批货物被误发，给工厂造成4万元的经济损失。经容器厂领导讨论，决定给予黄某记大过处分，并责令其赔偿经济损失4万元，赔偿金从其每月工资中逐月扣除3000元，直至扣完为止。黄某对厂方的处理决定不服，以自己享受工伤待遇为由，到仲裁委申请仲裁，请求厂方撤销赔偿决定并补发所扣工资。

争议焦点

工伤职工给用人单位造成经济损失的，也应依法承担赔偿责任。

审理结果

驳回黄某的仲裁请求。

评析意见

根据原劳动部《工资支付暂行规定》第十六条的规定，因劳动者本人原因给用人单位造成经济损失的，经济损失的赔偿，可从劳动者本人的工资中扣除。本案中，黄某在发生工伤后，工作期间经常擅自脱岗，工作懒散，经厂领导批评教育也不悔改，最终由于其严重失职直接导致发货错误，给该容器厂造成货物托运费损失 4 万元。在此情况下，容器厂依法从黄某工资中扣除经济损失赔偿金的行为，不属于克扣工资，该行为合法有效。

目前在一些用人单位中，有个别工伤职工以因工负伤、享受工伤待遇等为由，在实际工作中不能严格遵守劳动合同约定或用人单位规定的劳动纪律，不仅会给用人单位造成经济损失，同时本人也会受到相应的处罚，影响到自己的工资收入。希望此案例能够引起广大劳动者的注意，工作中要注意遵守法律法规及劳动纪律，在依法维护自身合法权益的同时，也保障用人单位的合法权益不受侵害。

5. 工伤职工未经劳动能力鉴定就离职，期间社保费谁承担

基本案情

朱某系北京市某物业公司员工。2011 年 12 月朱某在工作中摔伤，

经医院诊断为肋骨骨折、双肺挫伤，后于2012年3月被认定为工伤，双方于2014年12月29日经协商一致解除劳动合同并签订解除协议，但双方均未申请过劳动能力等级鉴定。之后朱某要求某物业公司为其办理社会保险关系转移手续，某物业公司在办理社会保险减员手续时被告知，因朱某系工伤职工，未进行劳动能力等级鉴定无法办理减员，该公司遂于2015年10月下旬就朱某所受工伤向劳动能力鉴定委员会提出劳动能力鉴定申请。鉴定委员会分别于2015年11月至12月三次通知朱某进行鉴定，朱某皆因晚到或在旅途中未能鉴定。某物业公司自2015年1月至2016年1月为朱某缴纳了社会保险，并垫付了朱某个人缴费部分。现某物业公司申请仲裁要求朱某返还垫付的社会保险费用。

争议焦点

未进行劳动能力等级鉴定的工伤职工协商一致解除劳动关系后，社会保险费用应由谁承担。

审理结果

朱某返还物业公司2015年1月至2016年1月缴纳的社会保险费中的个人缴费部分。

评析意见

依据《劳动合同法》第五十条的规定，用人单位应当在解除或者终止劳动合同时出具解除或者终止劳动合同的证明，并在十五日内为劳动者办理档案和社会保险关系转移手续。现双方虽主张劳动合同已经于2014年12月29日解除，但鉴于朱某属于工伤职工，存在用人单位在办理工伤职工的社会保险减员手续前需要先申请对工伤职工进行劳动能力等级鉴定的特殊情形。某物业公司于2015年10月方才申请劳动能力鉴定，因先前尚未有劳动能力等级鉴定结论做出，导致该公司未能办理社会保险关系转移手续并持续为朱某缴纳社会保险，该责任不应由劳动者承担，故物业公司要求朱某返还2015年1月至2016年1月已缴纳的全部社会保险费用的请求依据不足。

但依据《社会保险法》的规定，用人单位和个人均应当依法缴纳社会保险费用，现物业公司已为朱某垫付上述期间社会保险个人缴费部分。对于工伤职工，依据《北京市工伤职工停工留薪期管理办法》第十条的规定，工伤职工停工留薪期满，就应当进行劳动能力鉴定。现朱某于2011年年底受伤，2012年3月已经被认定为工伤，此后在长达两年的时间内，某物业公司均未向劳动能力鉴定委员会提出鉴定申请，其怠于行使相关权利义务导致劳动者离职时其伤残等级及工伤待遇未能确定，某物业公司也未能办理社会保险减员手续，某物业公司应承担相应的法律责任。但期间，鉴定委员会分别于2015年11月、12月先后三次通知朱某进行劳动能力鉴定，皆因朱某晚到或在旅途中未能鉴定，据此，朱某亦应承担相应的责任。

依据《北京市工伤职工停工留薪期管理办法》第十二条的规定，工伤职工在停工留薪期内或者尚未作出劳动能力鉴定结论的，用人单位不得与之解除或者终止劳动合同。故某物业公司亦应当为劳动者缴纳社会保险直至劳动能力鉴定结论作出，某物业公司要求朱某返还2015年1月至2016年1月全部社会保险费依据不足。但是，《社会保险法》规定用人单位和个人均应当依法缴纳社会保险费用，且本案中朱某亦存在过失，故基于公平原则，朱某返还某物业公司为其垫付的社会保险个人缴费部分更为合理。

6. 非因公死亡补偿标准的认定

基本案情

2005 年 4 月 4 日，钱某入职北京市某汽车公司，担任出租车司机岗位，双方签订有书面劳动合同，劳动合同书中约定钱某实行不定时工作制。2010 年 9 月 30 日钱某到公司办理交车手续，并签署了一份解除劳动关系通知书。2011 年 12 月 12 日钱某患癌症病逝，钱某去世前某汽车公司一直为钱某缴纳社会保险，所以钱某家人要求确认钱某自 2005 年 4 月 4 日至 2011 年 12 月 12 日与汽车公司存在劳动关系。汽车公司主张 2010 年 9 月 30 日与钱某解除了劳动关系，之后双方不存在劳动关系，但认可确实为钱某代缴了社会保险，未能就仅是代缴的事实提交证据证明。现钱某妻子、父母和女儿共四人申请仲裁，要求某汽车公司支付丧葬费用，并自称是钱某直系供养亲属，要求支付一次性供养救济费。

争议焦点

非因公死亡的补偿标准如何确认。

审理结果

钱某与某汽车公司自 2005 年 4 月 4 日至 2011 年 12 月 12 日，双方存在劳动关系；某汽车公司支付丧葬费用 5000 元；驳回其他仲裁请求。

评析意见

非因工死亡人员的待遇，包括以下两项：

（一）丧葬补助费。不分职务级别，职工丧葬费的开支标准一律为 5000 元。

依据北京市《关于调整我市职工丧葬补助费开支标准的通知》（京财行〔2009〕70 号）的规定，北京市实行丧葬补助费包干使用办法。不分职务级别，将职工丧葬费的开支标准一律调整为 5000 元，发给死亡职工家属统筹用于有关装殓 (如 : 服装、整容、遗体存放、运送、火化、骨灰盒、存放埋葬等) 和遗体告别 (如 : 租赁礼堂、花圈、遗像放大) 等项费用开支。

（二）供养直系亲属的救济费。

《劳动保险条例实施细则修正草案》第二十三条规定，工人职员因病或非因工负伤死亡时、退职养老后死亡时或非因工残废完全丧失劳动力退职后死亡时，根据《劳动保险条例》第十四条乙款的规定，除由劳动保险基金项下付给本企业的平均工资二个月作为丧葬补助费外，并按下列规定由劳动保险基金项下一次付给供养直系亲属救济费：其供养直系亲属一人者，为死者本人工资六个月；二人者，为死者本人工资九个月；三人或三人以上者，为死者本人工资十二个月。

《北京市劳动和社会保障局、北京市财政局关于调整企业职工因病或非因工死亡后供养直系亲属救济费标准的通知》（京劳社养发〔2000〕221 号）第一条规定：企业职工和退休人员因病或非因工死亡后，仍按照《劳动保险条例》的有关规定，根据供养直系亲属的人数分别给相当于死者本人工资六个月、九个月、十二个月的救济费。“死者本人工资”指按死亡时全市最低工资为标准。

对于直系供养亲属的认定，《劳动保险条例实施细则修正草案》第四十五条规定，工人职员的直系亲属，其主要生活来源，系依靠工人职员供给，并合于下列各款规定之一者，均得列为该工人职员的供养直系亲属，享受劳动保险待遇：（一）祖父、父、夫年满六十岁或完全丧失劳动力者；（二）祖母、母、妻未从事有报酬的工作者；（三）子女（包括养子女，前妻或前夫所生子女，非婚生子女）、弟妹（包括同父异母或同母异父的弟妹）年未满十六岁；（四）孙子女年未满十六岁，其父死亡或完全丧失劳动力，母未从事有报酬的工作者。

某汽车公司主张2010年9月30日钱某到公司办理交车手续，双方解除劳动关系，并签订了解除劳动关系通知书。但是钱某家人不予认可，并主张双方此后仍存在劳动关系。由于某汽车公司为钱某缴纳社会保险至2011年12月12日，且某汽车公司没有证据证明是为钱某代缴社会保险，故依据《关于确定劳动关系有关事项的通知》之规定，双方2010年9月30日以后仍存在劳动关系，直至2011年12月12日钱某死亡，丧失建立劳动关系的主体资格。

本案中，钱某妻子、父母和女儿共四人申请仲裁，要求某汽车公司支付一次性供养救济金，但并未提交村镇两级出具的直系供养亲属证明，因此不能确认钱某父母的主要生活来源是否系依靠钱某供给；钱某的妻子仍在劳动年龄，无法确认是否从事有报酬的工作；其女儿已年满十六岁，不符合供养条件，亦不应列为直系供养亲属。故四名申请人均不能确认为钱某的直系供养亲属，仲裁委并未支持其要求支付供养直系亲属的救济费的请求。

7. 公司未缴纳生育保险医疗费由谁承担

基本案情

张某于2013年1月25日入职北京某公司，任导购员，月工资3500元，工资核算周期是每月10日发放上月工资。自2015年12月起，北京某公司为张某缴纳生育保险，2016年1月10日张某开始休假，2016年2月22日张某生育，2016年5月北京某公司停缴张某的社会保险。自2016年2月北京某公司未再支付张某工资。张某提交了协议书，记载张某入职北京某公司的时间是2013年1月，有北京某公司公章。张某提交了银行卡交易明细清单，记载其平均工资是3494.42元。张某提供了生育服务证，记载生育一个子女。张某提供了医学证明，记载孩子出生日期是2016年2月22日。张某提交了2015年7月至2016年2月北京市医疗门诊收费票据，其中在生育保险报销范围的是1832.64元。张某请求：1. 北京某公司支付2016年1月10日至2016年5月17日生育津贴25000元；2. 北京某公司支付2015年5月10日至2016年2月22日产检费用5000元。北京某公司无正当理由未到庭。本案缺席审理。

争议焦点

用人单位未依法缴纳生育保险，应承担怎样的法律责任。

审理结果

支持了张某仲裁请求中的合理部分。

评析意见

用人单位依法为职工缴纳生育保险，则职工享受的生育保险待遇由生育基金计发，若用人单位未依法缴纳生育保险，则职工享受的生育保险待遇由用人单位计发。职工的生育保险待遇包括生育医疗费用和生育津贴。生育医疗费用包括生育的医疗费用、计划生育的医疗费用，产前检查费用就属于生育的医疗费用范畴，换言之，产前检查费用也属于生育保险待遇范畴。

根据《北京市人力资源和社会保障局关于进一步完善企业职工生育保险有关问题的通知》的规定：（一）参保职工分娩前生育保险连续缴费满9个月的，其发生的生育、计划生育手术医疗费用和生育津贴由生育保险基金支付。（二）分娩之日前连续缴费不足9个月的，其发生的生育、计划生育手术医疗费用由生育保险基金支付，生育津贴由用人单位支付。（三）参保职工分娩前连续缴费不足9个月，分娩之月后连续缴费满12个月的，职工的生育津贴由生育保险基金予以补支。

《女职工劳动保护特别规定》第八条第一款规定，女职工产假期间的生育津贴，对已经参加生育保险的，按照用人单位上年度职工月平均工资的标准由生育保险基金支付；对未参加生育保险的，按照女职工产假前工资的标准由用人单位支付。

《北京市人力资源和劳动社会保障局关于调整本市职工生育保险政策有关问题的通知》第三条第一款（京人社医发〔2011〕334号）规定，参加本市生育保险的职工，因生育或计划生育享受产假的，产假期间可享受生育津贴。生育津贴按照职工所在用人单位月缴费平均工资除以30天再乘以产假天数计发。

依据以上法律规定，女职工的生育津贴发放分为以下两种情况：

第一，用人单位缴纳了生育保险。该种情况又分为三种：（一）用人单位足额按时缴纳生育保险，则生育津贴按照职工所在用人单位月缴费平均工资除以30天再乘以产假天数由生育基金计发；（二）参保职工分娩之前缴纳保险不足9个月，则女职工的生育津贴由用人单位支付；（三）参保职工分娩之前缴纳保险不足9个月，分娩之后缴费满12个月，则生育津贴由生育保险基金补支。

第二，用人单位未缴纳生育保险。这种情况下，女职工生育津贴按照女职工产假前工资标准由用人单位支付。

本案中，北京某公司于2015年12月为张某缴纳生育保险，张某于2016年2月22日生育孩子，北京某公司于2016年5月停缴张某社会保险，这种情形属于参保职工分娩前缴纳生育保险不足9个月且分娩之后未连续缴足12个月的情形，张某享受的生育津贴应当由用人单位支付，生育津贴的标准以女职工产假前工资标准除以30天再乘以产假天数计发。

对于享受生育津贴时间的问题。《女职工劳动保护特别规定》第七条规定，女职工生育享受98天产假，其中产前可以休假15天；难产的，增加产假15天；生育多胞胎的，每多生育1个婴儿，增加产假15天。

《北京市人力资源和社会保障局、北京市人口和计划生育关于调整本市职工生育保险相关政策的通知》（京人社医发〔2016〕99号）规定，根据新修正的《北京市人口与计划生育条例》增加生育奖励假30天，取消晚育假30天的规定，本市参加生育保险人员按规定生育的，增加享受生育奖励假30天的生育津贴，取消晚育假30天的生育津贴（2021年11月26日《北京市人口与生育条例》第三次修正，生育奖励假由30天延长到60天）。其享受的国家规定的产假和生育奖励假期间的工资，由生育保险基金按照生育津贴支付标准支付。

依据以上规定可知，女职工享受生育津贴的时间是128天，其中产假98天，生育奖励假30天，如果产前休假的，产假自产前15天开始计算。本案中，张某2016年1月休假，2月22日分娩，则其享受生育津贴的时间是2016年2月7日至2016年5月17日。

对于产检费用的问题。依据《北京市生育保险医疗费用支付范围及标准》（根据《2012年北京市生育保险报销标准汇总》适时调整）的规定，产前检查医疗费用按以下限额标准支付：妊娠1至12周末前的产前检查费：520元；妊娠1至27周末前的产前检查费：850元；妊娠13至27周末前的产前检查费：330元；妊娠13周至分娩前的产前检查费：880元；妊娠18周至分娩前的产前检查费：550元；妊娠至分娩前的产前检查费：1400元。本案中，张某提交了2015年7月至2016年2月北京市医疗门诊收费票据，其主张2015年7月至2015年11月产检费用，仲裁予以支持。

对于生育津贴的基数问题。女职工未缴纳保险或者是参保职工分娩前未缴费9个月的，女职工的生育津贴由用人单位支付，用人单位按照女职工的产前工资支付生育津贴。产前工资应该是本人产前12个月的平均工资。本案中张某于2016年2月22日生育孩子，则产前工资应当是2016年1月之前12个月的平均工资。本案属于缺席裁决，用人单位未出庭，依据张某提供的银行卡交易明细单，可得到张某产前12个月的平均工资。根据个人产前工资计算个人生育津贴符合法律关于用人单位未缴纳保险时由用人单位支付个人生育津贴规定的宗旨。

8. 退休后被诊断职业病还能享受工伤待遇吗

基本案情

艾某系A煤矿职工。自1992年起，艾某在该矿工作，每年签订一次劳动合同，最后签订的劳动合同终止时间为2004年2月。合同到期后，双方未办理续签手续，也未办理终止手续，艾某在A煤矿工作至2004年4月。A煤矿未为艾某缴纳社会保险。2008年7月艾某年满60周岁，其未享受退休待遇。A煤矿于2012年12月25日注销，注销原因为政府责令关闭。主办单位（主管部门）或清算组织证明清理债权债务情况及同意注销的意见中显示内容为债权债务已清理，职工工资已完结，税款已结清，落款盖章处加盖了B管理中心的公章。

2015年6月29日，原国家安全生产监督管理总局职业安全卫生研究中心某医院为艾某出具职业病诊断证明书，诊断结论为煤工尘肺一期，职业病危害接触史为患者于1985年至2004年在A煤矿主要从事井下采掘工作，用人单位为B管理中心。2016年12月19日，区人力资源和社会保障局认定艾某所患煤工尘肺为工伤。工伤证显示艾某煤工尘肺负伤时间为2015年6月29日，工作单位为A煤矿（B管理中心）。2017年1月20日，区劳动能力鉴定委员会鉴定艾某为伤残六级。因艾某未享受到工伤待遇，其认为B管理中心承诺A煤矿债权债务已清理，而实际尚未清理完毕，故应承接A煤矿的债权债务，故艾某于2017年4月27日向仲裁委提出仲裁申请，要求B管理中心支付一次性伤残补助金124089.6元、一次性医疗补助金106290元、一次性伤残就业补助金106290元等待遇。

艾某主张A煤矿未与其解除或终止劳动合同，其现被检查出职业病并被鉴定为伤残六级，B管理中心承接了A煤矿的责任和义务，依据《北京市高级人民法院关于企业下落不明、歇业、撤销、被吊销营业执照、注销后诉讼主体及民事责任承担若干问题的处理意见（试行）》第二十四条之规定，B管理中心在A煤矿注销时盖章表示债权债务已清理，而实际尚未清理完毕，故B管理中心作为清算主体应承担A煤矿遗留下来的责任。B管理中心认为艾某与A煤矿存在劳动关系，与其单位不存在劳动关系。其单位因历史原因在A煤矿注销材料中盖章，但并不是A煤矿的主管机关，不应因此对艾某的工伤待遇承担承继责任，并认为艾某2004年开始不去A煤矿上班，双方已经终止劳动关系，在终止劳动关系时艾某未提出职业病诊断，也未提出相应的仲裁申请，且其年满60岁时或A煤矿注销时，均未提出仲裁申请，因此其请求已超过了仲裁时效。

争议焦点

达到法定退休年龄未享受退休待遇的劳动者，是否应享受一次性医疗补助金和一次性伤残就业补助金。

审理结果

B管理中心支付艾某一次性伤残补助金62044.8元、一次性工伤医疗补助金49830元和一次性伤残就业补助金49830元。

评析意见

本案中，艾某与A煤矿依法签订了劳动合同，建立了劳动关系。2004年2月劳动合同期满后，双方虽未续签，但也没有办理终止劳动合同手续，双方实际上形成了事实劳动关系。艾某与B管理中心之间不存在劳动关系，但基于A煤矿在注销登记营业执照时，B管理中心作为主办单位做出承诺称“债权债务已清理”，依据《北京市高级人民法院关于企业下落不明、歇业、撤销、被吊销营业执照、注销后诉讼主体及民事责任承担若干问题的处理意见（试行）》第二十四条“企业被注销登记时，清算主体或第三人在工商管理部门承诺企业注销登记后遗留的债权债务由其负责的，债权人可以做出承诺的清算主体或第三人为被告，要求其承担清偿责任”之规定，B管理中心应对艾某承担清偿责任。并且艾某的职业病诊断证明书及工伤证上的用人单位均载明系B管理中心，依据《人力资源社会保障部关于执行〈工伤保险条例〉若干问题的意见》（人社部发〔2013〕34号）第九条“按照本意见第八条规定被认定为工伤的职业病人员，职业病诊断证明书(或职业病诊断鉴定书)中明确的用人单位，在该职工从业期间依法为其缴纳工伤保险费的，按《条例》的规定，分别由工伤保险基金和用人单位支付工伤保险待遇；未依法为该职工缴纳工伤保险费的，由用人单位按照《条例》规定的相关项目和标准支付待遇”之规定，B管理中心应承担支付艾某工伤保险待遇的责任。2015年6月29日，艾某被诊断为煤工尘肺一期，2016年12月19日被认定为工伤，2017年1月20日被鉴定为伤残六级，依据《人力资源社会保障部关于执行〈工伤保险条例〉若干问题的意见》（人社部发〔2013〕34号）第八条、第九条之规定，B管理中心应支付艾某一次性伤残补助金62044.8元。艾某于2008年7月年满60周岁，即与A煤矿终止了劳动关系。B管理中心应支付艾某一次性工伤医疗补助金49830元和一次性伤残就业补助金49830元。

实践中，用人单位为职工缴纳工伤保险的，该职工退休后被检查出患有职业病，工伤保险基金应支付一次性伤残补助金的待遇，因职工已享受退休金和医保待遇，故工伤保险基金不支付一次性医疗补助金、一次性伤残就业补助金。但针对未缴纳工伤保险未能享受退休待遇的人员未作出相关规定。按常理理解，已经退休的人员不存在再就业问题，理所应当不应享受一次性伤残就业补助金。但考虑到艾某未能享受到退休之后的医疗保险和养老保险待遇，同时根据《人力资源社会保障部关于执行〈工伤保险条例〉若干问题的意见（二）》（人社部发〔2016〕29号）第二条“达到或超过法定退休年龄，但未办理退休手续或者未依法享受城镇职工基本养老保险待遇，继续在原用人单位工作期间受到事故伤害或患职业病的，用人单位依法承担工伤保险责任。用人单位招用已经达到、超过法定退休年龄或已经领取城镇职工基本养老保险待遇的人员，在用工期间因工作原因受到事故伤害或患职业病的，如招用单位已按项目参保等方式为其缴纳工伤保险费的，应适用《工伤保险条例》”的规定，达到法定退休年龄之后的人员依然可以享受《工伤保险条例》规定的工伤保险待遇，说明到达退休年龄并不必然导致不能获得再就业。故本案中，艾某应享受一次性医疗补助金和一次性伤残就业补助金的待遇。

第七章

保密与竞业限制

1. 竞业限制协议可以附生效条件吗

基本案情

周某于2015年11月1日入职某信息科技公司，从事研发类工作，双方订立了为期3年的劳动合同。劳动合同约定，周某月工资为3万元；离职后1年内周某负有竞业限制义务，每月竞业限制经济补偿数额为1万元；如果周某违反竞业限制义务，则应当按全部竞业限制经济补偿的3倍向公司支付违约金；是否需要履行竞业限制义务以离职时公司发出的通知为准。2017年6月1日，周某本人提出离职，在签署公司印制的《离职交接清单》时，其中有“如本人收到公司发出的《竞业限制补偿金通知》，则本人将需严格履行竞业限制义务，否则公司无须向本人支付竞业限制补偿金且本人无须履行相应义务”的规定。

2017年8月15日，周某入职某快递公司。2017年9月1日，某信息科技公司向周某发出履行竞业限制义务通知，其中列明某快递公司为竞争对手。同日，某信息科技公司向周某的银行账户转账支付了竞业限制经济补偿12万元。2017年9月15日，某信息科技公司向仲裁委提出仲裁申请，要求周某返还竞业限制经济补偿12万元、支付违约金36万元，并要求周某继续履行竞业限制义务。

争议焦点

附生效条件的竞业限制协议，在实务中如何理解和认定。

审理结果

驳回某信息科技公司要求继续履行竞业限制义务的仲裁请求。

评析意见

在劳动者离职时，用人单位即应明确告知其是否须履行竞业限制义务。依据《劳动合同法》第二十三条第二款的规定，用人单位在负有竞业限制义务的员工解除或终止劳动合同后即应按月向劳动者支付经济补偿。本案中，某信息科技公司与周某订立了竞业限制协议，约定了竞业限制义务的生效条件，即应以公司发出的书面通知为准。某信息科技公司在周某离职三个月后才发出书面通知，这种将竞业限制义务附期限生效的行为显然让劳动者无所适从，劳动者既担心入职新公司会被原用人单位以违反竞业限制义务追究违约责任，又担心不工作无经济来源，故这种限制劳动者权利、免除用人单位责任的条款或行为，应属无效条款。

仲裁委在审理后认为，用人单位要求劳动者履行竞业限制义务时，最迟应在解除或终止劳动合同时明确告知劳动者。某信息科技公司在周某离职三个月后才告知其需要履行竞业限制义务，这种做法明显限制了劳动者的就业权利，故周某无须履行竞业限制义务，无须向信息科技公司支付违约金；某信息科技公司也无支付竞业限制经济补偿的义务，故周某可如数返还公司已支付的竞业限制经济补偿。

2. 竞业限制协议中约定“启动条款”的裁审尺度

基本案情

2007年9月16日，刘某入职甲公司并被派往国外工作。自2007年9月17日至2008年11月30日，刘某先后在厄瓜多尔、美国工作，2011年6月刘某回国工作。刘某月基本工资为32750元、住房津贴为12800元、差旅费为576.67元，经核算其平均月工资为46126.67元。

双方签订的《劳动合同》约定，刘某离职后有2年期限的竞业限制。此外，双方于2011年6月9日签订了《专利与保密信息协议》。该协议约定“员工同意在与公司的劳动合同终止后至少两年内（非竞争期），除非公司以书面形式免除员工的非竞争义务，否则员工不能直接或间接从事受聘公司期间所接触公司业务范围，或与员工受聘公司期间授权获得的公司信息相关的业务和商业运作（竞争公司）（无论以所有人、雇员、顾问、承包商或其他形式）。员工通过在华就业期间，在其辞职时或仍在非竞争期限内，应当以书面形式通知公司其加入竞争公司的意图。在收到员工的上述通知后，公司将在5个工作日内做出是否免除员工非竞争义务的决定。如果公司不授权免除员工的非竞争义务，员工将有权得到从劳动合同终止之日起或期望加入竞争公司的起始日起（以二者中时间晚者为准）至非竞争期限结束的货币补偿。……支付额为员工与公司劳动合同终止日之前12个月平均基本工资的30%……”，并明示了该书面通知加入竞争公司意图的条款仅适用于在华实体或在华就业员工。

之后，甲公司以刘某未按《专利与保密信息协议》之约定未书面通知公司其有加入竞争公司的意图为由，表示此后不要求刘某履行竞业限制义务，且其自刘某离职时即未要求其履行竞业限制义务。刘某表示因履行竞业限制义务尚未找工作，因而未通知甲公司其加入竞争公司的意图。甲公司于2016年7月13日当日通知与刘某解除劳动合同，理由为客观情况发生重大变化、工作岗位取消致劳动合同无法继续履行。刘某称其已实际履行竞业限制义务，要求甲公司支付自解除之后的竞业限制经济补偿及解除竞业限制协议后额外三个月竞业限制经济补偿。

争议焦点

竞业限制协议约定的效力判定。

审理结果

支持了刘某解除后至立案时竞业限制经济补偿的请求。

评析意见

《劳动合同法》对于竞业限制条款的限定仅涉及人员范围、竞业期限，但关于具体的竞业内容、竞业限制条款的启动等无明确规定，仅兜底为“竞业限制的约定不得违反法律、法规的规定”。因此，当双方的竞业限制条款或协议中出现非常规约定时，作为裁审机构需要对该非常规约定进行解释。现行法律法规并未禁止竞业限制协议中约定“启动”条款，部分竞业限制协议中会明确向竞业义务承担人示明“员工离开本公司后，公司有权决定是否需要员工继续履行签订的竞业禁止协议，如需要公司将正式书面通知”。法无明文禁止即自由，在此情况下，上述约定不违反法律法规强制性规定，宜解释为约定有效，也即双方劳动合同解除后，用人单位如未书面告知原员工履行竞业限制协议，则原员工的竞业义务被免除，可以自由择业。

本案中，甲公司与刘某的《专利与保密信息协议》中约定了“员工通过在华就业期间，在其辞职时或仍在非竞争期限内，应当以书面形式通知公司其加入竞争公司的意图。在收到员工的上述通知后，公司将在5个工作日内做出是否免除员工非竞争义务的决定。如果公司不授权免除员工的非竞争义务，员工将有权得到从劳动合同终止之日起或期望加入竞争公司的起始日起（以二者中时间晚者为准）至非竞争期限结束的货币补偿”的条款，从该条款可见，是否继续要求劳动者履行竞业限制义务取决于用人单位方是否给予书面通知，实质上是竞业限制的“启动”条款。但其在该启动条款中又向劳动者一方附加了一项先行通知的义务，即如果有加入竞争公司意图的需先行通知用人单位。如果竞业限制协议中无有关启动条款的约定，该协议应自解除劳动合同后即时生效，有启动条款的协议在未通知相对方时不发生效力，但前述条款所附劳动者的先行通知义务使得竞业约定不足以让相对方得出离职后竞业条款系即时生效或暂不生效的确定性结论，在劳动者尚未找寻工作的空当期其能否获取竞业限制补偿成了悬而不决的问题，似乎存在单方排除劳动者权利之意图。因此，从劳动者保护角度考量，由甲公司承担了格式条款的不利后果，仲裁委对甲公司依据《专利与保密信息协议》条款提出的自始未要求刘某承担竞业义务的抗辩未予确认，从而支持了刘某的仲裁请求。

3. 如何界定违反了同业竞争关系

基本案情

阚某曾担任C公司销售主管一职，于2011年3月31日离职，离职前最后一个月薪资为4756元。阚某在职期间，双方签订了《劳动合同书》，关于竞业限制一节约定：阚某属于该公司高级管理人员，在解除或者终止劳动合同后两年内，阚某不得受聘于与该公司生产或者经营同类产品、从事同类业务的有竞争关系的其他用人单位，不得自己开业生产或者经营同类产品、从事同类业务，不得以任何方式间接地为上述企业或者事业单位工作。竞业补偿办法约定：阚某离职后的第一年，该公司按其离职前最后一个月月薪的60%按月支付补偿金，离职后第二年，按照40%支付。违约责任约定，如果阚某违反竞业限制，应一次性赔偿公司其离职前12个月内总收入的2倍，并一次性返还公司已支付的全部竞业补偿金。阚某离职后，C公司已按月以3900元的标准支付了其9个月竞业限制补偿金，共计35100元。

阚某在C公司任职期间出资注册了W公司，并担任该公司的法定代表人，W公司经营范围为技术开发、技术推广、软件及辅助设备等。C公司认为W公司生产销售的高端分流设备与其公司分流器系列从产品的外形、规格、功能、技术指标等均相似，是同类产品，W公司属同业竞争，阚某构成了违反竞业限制约定。阚某认为仅凭借产品外形不能认定W公司与C公司的产品是同类产品，且W公司未对外经营、盈利，不能认定违反了竞业限制约定。

C公司主张阚某月工资包括三部分：1. 本人工资；2. 因避税原因支付阚某配偶焦某的工资，焦某非C公司员工；3. 深圳科技公司支付阚某的工资，C公司与深圳科技公司均系独立的法人主体。阚某否认焦某的月收入，并主张深圳科技公司支付的工资系其月收入的组成部分。阚某离职后，W公司仍处于开业状态。C公司请求阚某支付违反竞业限制违约金；返还竞业限制补偿金。

争议焦点

如何审查和界定违反了同业竞争行为，违约金和补偿金是否应按约定的标准履行。

审理结果

阚某向C公司支付违反竞业限制违约金及返还竞业限制补偿金。

评析意见

竞业限制是用人单位对负有保守用人单位商业秘密的劳动者，在劳动合同、知识产权权利归属协议或技术保密协议中约定的竞业限制条款，即劳动者在终止或解除劳动合同后的一定期限内不得在生产同类产品、经营同类业务或有其他竞争关系的用人单位任职，也不得自己生产与原单位有竞争关系的同类产品或经营同类业务。

本案中，阚某不仅在C公司任职期间注册了W公司，在其离职后，W公司仍然处于开业状态，且W公司与C公司销售的分流器设备从产品特性、应用领域一致，属经营同类产品，故阚某构成违反竞业限制约定。

《劳动合同法》中规定，竞业限制的约定不得违反法律、法规的规定。C 公司与阚某签订的《劳动合同书》中对违约责任作出了明确约定，即阚某违反竞业限制应一次性赔偿公司其离职前 12 个月内总收入的 2 倍，并一次性返还公司已支付的全部竞业补偿金，双方在该合同落款处签章认可，视为双方协商一致的结果，应尊重其意思自治。阚某离职后，C 公司也按照约定按月支付阚某竞业限制补偿金，且在履约过程中无过错，故 C 公司可以同时要求阚某支付竞业限制违约金、返还已支付的竞业限制补偿金。

按照国家有关规定纳税是企业应尽的义务，C 公司主张因避税原因将阚某的劳动报酬分别制作成阚某及焦某二人的工资，其规避缴纳税款的行为不应得到支持，且阚某对此不予认可，故仲裁委对 C 公司所持焦某月收入系阚某月收入组成部分的意见未予采纳；深圳科技公司与 C 公司均系独立的法人主体，阚某亦不认可深圳科技公司支付的劳动报酬系其在 C 公司月收入的组成部分，故仲裁委对 C 公司该项主张亦未予支持。故可根据 C 公司 2010 年 4 月至 2011 年 4 月工资表及 2010 年年终奖金表，确认阚某离职前 12 个月的工资收入。

劳动者违反竞业限制约定后是否承担继续履行竞业限制条款的责任，关键是分析合同是否还有继续履行的必要及可能。一般情况下，如劳动者违反约定后仅赔付违约金，会使商业秘密处于随时被进一步泄露的危境，且在市场择业充分自由的情景下，劳动者继续履行该限制义务，具有现实可行性。但结合本案具体情况看，阚某已经出资注册了 W 公司并担任法定代表人，若要求其继续履行竞业限制条款，必然使其处于一个持续违约状态；从履约对价方面看，C 公司约定的违反竞业限制的违约金的数额明显高于劳动者正常履约可以享受的补偿数额，在一定程度上可以弥补因劳动者违约带来的损害。综合以上考虑，本案没有继续履行的可能及必要，故对C公司要求继续履行竞业限制条款的请求不予支持。

4. 劳动合同履行期间有竞业限制义务吗

基本案情

佟某系某科技公司业务部经理，入职时与某科技公司签订了《员工保密协议》。保密协议约定，佟某任职期间非经某科技公司事先同意，不得在与某科技公司生产、经营同类产品或提供同类服务的其他企业担任任何职务，包括股东、合伙人、董事、监事、经理、职员等，不得组建、参与组建与某科技公司有竞争关系的公司或单位，若佟某违反上述各项义务，应当向某科技公司支付本人年工资3倍的违约金。佟某在某科技公司任职期间以法定代表人的身份注册成立了与某科技公司在经营范围、技术及业务部分重合的案外公司。佟某认为：1. 其既不是公司高级管理人员，也不是高级技术人员，不掌握任何实权和有关商业秘密，不属于竞业限制的人员范围；2. 竞业限制义务仅存在于劳动者与用人单位解除或终止劳动合同之后，其在职期间仅需要履行诚信义务，某科技公司要求其在职期间履行竞业限制义务没有法律依据；3. 其虽然创办了案外公司，但该公司从未实际开展过任何经营，不存在同业竞争关系，没有给某科技公司造成经济损失，即使其存在没有履行劳动者诚实义务的行为，也无须承担违约金。某科技公司主张：本公司与佟某签订的《员工保密协议》合法有效，佟某应按照《员工保密协议》的约定履行自己的义务，并在出现违约行为时承担违约责任，向其支付违约金。

争议焦点

劳动者在职期间是否需要履行竞业限制义务？违反竞业限制义务是否需承担违约责任？

审理结果

裁决佟某向某科技公司支付违约金。

评析意见

根据《劳动合同法》第二十四条第一款的规定，竞业限制的人员限于用人单位的高级管理人员、高级技术人员和其他负有保密义务的人员。可见，并不是所有劳动者都是竞业限制的适格主体，其范围仅限于知悉用人单位非公开及具有价值性的商业秘密、掌握产品研发等核心技术信息、知晓企业经营策略及项目动态信息以及能够接触到企业保密文件的人员等。具体可根据劳动者的岗位进行综合判断。

本案中，佟某担任某科技公司业务部经理一职，其在工作中必然会知悉掌握包括但不限于业务项目名称、执行方案、合同标的、项目优势等信息，显然属于负有保密义务的工作人员，符合《劳动合同法》规定的竞业限制人员范畴。劳动者在任职期间更容易接触和掌握到用人单位的商业秘密和核心资料，其在职期间若违反竞业限制义务，给用人单位造成的损害势必较离职后更加严重，根据举轻以明重的原则，劳动者更应当履行竞业限制义务。

《劳动合同法》第二十三条规定："用人单位与劳动者可以在劳动

合同中约定保守用人单位的商业秘密和与知识产权相关的保密事项。对负有保密义务的劳动者，用人单位可以在劳动合同或者保密协议中与劳动者约定竞业限制条款，并约定在解除或者终止劳动合同后，在竞业限制期限内按月给予劳动者经济补偿。劳动者违反竞业限制约定的，应当按照约定向用人单位支付违约金。”针对竞业限制义务的履行阶段，法律并没有作出局限劳动合同解除或终止后的限定，即未对劳动者在职期间负有竞业禁止义务作出禁止性规定。因此，竞业限制条款所约定的期限当然可以包括在职期间，即当事人在劳动合同中明确约定排除此义务外，该义务即附着于劳动合同而自始存在，应为合同义务。

从立法目的来看，竞业限制制度的设立实际上是在保护用人单位商业秘密与保护劳动者择业自由权之间进行的利益平衡。竞业限制的实施，客观上限制了劳动者的自由择业权，进而影响了劳动者的生存权，在“解除或者终止劳动合同后，在竞业限制期限内按月给予劳动者经济补偿”系基于劳动者在一定时期内，因履行竞业限制协议而放弃自己专业领域技能，可能导致劳动报酬减少，影响生活质量，从而向劳动者支付经济补偿以弥补劳动者的报酬损失。故竞业限制补偿金的支付期限并不当然认定为竞业限制义务履行期限。

具体到本案中，佟某与某科技公司签有《员工保密协议》，其中明确载有“佟某在某科技公司任职期间非经某科技公司事先同意，不得在与某科技公司生产、经营同类产品或提供同类服务的其他企业担任任何职务，包括股东、合伙人、董事、监事、经理、职员等，不得组建、参与组建与某科技公司有竞争关系的公司或单位”的约定。根据当事人意思自治原则及诚实信用原则，佟某在职期间应当负有竞业限制义务。佟某虽又称其注册成立的案外公司从未实际开展过任何经营活动，未给某科技公司造成经济损失，但两家公司在工商部门登记的经营范围上有重合之处，二者存在同业竞争的可能。在佟某未能就己方主张提供充分有效的证据予以证明的情况下，其应对此承担举证不能的法律后果。据此，佟某关于其在与某科技公司劳动关系存续期间创办的案外公司与某科技公司不存在同业竞争关系的抗辩理由不能成立，进而认定佟某存在违反竞业限制的行为。

5. 离职后设立同类公司违反竞业限制规定吗

基本案情

兰某于2012年9月1日入职某网络公司，岗位为副总经理，负责数据分析工作。某网络公司（甲方）与兰某（乙方）签订了期限为自2012年9月1日至2015年8月31日的《劳动合同书》及《员工保密及竞业限制合同》。《员工保密及竞业限制合同》中约定："……在解除或终止劳动合同后2年内，在中华人民共和国范围内，乙方不得在与甲方生产或经营同类产品、从事同类业务的有竞争关系的其他用人单位工作，或者自己开业生产或经营同类产品、从事同类业务。甲方在2年竞业限制期内按月向乙方支付其离职前12个月的月平均工资的40%作为竞业限制经济补偿金。……如果乙方违反本协议的约定，应支付给甲方违约金，乙方每违约一次，应向甲方支付违约金人民币10万元，违约金可以累加。如果甲方的损失超过违约金，乙方还应以甲方的损失额为准进行赔偿……"2015年6月30日，兰某以个人原因提出辞职。双方劳动关系解除后，某网络公司按月向兰某支付竞业限制经济补偿金。辞职当日，兰某即作为股东与另外两人注册成立了与该网络公司从事同类业务的公司。2015年9月，某网络公司发现兰某设立了同类业务公司，遂提出仲裁申请，要求兰某继续履行竞业限制义务、支付违约金10万元及经济损失50万元。

争议焦点

离职后设立了同类竞争关系的公司，属于违反竞业限制规定吗？会承担什么责任？

审理结果

兰某构成违反竞业限制协议，应当向某网络公司支付违约金并继续履行竞业限制协议。

评析意见

负有竞业限制义务的劳动者应仅限于用人单位的高级管理人员、高级技术人员和其他负有保密义务的人员。用人单位虽有权要求上述劳动者遵守竞业限制义务，但同时应在劳动者离职后按月支付竞业限制经济补偿金。在劳动合同或者保密协议中约定了竞业限制，但未约定解除或者终止劳动合同后给予劳动者经济补偿金，劳动者履行了竞业限制义务的，用人单位应按照劳动者劳动合同解除或者终止前十二个月平均工资的30%按月支付经济补偿金。如果用人单位未及时支付竞业限制经济补偿金超过三个月，则劳动者有权要求解除该竞业限制协议。如果用人单位认为无须负有竞业限制义务的劳动者遵守竞业限制义务，则应在解除或终止劳动关系之时或之前及时告知劳动者。劳动者违反竞业限制义务，除了支付违约金以外，给用人单位造成损失的，还需承担赔偿责任。此外，用人单位有权要求违反竞业限制义务的劳动者继续履行竞业限制义务。本案中，因某网络公司未提供有力证据证明其因此产生的经济损失，故对其要求支付经济损失 50 万元的请求不予支持。

6. 未约定补偿金标准的竞业限制协议是否有效

基本案情

小李毕业后入职 A 公司担任技术人员，是 A 公司新产品研发团队的核心成员之一。小李与 A 公司签订了为期 3 年的劳动合同。劳动合同约定：小李月工资为 8000 元，担任核心技术人员岗位，应当保守公司技术秘密和商业秘密；如双方劳动关系解除，小李自劳动关系解除之日起两年内不得到与 A 公司存在竞争关系的单位工作和担任职务，但合同中并没有就竞业限制经济补偿、违约金支付和标准等进行约定。一年半之后，小李因为个人原因提出辞职。

劳动关系解除后，小李考虑到自己曾经承诺履行竞业限制义务，因此未再到其他生物科技行业公司入职，而是入职一家教育培训机构担任生物课外辅导老师。后小李通过法律咨询得知，A 公司有义务向其支付竞业限制经济补偿，于是提起两项仲裁请求：1. 要求 A 公司支付自劳动关系解除之日起 6 个月的竞业限制经济补偿金 48000 元（8000 元 / 月 ×6 个月）；2. 要求解除双方竞业限制协议的约定。

A 公司不同意支付经济补偿，理由是小李离职时公司没有明确要求其履行竞业限制义务，双方也没有就竞业限制经济补偿进行约定，因此就没有支付的标准和依据。A 公司认为因其没有要求小李履行竞业限制义务，所以劳动合同中的约定实际没有发生法律效力，也就不存在解除的问题，表示其公司也不要求小李以后履行竞业限制的义务。

争议焦点

未约定补偿金标准的竞业限制协议是否有效？

审理结果

A公司向小李支付6个月竞业限制经济补偿共计14400元，支持小李关于解除竞业限制约定的请求。

评析意见

根据《劳动合同法》第二十三条的规定，对负有保密义务的劳动者，用人单位可以在劳动合同或者保密协议中与劳动者约定竞业限制条款，并约定在解除或者终止劳动合同后，在竞业限制期限内按月给予劳动者经济补偿。

《最高人民法院关于审理劳动争议案件适用法律若干问题的解释（四）》第六条[现为《最高人民法院关于审理劳动争议案件适用法律问题的解释（一）》第三十六条]规定，当事人在劳动合同或者保密协议中约定了竞业限制，但未约定解除或终止劳动合同后给予劳动者经济补偿，劳动者履行了竞业限制义务，要求用人单位按照劳动者在劳动合同解除或终止前十二个月平均工资的30%按月支付经济补偿的，人民法院应予支持。前款规定的月平均工资的30%低于劳动合同履行地最低工资标准的，按照劳动合同履行地最低工资标准支付。第七条（现为第三十七条）规定，当事人在劳动合同或者保密协议中约定了竞业限制和经济补偿，当事人解除劳动合同时，除另有约定外，用人单位要求劳动者履行竞业限制义务，或者劳动者履行了竞业限制义务后要求用人单位支付经济补偿的，人民法院应予支持。第八条（现为第三十八条）规定，当事人在劳动合同或者保密协议中约定了竞业限制和经济补偿，劳动合同解除或者终止后，因用人单位的原因导致三个月未支付经济补偿，劳动者请求解除竞业限制约定的，人民法院应予支持。

从以上规定来看，没有约定竞业限制经济补偿并不导致竞业限制协议无效，即使用人单位没有明确要求劳动者履行竞业限制协议，劳动者只要实际履行了竞业限制义务仍有权要求获得相应经济补偿，按月支付经济补偿的数额标准为劳动者的劳动合同解除或终止前十二个月平均工资的30%，用人单位存在三个月未支付经济补偿的情况时，劳动者有权要求解除竞业限制协议。

本案中，双方在《劳动合同》中约定的竞业限制条款符合法律规定，该条款在未被A公司以明示方式解除之前，在双方劳动关系解除后对小李产生约束力；没有就竞业限制经济补偿进行约定的事实，不直接导致小李免除竞业限制义务。小李入职某培训机构，事实上履行了竞业限制义务，A公司应当按照2400元/月（8000元/月的30%）的标准支付经济补偿，小李超出此标准主张经济补偿则缺乏依据。因A公司的原因导致其三个月未支付小李经济补偿的情况下，小李有权要求解除竞业限制约定。

7. 按协议履行竞业限制义务，公司不认可怎么办

基本案情

魏某于2015年11月9日入职某医疗科技公司，双方订立了为期3年的劳动合同，约定魏某的岗位为营销顾问，月工资为3万元。入职当日，医疗科技公司与魏某订立了竞业限制协议，约定魏某离职后两年内不得到与某医疗科技公司存在竞争关系的单位工作，但未约定向魏某支付竞业限制经济补偿。2018年1月8日，魏某因个人原因离职，某医疗科技公司并未告知魏某可以不履行竞业限制义务。此后，魏某履行了《竞业限制协议》中约定的义务，但某医疗科技公司未支付魏某竞业限制经济补偿。2018年5月，魏某提出仲裁申请，要求某医疗科技公司支付竞业限制经济补偿。庭审中，某医疗科技公司却称，因魏某在其单位工作期间并不接触商业秘密，不属于负有保密义务的人员，故主张双方签订的竞业限制协议无效，其无须支付竞业限制经济补偿。

争议焦点

用人单位在劳动者离职后以“不属于限制人员范围”为由拒绝支付竞业限制补偿金，是否合法？

审理结果

某医疗科技公司按照劳动合同解除前十二个月平均工资的30%按月向魏某支付经济补偿。

评析意见

通常情况下，竞业限制协议或条款由用人单位主动提出与劳动者订立，订立该协议或条款即应作为用人单位认可劳动者能接触、掌握其商业秘密的初步证据。如果允许用人单位随意改变其主张，则用人单位可以在劳动者离职时，以劳动者负有竞业限制义务为由要求劳动者履行该义务，而待劳动者履行了竞业限制义务后，又以其不属于负有保密义务人员为由，拒不履行其自身应当承担的支付竞业限制补偿金义务，势必导致双方权利义务严重失衡。劳动者能接触或掌握用人单位的商业秘密，是用人单位与劳动者订立竞业限制协议并要求其履行协议的基本前提。故用人单位在劳动者履行竞业限制协议后否认竞业限制协议效力的行为不应得到支持。

本案中，某医疗科技公司与魏某签订了《竞业限制协议》，解除劳动合同时没有告知魏某无须履行竞业限制义务，且在庭审中不能提供魏某不属于公司“保密或不掌握商业秘密”人员范围的相关证据。因此，对于某医疗科技公司关于魏某不掌握其商业秘密的主张仲裁委没有采信。在魏某履行竞业限制义务后，某医疗科技公司应支付魏某竞业限制补偿金，故裁决某医疗科技公司按照劳动合同解除前十二个月平均工资的30%按月向魏某支付竞业限制期间的经济补偿。

8. 竞业限制协议中前置条件的效力认定

基本案情

唐某于2015年2月12日入职某技术公司，任测试经理一职，双方订立有固定期限劳动合同，其中第三十八条载明："本合同及其附件所列的解除或者终止后的竞业条款自甲方向乙方发出书面通知之日起生效。"唐某于2016年9月18日因个人原因提出离职，双方劳动合同于当日解除。

双方在入职时签订的《保密和竞业禁止协议》中约定，"竞争关系是：甲方为一家从事工业控制网络安全的公司。凡与甲方经营业务、经营范围相同或相似的个人、企业、公司或组织及其分公司、子公司、关联企业均视为与甲方具有竞争关系""乙方保证，未经甲方事先书面同意，在其在甲方任职期间内及因任何情况与甲方终止劳动关系后不超过2年内，将不得：拥有或作为股东、管理人员、董事、经理、合伙人、雇员、顾问、代理人或其他方式，以任何方式直接或间接地参与在任何地区与甲方或其关联企业构成竞争的企业或在该企业中有任何利益，包括新设、收购、参股、委托他人经营及接受他人委托经营。甲方有权决定其他企业是否与甲方或其关联企业构成竞争……其他可被认定为与甲方或其关联企业生产或者经营同类产品。从事同类业务的有竞争关系的其他用人单位，或者自己开业生产或者经营同类产品、从事同类业务的行为"；约定："甲方在与乙方解除或者终止劳动合同后，按下述标准在竞业限制期限内按月向乙方支付竞业限制经济补偿费：每月竞业限制补偿费＝基数 ×1/2……竞业限制期限为2年，从乙方离职之日开始计算""本合同经甲乙双方签字，甲方盖章，即具有约束力。但本合同所列合同解除或终止后的竞业条款自甲方向乙方发出书面通知之日起生效""乙方违反保密及竞业限制义务，除需立即改正外，甲方有权要求乙方立即返还甲方已经支付的所有经济补偿，并且在甲方通知乙方10日内向甲方支付违约金，违约金以如下标准为准：人民币20万元（贰拾万元）……"

某技术公司主张，其公司发现唐某离职后为其公司的主要竞争对手北京某网络科技有限责任公司（以下简称某网络科技公司）提供劳动，任职测试经理，后其公司先后通过直接送达及邮寄送达的形式向唐某提出唐某自某技术公司离职，须继续履行竞业限制协议的要求，唐某未履行，应认定唐某从事有竞业限制行为，构成违约。为证明上述主张，某技术公司提交了 EMS 详情单、《律师函》、录音及文字材料、多份某技术公司官网及某网络科技公司官网截图、多份第三方官网资料截图。其中 EMS 详情单显示收件人为唐某及唐某的通信地址，该邮件状态为拒收；律师函显示内容为要求唐某遵守竞业禁止协议、履行竞业禁止义务，并要求其承担相应赔偿责任；网页截图显示有某技术公司、某网络科技公司的业务范围及双方参与活动的相关资料。唐某对上述证据的真实性均不予认可，主张其并未收到某技术公司要求其履行竞业限制协议的任何通知，故根据双方劳动合同及协议中的约定，竞业限制条款并未生效，且其亦未违反竞业限制条款。

争议焦点

竞业限制协议设“前置条件”生效条款的，是否有效?

审理结果

驳回某技术有限公司的仲裁请求。

评析意见

本案中，唐某与某技术公司在竞业限制协议中约定了两年期的竞业限制期限并无不当，双方约定唐某每年的竞业限制补偿费按离职前月平均工资的二分之一计算且按月支付亦符合法律规定，双方约定的竞业限制期限、补偿标准等也没有超出法定范畴，且该协议系双方真实意思表示，亦未违反法律、强制性法律规定。综上，双方所签署的竞业限制协议合法有效，对双方当事人应当具有拘束力。但双方所订立的《劳动合同书》及《保密和竞业禁止协议》中明确约定解除或终止后的竞业条款应当自某技术公司发出书面通知之日起生效，故依据《合同法》第四十五条（现为《民法典》第一百五十八条，后同）的规定，当事人对合同的效力约定所附条件，条件成就与否作为合同效力发生的根据，该协议是否生效应以公司发出书面通知为“前置条件”，上述协议效力应属待定状态。现某技术公司未能举证证明曾于唐某离职时告知唐某需要履行竞业限制义务，故双方所订立的竞业禁止协议并未发生法律效力。同理，在竞业禁止协议未发生法律效力的情况下，唐某无须履行相应义务，亦无须对此承担相应法律责任。

通常情况下，双方所订立的竞业限制协议自双方签字之日起成立并生效，故当双方解除或终止劳动合同时，双方需按照协议约定履行竞业限制义务。但本案中，用人单位在与劳动者约定竞业限制义务时，附加了生效条件，即“本合同及其附件所列的解除或者终止后的竞业条款自甲方向乙方发出书面通知之日起生效”，致使双方当事人均会从有利于自身主张的角度，对竞业限制协议的效力提出质疑、就竞业限制协议所附生效条件是否成就产生争议。

笔者认为：第一，法无明文规定即可为，我国现行法律法规并未就竞业限制协议所附生效条件作出禁止性的规定，故该条款并未违反法律强制性规定，在不存在欺诈胁迫等情形下不宜被认定为无效条款。第二，竞业限制协议的约定系劳资双方基于劳动关系所订立的劳动关系解除或终止后的权利义务关系，其具有较强的合同属性。《合同法》第四十五条对附条件生效的合同作出了较为翔实的规定，故在劳动争议案件审理过程中亦可参照执行，并非完全处于无法可依的状态。第三，从立法本意而言，竞业限制是用人单位为了防止本单位重要商业秘密的泄露和不正当竞争，是法律赋予用人单位保护自身合法权益的权利。如果仅因用人单位与劳动者约定了附条件生效的条款而认定竞业限制协议无效，不利于保护用人单位的合法权利，审理部门不宜仅因法律法规中关于竞业限制的规定不够详细而作出条款无效的意见或直接否定竞业限制协议的认定。同时，从保护劳动者平等就业和选择职业的权利出发，亦不宜作出条款无效的认定。如果劳动者按照竞业限制协议约定，在未收到公司通知的情况下未履行竞业限制义务，审理部门直接认定条款无效，劳动者就有可能面临高额的违约金。综上，在严格审查竞业限制协议合法性的基础上，应充分尊重双方当事人的真实意思表示，保证劳资双方的合法权益。

9. 竞业限制协议的补偿金和违约金如何约定

基本案情

2006年2月入职，王某入职A科技公司，任经理一职，双方签订了期限为3年的劳动合同，同时签订了《保密协议》。《保密协议》第二条约定王某在职期间及离开该公司2年内，不得在国内相关领域从事任何相同或相似的职业，不得到与该公司从事相同业务的其他用人单位任职；第十八条约定，违反约定的，王某应向该公司支付违约金2万元。双方未约定竞业限制补偿金。A科技公司2008年6月发现王某私下在B科技公司任职，且B科技公司生产的产品和该公司具有相似性及竞争性，遂提出劳动仲裁申请。A科技公司要求王某支付竞业限制违约金2万元。

争议焦点

竞业限制协议在没有约定补偿金的情况下能约定违约金吗？公司要求王某承担违约金责任合法吗？

审理结果

王某向A科技公司支付违反竞业限制违约金2万元。

评析意见

《劳动合同法》第二十三条第一款规定，用人单位与劳动者可以在劳动合同中约定保守用人单位的商业秘密和与知识产权相关的保密事项。对负有保密义务的劳动者，用人单位可以在劳动合同或者保密协议中与劳动者约定竞业限制条款。竞业限制的约定往往伴随着保密义务，该制度的产生主要是基于对企业尤其是高新技术企业商业秘密等信息的保护。企业中不同身份的劳动者对企业内部信息的掌握情况也不同，高级管理人员因为在企业管理中有较大的权力，掌握的经营信息较为全面也较为准确，高级技术人员因具备专业知识和技能较易获得和掌握一些技术信息，此外还有部分人员能接触到企业的商业秘密等，这些人员在重新择业的时候往往会选择与其以前形成的业务特长相同或者近似的业务，一旦在跳槽后从事这些职业，不但易于成为原就职企业强劲的竞争对手，而且由于自身的便利和业务的需要，往往会使用原企业的商业秘密等。本案中，双方在《保密协议》中约定王某在该公司任职期间及离开该公司两年内，不得在国内相关领域从事任何相同或相似的职业，不得到与该公司从事相同业务的其他用人单位任职，不违反法律规定。

那么，在未约定竞业限制补偿金的情况下，是否可以主张违约金？《劳动合同法》第二十三条第二款规定：对负有保密义务的劳动者，用人单位可以在劳动合同或者保密协议中与劳动者约定竞业限制条款，并约定在解除或者终止劳动合同后，在竞业限制期限内按月给予劳动者经济补偿。劳动者违反竞业限制约定的，应当按照约定向用人单位支付违约金。对该款规定，我们可以从以下三个方面来理解。首先，运用文理解释的方法分析，结合此前关于竞业限制期限的分析，劳动者在解除或者终止劳动合同后两年内履行竞业限制义务的，用人单位应当按月支付经济补偿，违反竞业限制约定的，应当向用人单位支付违约金；其次，运用逻辑解释的方法分析，该条款未将支付竞业限制补偿金作为劳动者在职期间履行竞业限制义务的条件；最后，运用论理解释的方法分析，劳动者尤其是专业技术人员，其择业的范围比较小，尤其是某些垄断行业的劳动者，再就业就更加困难，竞业限制对劳动者的择业权、生存权会或多或少造成影响，补偿金作为对价有其合理性。但是作为在职期间的劳动者，其按劳取酬，负有当然的忠诚义务，作为用人单位的成员，其有义务接受用人单位的管理、受相关规章制度的约束，行使有限的劳动权，用人单位无须另外支付相应的对价。本案中双方虽然未约定补偿金，但在王某构成违约的情况下，A 科技公司有权要求王某支付违约金。

第八章

特殊工时

1. 实行不定时工作制人员执行加班规定吗

基本案情

张某是某物流公司的合同制职工，2011年9月与公司签订了一年期的劳动合同。张某的工作岗位是装卸工，负责货物的装卸，日常工作时间不固定。2011年12月的一天，公司承接了某南方家具厂急需的一批石、木板材的运输装卸工作。张某与班组其他几名职工在连续一周的时间里，每天晚上持续装卸两个小时左右，确保了这批货物及时发运出去。月底公司除向张某及其班组成员发放工资的同时，还向每人发放了200元奖金，大家都十分高兴。但张某却另有想法，他以前曾听人说过，用人单位安排劳动者在法定8小时工作时间之外工作的，应当支付相当于工资1.5倍的加班费。于是他向公司领导询问，为什么没有支付这几天的加班工资？公司领导答复说，装卸班组实行的是不定时工作制，且在相关行政部门备案，劳动合同中有约定，不存在支付加班工资的问题。听领导这样一说，张某回忆起自己的劳动合同中确实写着“不定时工作制”的文字。张某对此有疑问，还是向劳动仲裁部门提出了仲裁申请，请求支付加班工资。

争议焦点

不定时工作制，是否执行加班的相关规定？

审理结果

驳回张某的仲裁请求。

评析意见

《劳动法》第四十四条关于用人单位延长劳动者工作时间应当支付高于劳动者正常工作时间工资报酬的规定，是针对标准工作时间制度而规定的支付加班工资的条款。在实际工作中，还有一些工作是不能按标准工作时间来计算工时报酬的。对于这种情况，《劳动法》第三十九条作出了一个原则性规定，即：“企业因生产特点不能实行本法第三十六条、第三十八条规定的，经劳动行政部门批准，可以实行其他工作和休息办法。”《关于企业实行不定时工作制和综合计算工时工作制的审批办法》明确规定了对于因生产特点不能实行《劳动法》第三十六条、第三十八条规定的企业，可以实行不定时工作制或综合计算工时工作制等其他工作和休息办法。同时上述规定明确了可以实行不定时工作制的职工包括：（一）企业中的高级管理人员、外勤人员、推销人员、部分值班人员和其他因工作无法按标准工作时间衡量的职工；（二）企业中的长途运输人员、出租汽车司机和铁路、港口、仓库的部分装卸人员以及因工作性质特殊，需机动作业的职工；（三）其他因生产特点、工作特殊需求或职责范围的关系，适合实行不定时工作制的职工。劳动部《工资支付暂行规定》中也规定了，实行不定时工时制度的劳动者，不执行有关加班加点工资的规定。

因此，对于实行不定时工作制的职工，不存在法律规定的加班加点及支付加班费的问题。但是应该注意的是，企业实行不定时工作制或综合计算工时制的，均应履行必要的审批手续。结合本案，张某与公司签订的劳动合同中明确约定了实行不定时工作制，并且该公司实行这一工时制度得到了当地劳动行政部门的审批，公司不予支付张某等人加班费的做法并无不妥。企业因生产特点不能实行标准工时制度的，经劳动行政部门批准，可以实行不定时工作制。实行不定时工作制度的劳动者，不执行有关加班加点工资的规定。

2. 实行计件工资是否有权要求支付加班费

基本案情

李某是某油漆厂装箱工。双方在2010年1月签订劳动合同，合同中约定实行计件工资，标准是每装成品漆一箱，工厂支付20元，李某每月计件定额为400箱成品漆。2011年1月，油漆厂接到某著名装修装潢公司的一张大额订单，为保证能按时交货，油漆厂领导经与工会组织协商讨论后，决定延长职工工作时间，并本着多劳多得的原则核发加班补助。李某得知此决定后欣然同意。1月至6月，李某每月均加班多装100箱成品漆，但厂方却仍按20元/箱的标准向其支付加班工资，共计12000元。

2011年7月的一天，李某巧遇以前同在油漆厂作装箱工的同事小于。双方攀谈中，小于告诉李某，油漆厂支付加班费的标准不符合法律规定。李某得知后，第二天就向油漆厂领导提出按国家规定支付加班工资的要求。但该厂厂长却认为，双方合同明确约定李某实行的是计件工资，在完成每月定额后，多付出的部分也只能按约定的计件工资标准结算，不存在额外增加加班工资的问题，也不适用法律规定的应给付加班工资的情形。李某对此将信将疑，向劳动仲裁提出仲裁申请，请求支付加班工资差额 6000 元。

争议焦点

实行计件工资制是否存在加班费，加班费应当如何计算？

审理结果

支付李某加班工资差额 6000 元。

评析意见

本案的关键问题是，实行计件工资的劳动者是否有权要求支付加班费，以及按何种标准支付加班费。休息和休假权是国家法律赋予全体劳动者的一项权利。劳动法也明确规定，对于实行计件工作的劳动者，用人单位应当根据法定的工时制度合理确定其劳动定额和计件报酬标准。也就是说，用人单位应当为实行计件工作的劳动者核定合理的劳动定额，使得劳动者在完成定额后，能够享受到与实行计时工作的劳动者大致相当的休息时间。因此，如果劳动者在完成计件定额任务后，用人单位又安排其延长工作时间的，应当视为加班，并向其支付加班费。

《工资支付暂行规定》第十三条对此问题作出了明确规定，实行计件工资的劳动者，在完成计件定额任务后，由用人单位安排延长工作时间的，应根据对实行计时工资的劳动者规定的加班费支付原则，分别按照不低于其本人法定工作时间计件单价的 150%、200%、300% 的标准支付其工资。根据上述规定可知，该油漆厂在李某已完成定额任务的情况下，又安排其延长日工作时间，使得其每月均超额完成100箱装箱任务，应将其视为李某的加班工作量。李某并未主张双休日或法定节假日加班，因此该油漆厂应当按双方劳动合同约定的计件单价延时加班的150%支付其加班工资。

3. 综合工时制休息日和法定节假日工作能认定是加班吗

基本案情

某市铁路局下属行包发运站，是一家经过当地劳动行政部门审批实行综合计算工时工作制的企业。2000年年底，随着铁路公安部门加大对非法行包托运的打击力度，作为铁路局系统正规的行包托运部门，该发运站的业务量日益加大，加之春节临近，发运站领导预计工作量还会高幅增长，为此，发运站决定再招聘10名员工。杨某就在此时经人介绍进入发运站工作。双方签订劳动合同时，发运站领导明确告知他，发运站实行综合计算工时工作制。杨某欣然在合同上签了字。春运结束后，杨某心里一盘算，自己在这段时间共计周休息日排班6次，春节假期排班两次，看来可以领到一笔不少的加班费了，杨某很是高兴。可没想到在领工资时，他发现发运站一分钱的加班费都没给他。杨某甚感吃惊，赶紧找到领导询问。领导告诉他说，发运站实行综合计算工时工作制，不执行国家关于加班费的规定。杨某不服到劳动仲裁申请支付加班工资。

争议焦点

执行综合计算工时制，劳动者在休息日和法定节假日提供劳动的，是否应认定为加班。

审理结果

支持杨某申请支付法定节假日的加班工资的请求。

评析意见

《劳动法》第三十九条规定："企业因生产特点不能实行本法第三十六条、第三十八条规定的，经劳动行政部门批准，可以实行其他工作和休息办法。"根据这一原则，原劳动部制定了《关于企业实行不定时工作制和综合计算工时工作制的审批办法》，其中第五条规定了可以实行综合计算工时工作制的职工包括：（一）交通、铁路、邮电、水运、航空、渔业等行业中因工作性质特殊，需连续作业的职工；（二）地质及资源勘探、建筑、制盐、制糖、旅游等受季节和自然条件限制的行业的部分职工；（三）其他适合实行综合计算工时工作制的职工。同时该条规定，综合计算工时工作制即分别以周、月、季、年等为周期，综合计算工作时间，但其平均日工作时间和平均周工作时间应与法定标准工作时间基本相同。发运站实行了综合计算工时工作制，该工时制度是经劳动行政部门审核批准的，因此合法有效。但是，该发运站以实行综合计算工时工作制为理由拒绝向杨某支付任何情况下的加班费的做法于法无据。

原劳动部《关于贯彻执行〈中华人民共和国劳动法〉若干问题的意见》第六十二条明确规定："实行综合计算工时工作制的企业职工，工作日正好是周休息日的，属于正常工作；工作日正好是法定节假日时，要依照劳动法第四十四条第（三）项的规定支付职工的工资报酬。"据此，对于实行综合计算工时工作制的劳动者，要区分其工作日是周休息日还是法定节假日，因为法律对此规定的待遇是不同的。在休息日工作属于正常工作，不应计发加班工资。但是如果职工在法定节假日工作，则应按照《劳动法》的规定支付不低于工资的300%的工资报酬。因此，该发运站拒绝向杨某支付休息日上班的加班工资是符合法律规定的，但是应按300%的标准支付杨某春节法定休假日期间的加班工资。

4. 约定执行"特殊工时制"是否合法

基本案情

汪某于2017年1月4日入职某饮品公司，双方订立了为期3年的劳动合同，约定汪某的工作地点为北京，月工资为18000元，具体工作内容为"营建中心相关工作"。劳动合同中约定，饮品公司实行加班申请制，个人原因需加班的应事先向饮品公司提出书面申请，依据饮品公司的加班申请流程经批准后方可加班，否则不视为加班等。劳动合同中未就汪某的具体工作岗位及执行何种工时制进行约定。入职当日，汪某在《关于实行不定时工作制确认书》上签字确认，饮品公司对包括区域总经理、副总经理、营建经理等岗位实行不定时工作制，公司已经征求了本人意见，本人自愿同意实行等。2018年3月30日，汪某以"工作太累、工作时间过长"为由提出辞职。2018年4月，汪某向仲裁委提出仲裁申请，要求饮品公司支付工作期间的延时及休息日加班费。

争议焦点

双方约定执行“特殊工时制度”是否合法？

审理结果

支持汪某要求支付加班费的仲裁请求。

评析意见

《北京市企业实行综合计算工时工作制和不定时工作制的办法》规定，除企业中的高级管理人员实行不定时工作制不办理审批手续外，其他人员实行综合计算工时工作制或者不定时工作制均须办理审批手续。企业申请实行特殊工时制度应当提交的材料中包含申请说明书，该申请说明书应重点说明不能实行标准工时制度需要实行特殊工时制度的具体原因，涉及的岗位、人数以及综合计算工时工作制的计算周期、工作方式和休息制度。由此可见，企业确因生产经营特点和工作的特殊性不能实行标准工时制的（即每日工作 8 小时，每周工作 40 小时），经人力社保行政部门批准，可以实行特殊工时制度，即综合计算工时工作制或者不定时工作制。对劳动者是否实行特殊工时，不取决于双方在劳动合同中的约定或用人单位的单方告知，而在于劳动者所在的岗位实行特殊工时是否经过人力社保行政部门审批。用人单位不得“巧妙”地将此岗位的特殊工时审批“移植”到彼岗位，从而损害劳动者的相关权益。

本案中，饮品公司认为，双方在劳动合同中约定了实行加班申请制，汪某亦在《关于实行不定时工作制确认书》上签字确认对其实行不定时工作制，且实行不定时工作制经过人力社保行政部门审批，故不同意向汪某支付加班费。为证明上述主张，饮品公司提交了《北京市企业实行综合计算工时工作制和不定时工作制审批表》（以下简称《审批表》），证明对汪某实行不定时工作制已经过行政审批。审批表显示，某区人力资源和社会保障局审批许可饮品公司对区域总经理（1人）、区域副总经理（1人）、门店拓展经理（4人）、商务经理（4人）及营建经理（4人）实行不定时工作制，实行期限为1年。饮品公司主张汪某即为营建经理岗位，但未能就此举证证明。汪某对以上证据不予认可，主张其岗位为工程造价师，并提交了年休假审批表予以证明，饮品公司对该年休假审批表的真实性不持异议。此外，汪某提交了存在加班事实的工作往来电子邮件、考勤打卡记录、与直接主管的通话录音等证据佐证。

仲裁委经审理后认为，汪某提交的年休假审批表佐证其岗位为工程造价师，该岗位并未经过人力社保行政部门审批并确认是执行实行不定时工作制的岗位，故即使汪某在《关于实行不定时工作制确认书》上签字确认，亦不能使饮品公司“移花接木”的行为产生法律效力。

第九章

人事争议

1. 人事聘用关系单方解除的限制性规定

基本案情

赵某于2015年8月3日与北京××医院（以下简称医院）签订《聘用合同书》，聘用合同期限自2015年8月3日至2020年8月2日，赵某从事医师岗位工作。双方系人事聘用关系，赵某为在编人员。2016年10月17日，赵某因个人原因辞职，并提交了《辞职报告》，未获批准。之后，赵某于2017年5月11日通过向医院送达《律师函》的方式再次提出辞职，但医院方回复不同意办理离职手续。赵某认为在其第一次辞职并未获得批准后，6个月后再次提出辞职，按照相关的法律规定，双方已解除《聘用合同书》，医院应为其办理档案转移手续，并就此向仲裁委提出仲裁申请，请求医院为其办理档案转移手续。

医院辩称双方《聘用合同书》期限自2015年8月3日至2020年8月2日，截至本案开庭之日，赵某虽两次提出辞职申请，均未获得批准，且赵某一直仍按照医院的安排正常上班，此期间医院正常按月为赵某发放工资。医院认为双方聘用合同仍正常履行，人事关系并未解除，不同意解除双方《聘用合同》，不同意为赵某办理档案转移手续。

争议焦点

事业单位在编的受聘人员是否有权单方解除《聘用合同书》？

审理结果

支持赵某的仲裁请求。

评析意见

本案赵某作为在编受聘人员向医院提出辞职的程序是否符合法律规定。

根据《关于在事业单位试行人员聘用制度的意见》第六条的相关规定，有下列情形之一的，受聘人员可以随时单方面解除聘用合同：（一）在试用期内的；（二）考入普通高等院校的；（三）被录用或者选调到国家机关工作的；（四）依法服兵役的。除上述情形外，受聘人员提出解除聘用合同未能与聘用单位协商一致的，受聘人员应当坚持正常工作，继续履行聘用合同；6 个月后再次提出解除聘用合同仍未能与聘用单位协商一致的，即可单方面解除聘用合同。另《事业单位试行人员聘用制度有关问题的解释》中规定：受聘人员提出解除聘用合同未能与聘用单位协商一致的，受聘人员应当坚持正常工作，继续履行聘用合同；6 个月后再次提出解除聘用合同，仍未能与聘用单位协商一致，受聘人员即可单方面解除聘用合同。但对在涉及国家秘密岗位上工作，承担国家和地方重点项目的主要技术负责人和技术骨干不适用此项规定。聘用合同解除后，单位和个人应当在 3 个月内办理人事档案转移手续。单位不得以任何理由扣留无聘用关系职工的人事档案；个人不得无故不办理档案转移手续。

赵某为医院在编人员，从事医师岗位。医师作为具有特殊社会意义的工作岗位，其解除《聘用合同》需符合相关规定。赵某在 2016 年 10

月17日提出辞职未获得批准后，继续从事其医师岗位工作六个月，六个月后于2017年5月11日通过向医院送达《律师函》的方式第二次提出辞职。经过两次的辞职申请，赵某依然决定辞职。赵某作为医师六个月内保证其诊疗病人的诊治工作并未受到影响，虽然医院认为赵某还在原岗位工作，但这并不代表赵某愿意继续履行《聘用合同》，且赵某已提前主动向医院表明其辞职态度，医院应当遵照相关规定为赵某办理人事档案的转移手续，以保障双方的合法权利。受聘者无论为何种身份都可以提出解除聘用（劳动）关系，但应注意的是受聘者解除人事聘用关系与劳动者解除劳动关系在程序上的要求有所不同。受聘者及用人单位在明确建立何种聘用关系后，应当严格按照相关规定及流程依法解除聘用关系，以更好地维护两方的合法权益。

2. 人事关系解聘与劳动关系解除之区别

基本案情

2015年8月3日，丁某与某院校签订《聘用合同书》，聘用合同期限自2015年8月3日至2020年8月2日，丁某从事讲师岗位工作。双方系人事聘用关系，丁某为在编人员。因教学安排和授课费用标准的问题，丁某与学校发生了矛盾。2018年11月1日丁某向学校人事部门递交了辞职书。辞职书中称，本人无法接受学校的教学安排，现根据《劳动合同法》等相关法律规定，提前30天向学校提出辞职，请人事部在12月1日为本人办理社保和档案关系的转移手续。学校人事部收到丁某的辞职通知书后，回复明确提出不同意丁某提出的离职时间。12月1日起，丁某没有按时提供教学服务。

2019年1月，丁某提出仲裁申请。要求校方支付工资并办理档案转移手续。上述期间校方没有为丁某支付工资，但缴纳了社会保险费。校方主张，双方签订的聘用合同期限未届满，丁某提出的辞职理由不符合相关规定，双方是人事聘用关系，不是劳动合同关系，丁某依据《劳动合同法》的相关规定提出辞职不应支持。

争议焦点

人事关系和劳动关系的区别。

审理结果

本案庭审后调解结案。

评析意见

根据《关于在事业单位试行人员聘用制度的意见》第六条的相关规定：受聘人员提出解除聘用合同未能与聘用单位协商一致的，受聘人员应当坚持正常工作，继续履行聘用合同；六个月后再次提出解除聘用合同仍未能与聘用单位协商一致的，即可单方面解除聘用合同。根据《事业单位试行人员聘用制度有关问题的解释》第五部分的规定：受聘人员提出解除聘用合同未能与聘用单位协商一致的，受聘人员应当坚持正常工作，继续履行聘用合同；六个月后再次提出解除聘用合同，仍未能与聘用单位协商一致，受聘人员即可单方面解除聘用合同。《北京市事业单位聘用合同制试行办法》第三十二条规定：除本办法第三十一条规定的情形外，受聘人员提出解除聘用合同，应提前30日以书面形式通知聘用单位。未能与聘用单位协商一致的，受聘人员应当坚持正常工作，继续履行聘用合同；六个月后再次提出解除聘用合同仍未能与聘用单位协商一致的，即可单方面解除聘用合同。

《劳动合同法》第三十七条规定，劳动者提前30日以书面形式通知用人单位，可以解除劳动合同。劳动者在试用期内提前3日通知用人单位，可以解除劳动合同。《劳动合同法》第三十八条及《劳动合同法实施条例》第十八条中规定劳动者可以解除劳动合同的情形，共计十三项。

从以上事业单位的相关文件规定及《劳动合同法》《劳动合同法实施条例》的规定来看，事业单位受聘人员在提出解除聘用合同与劳动者相比较条件更为严格。主要区别在于：

一、对于提出解聘的时间不同。事业单位受聘人员只有在有规定的情形下可随时解除聘用关系，其他情形均需要提前向事业单位提出并协商，但是劳动者依据《劳动合同法》第三十八条及《劳动合同法实施条例》第十八条的规定均可以提出解除劳动合同的情形，其中包括不需要事先告知用人单位的情形。

二、对于提出解聘是否需要征得用人单位同意的要求不同。事业单位受聘人员向事业单位提出解聘需与事业单位协商一致，如未协商一致，还需要第二次提出解聘申请。对于劳动者依据《劳动合同法》及《劳动合同法实施条例》提出解除劳动合同时并不是必须以征得用人单位同意为前提，劳动者可以与用人单位解除劳动合同。

三、对于提出解聘的次数要求不同。事业单位受聘人员在除了规定情形以外事业单位受聘人员在第一次未能达成一致的情况下，需继续履行聘用合同六个月，六个月后再次提出解除聘用合同仍未能与聘用单位协商一致的，即可单方面解除聘用合同。对于劳动者提出解除劳动合同，并无协商不一致再次提出解除劳动合同的环节，劳动者单方享有提出解除劳动合同的权利。

从两种解聘程序来看，事业单位受聘人员在提出解除聘用关系时，由于其单位的社会性，受聘人员所从事岗位的社会性，双方聘用关系相对稳定，在解除聘用关系前需要先与受聘单位进行协商，在协商不一致的情形下，给双方六个月的“冷静期”，这六个月受聘者需要正常履行《聘用合同》，即保障原岗位工作的正常履行，同时受聘单位需要做好关于下一步工作的安排；在“冷静期”结束后，如受聘方再次提出解聘申请，双方仍未达成一致，受聘方有权单方解除聘用关系。事业单位受聘人员解除聘用关系的环节更体现在提前与受聘单位协商的过程，以维系较为稳定的聘用关系，特别是保障事业单位的正常工作运转。对于普通的劳动关系，双方主要受社会经济因素制约，与事业单位聘用关系相比较，具有一定的不稳定性，劳动者在市场经济调节的作用下流动性较大，其具有较为宽泛的解除权。受聘者无论何种身份都可以提出解除聘用（劳动）关系，但应注意的是受聘者解除人事聘用关系与劳动者解除劳动关系在程序上要求有所不同。受聘者及用人单位在明确建立何种聘用关系后，应当严格按照相关规定及流程依法解除聘用关系，以更好地维护两方的合法权益。

3. 事业单位能否约定试用期

基本案情

某街道社区服务中心系事业单位。2017 年 7 月，宋某经公开招聘，入职该社区服务中心，约定试用期为 1 年，从事财务工作，宋某系该单位在编人员。

2018年9月6日，社区服务中心向宋某送达了《取消录用通知书》，主要内容为：宋某试用期内违反工作制度、工作纪律，试用期满考核未通过，经研究决定取消其录用资格。2018年10月12日，宋某向仲裁委提出仲裁申请，要求撤销《取消录用通知书》并继续与社区服务中心履行聘用关系。庭审中，社区服务中心主张，其单位于2018年7月对宋某进行了试用期满考核，宋某试用期内违反规定私自离京、出国，群众基础差，且被发现存在同时与第三方建立劳动关系等情况，其行为违反了单位的工作制度及工作纪律，试用期考核结果不合格，故决定取消录用。社区服务中心提交了因私出国管理规定、内网公示制度、宋某病假条及出入境记录、宋某试用期满考核谈话情况、微信记录及会议纪要等证据。宋某对上述证据的真实性不持异议，对其证明目的不予认可。

争议焦点

不同的人事争议有内外不同的救济途径。

审理结果

驳回宋某继续履行聘用关系的仲裁请求。

评析意见

《事业单位人事管理条例》第三十七条规定：事业单位工作人员与

所在单位发生人事争议的，依照《劳动争议调解仲裁法》等有关规定处理；第三十八条规定：事业单位工作人员对涉及本人的考核结果、处分决定等不服的，可以按照国家有关规定申请复核、提出申诉。《事业单位工作人员申诉规定》（人社部发〔2014〕45号）第十一条规定，事业单位工作人员对涉及本人的下列人事处理不服，可以申请复核或者提出申诉、再申诉：（一）处分；（二）清退违规进人；（三）撤销奖励；（四）考核定为基本合格或者不合格；（五）未按国家规定确定或者扣减工资福利待遇；（六）法律、法规、规章规定可以提出申诉的其他人事处理。从上述规定可知，事业单位与其工作人员的不同人事争议有两种不同的救济渠道，即申请人事争议仲裁与申请复核或者提出申诉、再申诉。

本案中，宋某对试用期考核结果有异议，按照规定其应当通过后一种渠道解决。在宋某未申请复核或者提出申诉、再申诉，相关部门未按照管理权限责令社区服务中心撤销（或变更）或者直接撤销（或变更）原考核结果的情况下，社区服务中心做出的考核结果即具有相应的效力。对其做出取消聘用的处理，符合《事业单位公开招聘人员暂行规定》第二十六条“事业单位公开招聘的人员按规定实行试用期制度。试用期包括在聘用合同期限内。试用期满合格的，予以正式聘用；不合格的，取消聘用”的规定，故宋某要求恢复聘用关系的请求无法得到支持。

4. 解除聘用合同需要支付违约金吗

基本案情

申请人王某于2015年11月1日入职某家医院，从事临床医师工作，属于事业编制在编人员。2015年11月1日，双方签订了《聘用合同书》和《服务协议书》。《聘用合同书》第一条约定：“本合同期限自2015年11月1日起至2025年10月31日止，其中试用期自2015年11月1日起至2016年4月30日止。”第十七条约定：“有下列情形之一的，乙方可以随时单方面解除本合同：（一）在试用期内的（国家规定双方约定服务期限的除外）……”第二十八条第一款约定：“任何一方违反聘用合同规定的……违约一方承担的违约赔偿金额见附件。”第三十一条约定：“甲乙双方约定本合同增加以下内容……见《服务协议书》。”第三十五条约定：“本合同期内，乙方提出解除本合同的……连续院龄不满15年的，标准为本人离职前连续12个月实际发放的工资总额的3倍……计算标准：（工资表的应发数＋公积金＋社保单位负担部分＋期间部分的月工资项目）乘以对应的倍数＋期间发放的绩效。”《服务协议书》约定：“自签署本协议之日起，乙方至少在甲方服务15年，服务期内达到法定退休年龄，本协议自动终止。……本服务协议书与《聘用合同书》约定的聘用年限、服务年限及违约金额不互相冲抵。”

2016年3月王某向某医院提出辞职，要求解除聘用合同。王某2015年11月至2016年4月工资总额是20903元、公积金总额是2466元、社保单位负担部分的总额是9758.88元；2015年11月至2016年4月绩效工资总额是3135元。某医院于2016年5月提出仲裁申请：1. 王某支付聘用合同违约金10200元；2. 王某配合医院办理档案转出手续。某医院主张：王某提出辞职，我单位同意解除聘用合同，但是王某应当依据聘用合同支付我单位违约金。支付违约金后，个人档案转出我单位。王某主张：档案同意办理转出，但双方尚处于试用期内，试用期内解除聘用合同，不应承担违约责任。

争议焦点

人事争议案件中，解除聘用合同是否需要支付违约金。

审理结果

王某支付某医院违约金 65800 元，某医院为其办理档案转出手续，王某配合办理档案转出手续。

评析意见

事业单位在编人员与聘用单位因辞职、违约金等引发的争议已成为人事争议中主要多发案件。在此类案件当中，大多数情况是：聘用合同期限未满，在编人员要求解除聘用合同，用人单位要求支付高额违约金，而在编人员拒绝支付违约金。所以需要引起双方注意的有如下两点，一是相关人员在入职事业单位时，应当对工作环境、工作发展、薪酬待遇做好全面的考察和准备，尤其应当避免以入职事业单位为解决户口或其他工作过渡的这种“跳板”心理。因为根据现行的相关法律法规及政策规定，个人提出解除聘用合同属于支付违约金的情形。所以对于个人而言，提出解除聘用合同也意味着面临支付高额违约金的风险，更有可能因此陷入漫长的诉讼环节，耗时耗力。二是对于用人单位而言，一方面应当多方面多渠道提高职工福利待遇，创造吸引人才留住人才的机会，另一方面也应当完善自身聘用合同及管理制度，改进工作机制，在保障职工利益的同时也保证本单位人员及工作的相对稳定性、连贯性。

《北京市事业单位聘用合同制试行办法》第三十一条规定：“有下

列情形之一的，受聘人员可以随时单方面解除聘用合同：（一）在试用期内的（国家规定双方约定服务期限的除外）……”在本案中，王某虽主张于试用期内提出辞职，但其与某医院已签订服务期协议并约定服务期限，故其还应依照《聘用合同书》及《服务协议书》承担相应的违约责任。由于王某在某医院工作不满一年，依据《聘用合同书》第三十五条约定，仲裁委裁决王某支付某医院违约金65800元。

5. 未签订聘用合同诉求“双倍工资”是否应支持

基本案情

王某于1990年由某国有企业调入某设计院担任出纳。2003年，该市事业单位全面开展人事制度改革，该设计院也在改革当中。2003年年底，设计院根据《关于在事业单位试行人员聘用制度的意见》（国办发〔2002〕35号）和《北京市事业单位聘用合同制试行办法》的精神和规定，组织全院开展聘用合同制工作，与除王某等5人外的所有职工签订《聘用合同书》，建立聘用关系，约定聘用期限为5年。2009年11月，王某在财务审计中被发现存有违纪行为，并给单位造成经济损失，2009年12月，某院根据规章制度解除与王某的人事关系。2010年元月，王某以单位2008年1月以后未与其签订合同，依据《劳动合同法》有关规定，向市人事争议仲裁委申请仲裁。某设计院提出，王某于1990年进入我单位从事出纳工作，2003年单位根据市人事局要求开展全院全员聘用合同制工作，根据《关于在事业单位试行人员聘用制度的意见》精神，我单位针对单位“老人”和“新人”，采取不同的聘用方式即“老人老办法，新人新办法”，包括王某在内的5位“老人”，单位未与他们签订聘用合同，因为他们基本上都已经符合签订至退休合同的条件，我单位已经实行聘用制，虽未签聘用合同，但我们之间实际上已经形成了事实聘用关系，针对“新人”我们是严格按照聘用制的相关规定，与受聘人员签订聘用合同，而且设计院属于事业单位，事业单位不存在双倍工资的问题。王某请求支付2008年2月至解除人事关系的期间每月二倍工资的差额部分。

争议焦点

事实聘用关系双倍工资差额是否有依据。

审理结果

驳回申请人王某的仲裁请求。

评析意见

《劳动合同法》第九十六条规定：“事业单位与实行聘用制的工作人员订立、履行、变更、解除或者终止劳动合同，法律、行政法规或者国务院另有规定的，依照其规定；未作规定的，依照本法有关规定执行。”根据《人事部办公厅对江西省人事厅情况反映的答复意见函》（国人厅函〔2007〕153号）可以得知，《国务院办公厅转发人事部关于在事业单位试行人员聘用制度意见的通知》（国办发〔2002〕35号）是规范事业单位人员聘用合同的国务院办公厅文件，属于《劳动合同法》第九十六条“国务院另有规定”的范围。《关于在事业单位试行人员聘用制度的意见》和《事业单位试行人员聘用制度有关问题的解释》（国人部发〔2003〕61号）等文件中，并没有针对未签聘用合同给予相应处罚或补偿的规定，同时也未找到事业单位在试行聘用合同制改革过程中，必须与职工签订聘用合同的规定，只是要求与职工都要实行聘用制度。

本案所涉及的情况在当前事业单位人事制度改革过程中并不少见，《关于在事业单位试行人员聘用制度的意见》下发后，事业单位陆续进行聘用合同制工作，有些事业单位走在改革的前端，完成聘用制度改革，有些单位还停滞在事业单位人事制度改革的摸索阶段，未真正开始实行聘用合同制。就本案件来说，该单位虽已实行聘用合同制，但在人员管理上却存有“老人老办法，新人新办法”的管理模式。单位与职工未签订聘用合同仍继续履行管理与被管理、提供服务与支付报酬的相关权利、义务，因单位实行聘用合同制，可视为双方之间存有事实上的聘用关系，双方发生人事争议后，应以聘用合同制的相关规定给予调整，当事人依据《劳动合同法》规定主张权利不应支持。

6. 人事关系与劳动关系如何界定

基本案情

2001年7月1日，赵先生（29岁）入职某技能培训中心，岗位是教师，双方签订的最后一份聘用合同期限自2013年9月1日至2016年8月31日。某技能培训中心于2016年7月告知赵先生不再续签聘用合同。赵先生于2016年7月26日以电子邮件形式要求某技能培训中心签订无固定期限劳动合同。某技能培训中心于2016年7月向赵先生解释称，双方系人事关系，不适用劳动法律的相关规定，双方聘用合同于2016年8月31日到期终止。

赵先生主张其与某技能培训中心系劳动关系，双方已连续签订两次聘用合同，且其在某技能培训中心已连续工作10年以上，某技能培训中心应向其支付违法终止劳动合同赔偿金。赵先生就其主张提供了两份《聘用合同书》、一份《终止聘用合同通知书》、电子邮件作为证据。两份《聘用合同书》显示期限分别为2008年12月26日至2012年1月31日、2013年9月1日至2016年8月31日，其中均约定有人事争议处理条款。《终止聘用合同通知书》显示有某技能培训中心通知赵先生双方的聘用合同于2016年8月31日期限届满，某技能培训中心决定聘用合同终止后不再续订，到期后即行终止，并通知赵先生到人事处办理终止聘用合同手续的内容。

某技能培训中心主张其与赵先生系人事关系，双方关于聘用合同到期终止事项应适用事业单位人事管理规定和聘用合同规定，而非适用劳动合同法的相关规定。某技能培训中心就其主张提交了《机构编制委员会办公室关于北京某技能培训中心隶属关系的说明》《全国普通高等学校本专科毕业生就业通知书》《某人事局（干部）介绍信》《事业单位干部（聘干、工人）调动审批表》作为证据。《机构编制委员会办公室关于北京某技能培训中心隶属关系的说明》显示："北京某技能培训中心……为经费自理事业单位，于1984年成立。"《全国普通高等学校本专科毕业生就业通知书》显示："某技能培训中心：按照国家制定的2001年高等学校毕业生就业方案，现有……毕业生赵先生到你处报到。"《某人事局（干部）介绍信》显示："某技能培训中心：兹介绍赵先生等一名同志到你处分配工作，请接洽。"加盖有"某人事局干部调配科"字样印章、落款日期为2001年8月13日。《事业单位干部（聘干、工人）调动审批表》显示有赵先生基本信息、单位编制数、现有人数等内容，调入单位及单位领导意见处载有“同意接收”字样及“××× 大学人事处”字样印章。赵先生向仲裁委提出签订无固定期限劳动合同的仲裁请求。

争议焦点

劳动关系与人事关系的界定。

审理结果

驳回赵先生的仲裁请求。

评析意见

本案中，《聘用合同书》约定有人事争议处理条款；《机构编制委员会办公室关于北京某技能培训中心隶属关系的说明》中显示：“北京某技能培训中心……为经费自理事业单位，于 1984 年成立；”《某人事局（干部）介绍信》中加盖有“某人事局干部调配科”字样印章、《事业单位干部（聘干、工人）调动审批表》中加盖有“××× 大学人事处”字样印章。上述证据可以形成证据链，证明某技能培训中心所持赵先生与其系人事关系的主张。赵先生虽主张其与某技能培训中心系劳动关系，但并未提交足以反驳上述证据的证明材料，故仲裁委对其主张未予采信。

赵先生属于较早入编的事业单位人员，当时入编流程与近几年公开招考流程不同，相关单位无法提供单一、明确的能体现员工在编人员身份的证据，需要裁审部门结合员工相关档案材料等进行认定。赵先生系某技能培训中心事业编制人员，与某技能培训中心建立了人事关系而非劳动关系，故其与某技能培训中心之间就是否应支付违法终止赔偿金所引发的纠纷，应当优先适用处理人事争议的有关法律法规。《关于在事业单位试行人员聘用制度的意见》中规定："对在本单位工作已满25年或者在本单位连续工作已满10年且年龄距国家规定的退休年龄已不足10年的人员，提出订立聘用至退休的合同的，聘用单位应当与其订立聘用至该人员退休的合同。"而赵先生并不符合该情形，故某技能培训中心终止与赵先生之间到期的聘用合同的行为合法，同时，赵先生的情形亦不符合《北京市事业单位聘用合同制试行办法》及北京市人事局关于印发《北京市事业单位试用聘用合同制有关政策说明》的通知中所列事业单位应向聘用制员工支付经济补偿金的情形，故仲裁委对赵先生的请求未予支持。

那么，什么是劳动关系，什么是人事关系，以及两者之间的区别是什么，笔者就延伸的相关问题，作出如下讲解：

1. 两者的概念和用工主体不同

劳动关系主要指劳动者与用人单位（包括各类企业、个体工商户、机关事业单位等）在实现劳动过程中建立的社会经济关系。从广义上讲，生活在城市和农村的任何劳动者与任何性质的用人单位之间因从事劳动而结成的社会关系都属于劳动关系的范畴。从狭义上讲，现实经济生活中的劳动关系是指依照国家劳动法律法规规范的劳动法律关系，即双方当事人是被一定的劳动法律规范所规定和确认的权利和义务联系在一起的。根据原劳动和社会保障部《关于确立劳动关系有关事项的通知》（劳社部发〔2005〕12号）的规定，用人单位招用劳动者未订立书面劳动合同，但同时具备下列情形的，劳动关系成立：（一）用人单位和劳动者符合法律、法规规定的主体资格；（二）用人单位依法制定的各项劳动规章制度适用于劳动者，劳动者受用人单位的劳动管理，从事用人单位安排的有报酬的劳动；（三）劳动者提供的劳动是用人单位业务的组成部分。另外，《劳动合同法》第七条规定：用人单位自用工之日起即与劳动者建立劳动关系。用人单位应当建立职工名册备查。根据该法第四条的规定，劳动关系的基本内容包括劳动者与用人单位之间的劳动报酬、工作时间、休息休假、劳动安全卫生、保险福利、职工培训、劳动纪律、劳动定额与奖惩等。

人事关系一般是指人事行政关系，是指在人事行政管理活动中，各级人事行政机关之间，人事行政机关与其他国家机关、企事业单位之间以及人事行政机关与国家工作人员之间发生的各种社会关系。人事争议中的人事关系主要是用人单位与劳动者之间因录用、培养、考核、奖惩、工资、福利、保险、档案及流动调配等人事管理活动所形成的权利义务关系。其一，人事关系现阶段的主体是一个复杂多层次的主体。包括：国家和地方各级行政机关的一般国家公务员和工勤人员；国家和地方各级行政事业单位的工作人员和工勤人员；各类技术人员；军队转业干部、退伍军人；退休退职的干部和职工；部分企业职工。这从《国家公务员暂行条例》（现已被《公务员法》替代）的有关规定可以看出。如该条例第十七条规定："中央国家行政机关国家公务员的录用考试，由国家人事部门负责组织。地方各级国家行政机关国家公务员的录用考试，由省级人民政府人事部门负责组织"；第三条规定："本条例适用于各级国家行政机关中除工勤人员以外的工作人员。"另外，1988 年国务院机构改革后，人事部内设机构为"办公室、政策法规处、综合计划处、干部调配处、考核奖惩处、培训教育处、职称评定处、工资福利处、退休处、专业技术干部处、军队转业干部安置办公室、机构编制委员会”，从中也可看出人事关系主体的复杂性。其二，人事管理中的工作人员的劳动报酬由组织考核而定。如《国家公务员暂行条例》第六十四条规定：“国家公务员的工资制度贯彻按劳分配的原则。国家公务员实行职级工资制。国家公务员的工资主要由职务工资、级别工资、基础工资和工龄工资构成。国家公务员按照国家规定享受地区津贴和其他津贴。”又如，第二十六条规定：“年度考核结果作为对国家公务员的奖惩、培训、辞退以及调整职务、级别和工资的依据。”其三，人事关系适用的法律、法规、条例为多门、多部。如《宪法》《行政诉讼法》《行政复议法》《行政处罚法》《国家赔偿法》等。

2. 两者的表现形式和法律适用等方面不同

第一，建立关系的合同表现形式不同。劳动关系主体双方签订的合同为劳动合同；人事关系主体双方签订的合同为聘用合同。两种合同的必备条款不同，《劳动合同法》第十七条规定，劳动合同应当具备以下条款：（一）用人单位的名称、住所和法定代表人或者主要负责人；（二）劳动者的姓名、住址和居民身份证或者其他有效身份证件号码；（三）劳动合同期限；（四）工作内容和工作地点；（五）工作时间和休息休假；（六）劳动报酬；（七）社会保险；（八）劳动保护、劳动条件和职业危害防护；（九）法律、法规规定应当纳入劳动合同的其他事项。劳动合同除前款规定的必备条款外，用人单位与劳动者可以约定试用期、培训、保守秘密、补充保险和福利待遇等其他事项。《北京市事业单位聘用合同制试行办法》第十四条规定，聘用合同必须具备下列条款：（一）聘用合同期限；（二）岗位（工作）及其职责要求；（三）岗位（工作）纪律；（四）劳动保护和岗位（工作）条件；（五）工资、福利待遇；（六）聘用合同变更和终止的条件；（七）违反聘用合同的责任。聘用合同除上述必备条款外，经当事人双方协商一致，可以约定试用期、培训、知识产权保护、解聘提前通知时限等其他条款。

第二，争议适用的法律法规不同。劳动争议主要适用《劳动法》《合同法》（现为《民法典》）、《北京市劳动合同规定》等法律法规。人事争议适用于规章制度等人事政策文件，主要包含《事业单位人事管理条例》《国务院办公厅转发人事部关于在事业单位试行人员聘用制度意见的通知》等规定。

第三，国家实现管理职能的主体以及管理关系不同。人事关系是国家人事行政管理机关对国家机关、事业单位以及工作人员之间存在的一种具有直接利害关系的行政法律关系。劳动关系是国家劳动行政管理机关监督各类企业执行国家劳动法律法规，从而实现以保护劳动者合法权益为主的一种非直接利害关系的监督关系。国家劳动行政管理机关与各类企业、劳动者之间不具有直接的行政法律关系。

7. 聘用合同和劳动合同违约金的区别

基本案情

吕某属事业单位在编职工，于2014年7月入职某市属公立医院，双方订立了为期5年的聘用合同。在该聘用合同中双方约定，如果吕某违反聘用合同约定提前离职，须向医院支付违约金10万元，按工作年限递减。2017年2月，吕某向医院提出辞职，医院未同意其辞职。后经协商，双方订立了《解除聘用合同协议》，吕某向医院支付了违约金4万元，医院同意当月为其办理离职手续。2017年4月，吕某向仲裁委提出仲裁申请，要求医院返还其支付的违约金4万元。

争议焦点

违约金条款在劳动合同与聘用合同中约定的区别。

审理结果

驳回吕某要求医院返还违约金的仲裁请求。

评析意见

按照《劳动合同法》的规定，除在与劳动者订立服务期协议和竞业限制协议或条款的情况下，可与劳动者约定违约金，其他情况下均不得约定由劳动者承担违约金。按照《北京市事业单位聘用合同制试行办法》第十四条的规定，违反聘用合同的责任条款属于聘用合同的必备条款。该办法第四十三条规定，属于下列情形之一的要承担违约责任：（一）任何一方违反聘用合同规定的；（二）聘用合同未到期，又不符合解除条件，单方面解除聘用合同的；（三）由于聘用单位原因订立无效或部分无效聘用合同的。违约金数额由双方当事人在聘用合同中自行约定，在聘用合同中未约定，但造成可计算经济损失的，由责任人按照实际损失承担经济赔偿责任。从上述规定来看，事业单位与其在编工作人员可双向约定违约金，且不限于双方订立有服务期协议等情形。

本案中，双方订立的聘用合同及《解除聘用合同协议》是双方当事人真实意思表示，不违反法律法规的强制性规定，亦不存在采取欺诈、胁迫等手段订立或内容显失公平等情形，故该聘用合同及《解除聘用合同协议》对双方当事人具有约束力。吕某向医院支付违约金亦符合双方在聘用合同中对违约责任的约定，故裁决驳回吕某的仲裁请求。

第十章

女职工“三期”劳动保护

1. 孕期女职工的特殊保护

基本案情

2014年11月19日，任某入职某出租汽车公司担任出租汽车驾驶员，双方签订了为期6年的劳动合同和承包运营合同。2016年8月1日至10月31日，任某因怀孕不适休病假。2016年11月15日该出租汽车公司通知任某称：“你自2016年8月1日起开始享受医疗期待遇，10月31日你的医疗期限届满。公司曾电话通知你返岗工作，但你至今一直未到公司上班，亦未履行相关请假手续或办理相关手续，根据劳动部关于发布《企业职工患病或非因工负伤医疗期的规定》第六条的规定，再次通知你于2016年11月18日前至公司报到或提交劳动能力鉴定材料，逾期未到视为你放弃劳动能力鉴定，公司将按旷工处理，连续旷工15日或年内累计旷工30日，公司将与你解除劳动合同。”

2016年11月28日，该出租汽车公司通知任某：“因你自2016年10月31日起连续旷工28日，即日公司与你解除劳动合同。”2017年1月任某向仲裁委提出仲裁申请，要求恢复劳动关系，继续履行劳动合同。庭审中，任某称其实际工作至2016年7月31日，自2016年11月起出租汽车公司拒绝收取其病假条。出租汽车公司对此未予否认。根据任某提交的医疗机构产前检查记录显示首次登记时间为2016年8月，此外任某还提交了2016年11月和2016年12月由医疗机构出具的病假条。

争议焦点

女职工孕期能否视为医疗期，能按医疗期的相关规定解除劳动关系吗？

审理结果

裁决双方恢复劳动关系，继续履行劳动合同。

评析意见

《劳动合同法》第四十条第一项规定，劳动者患病或者非因工负伤，在规定的医疗期满后不能从事原工作，也不能从事由用人单位另行安排的工作的，用人单位提前三十日以书面形式通知劳动者本人或者额外支付劳动者一个月工资后，可以解除劳动合同。如任某并非孕妇，也无《劳动合同法》第四十二条规定的其他情形，用人单位确可按照法定程序与其解除劳动合同。但本案中任某正处于孕期，《劳动合同法》第四十二条对此作出了特殊的保护性规定，即对于处于孕期、产期、哺乳期的女职工，用人单位不得依照本法第四十条、第四十一条的规定解除劳动合同。某出租汽车公司虽注意到了《劳动合同法》第四十条用人单位享受的单方解除权，但忽视了该法第四十二条对女职工权益保护的特殊规定，作出与任某解除劳动合同的通知违反了强制性法律规定，属于违法解除劳动合同的行为。鉴于任某要求继续履行劳动合同，故仲裁委依据《劳动合同法》第四十八条的规定，支持了任某的仲裁请求。

2. 孕期女职工的工资标准认定

基本案情

靳女士于2015年3月1日入职某劳务服务公司，并于入职当日被派遣到某公司管理处从事会议服务员工作，约定月工资为4000元。靳女士在工作中一直勤勤恳恳，并得到公司领导的好评，但直至2017年2月28日，该管理处因靳女士怀有身孕近6个月，身体情况及形象不适应会议服务员的工作需要，根据与劳务服务公司的协议，故将靳女士退回与之存在劳动关系的劳务服务公司。劳务服务公司又因暂时没有适合的岗位提供给靳女士，故安排靳女士在家休息，并按照劳动合同约定，以同期北京市最低工资为标准支付靳女士2017年3月1日之后的工资。靳女士认为并非自己的过错被退回劳务服务公司，且自己在怀孕期间，工资标准不能随意降低，坚持要求劳务服务公司按照每月4000元的标准予以补发差额。劳务服务公司则主张根据《劳动合同法》的相关规定，公司在靳女士无工作期间依法依约按照同期北京市最低工资标准支付工资并无不妥。

争议焦点

女职工进入“三期”后工作不便是否可以降低工资标准?

审理结果

经调解，双方解除劳动关系，劳务服务公司支付靳女士在职期间工资差额及解除劳动关系经济补偿金。

评析意见

对于被派遣劳动者无工作期间的工资标准，在《劳动合同法》第五十八条第二款中作出了明确规定，即“劳务派遣单位应当与被派遣劳动者订立二年以上的固定期限劳动合同，按月支付劳动报酬；被派遣劳动者在无工作期间，劳务派遣单位应当按照所在地人民政府规定的最低工资标准，向其按月支付报酬”。而据此规定，劳务服务公司在靳女士无工作期间向其发放同期北京市最低工资确实有法有据。

但于本案而言，被派遣劳动者身份比较特殊，是正处于孕期中的女职工，其工资的确定也存在特殊性。因女职工在怀孕、生育等情况下可能面临因生理特点造成难于找工作或工资待遇降低等特殊困难，因此出于对女职工的特殊保护，我国法律法规对于处于上述期间的女职工作出了特别规定，充分保证其权益不受侵害。依据《妇女权益保障法》第二十七条之规定，“任何单位不得因结婚、怀孕、产假、哺乳等情形，降低女职工的工资……”，以及《女职工劳动保护特别规定》第五条之规定，“用人单位不得因女职工怀孕、生育、哺乳降低其工资、予以辞退、与其解除劳动或者聘用合同”。由此可见，即便女职工不能适应工作岗位，用人单位可以调整工作内容，但不能降低女职工工资。

本案中，靳女士在怀孕期间被退回劳务服务公司，该劳务服务公司按照北京市最低工资标准支付靳女士工资显然违反对女职工特殊保护的法律规定，故应当按照原工资待遇补足工资差额部分。

3. 产假届满后病假期间应享受什么待遇

基本案情

陈某在北京某文化演出公司工作，2012年因生育在家休产假。由于属大龄产妇，陈某产后身体十分虚弱，休产假期间又不幸并发急性肾炎。2012年9月14日，陈某产假期满，但由于其肾炎症状未见好转，经医院诊断，她仍需在家休养治疗。当日，陈某根据诊断书中的建议，委托家人向公司领导提交了休息病假一个月的申请。公司领导当即批示同意，并嘱咐其在家安心养病，照顾好小孩。经过一个月的调养，陈某身体基本恢复，并于2012年10月15日返岗上班。月底陈某领取工资时发现，9月14日至10月15日公司仅支付了300元工资。陈某当即向公司领导提出质询，公司领导答复：“产假期满后仍不能上班，应该视为缺勤，公司本来是有权不支付劳动报酬，但考虑到病休实际困难，加之以前的工作表现良好，出于照顾才支付了300元。”陈某对此难以接受，认为公司应按产假工资标准支付病休期间的工资。双方协商未果，陈某申请劳动争议仲裁。

争议焦点

女职工产假结束后，因身体原因不能提供正常工作的，病假期间应享受什么待遇？

审理结果

北京某文化演出公司按病假工资补发陈某的工资差额。

评析意见

《劳动法》及国务院《女职工劳动保护特别规定》均对女职工生育享受的产假天数以及产假期间的工资待遇作出了明确规定。该文化演出公司根据上述规定给予陈某相应的产假期及工资待遇，双方对此并无异议。但是陈某产假期满后，在其因病仍不能上班的情况下，该以什么标准向其支付病假期间的待遇，是本案的争议点。

原劳动部《关于女职工生育待遇若干问题的通知》第三条（现已失效）规定："女职工产假期满，因身体原因仍不能工作的，经过医务部门证明后，其超过产假期间的待遇，按照职工患病的有关规定处理。"也就是说，陈某产假期满后，如果因身体原因需继续休假，在有相关医疗部门证明的前提下，可以享受医疗期待遇，因此该公司应按职工患病或非因工负伤治疗期间的工资待遇标准给付陈某劳动报酬。原劳动部《关于贯彻执行〈中华人民共和国劳动法〉若干问题的意见》第五十九条规定："职工患病或非因工负伤治疗期间，在规定的医疗期间内由企业按有关规定支付其病假工资或疾病救济费，病假工资或疾病救济费可以低于当地最低工资标准支付，但不能低于最低工资标准的 80%。"因此，根据上述规定，该公司应在陈女士病假期间支付其病假工资，并且不得低于北京市最低工资标准的 80%。医药公司在陈某病假期间仅支付 300 元工资，显然是违法的行为。

4. 女职工产前检查属于正常工作时间吗

基本案情

付女士于2011年6月入职某航空公司，担任出纳一职，双方签订3年期固定期限劳动合同。合同中约定付女士的月基本工资为1800元，加上岗位工资每月共计6000元，付女士在职期间航空公司未为其缴纳生育保险。2012年9月付女士怀孕，之后一直坚持工作，只是有时按照医院的要求进行产前检查，但每次产检航空公司都将此算作事假，并扣发付女士相应的事假工资。2013年6月5日付女士剖宫产生育一女，产假期间航空公司一直按照付女士基本工资1800元的标准每月向其支付工资。付女士于2014年6月3日提起仲裁，请求航空公司支付产检和产假期间工资差额。

争议焦点

女职工产检期间，用人单位按事假扣发工资合法吗？

审理结果

支持付女士补发产假期间工资差额的仲裁请求。

评析意见

依据《女职工劳动保护特别规定》第六条的规定，女职工依法享有产前检查的权利，怀孕女职工如在劳动时间内进行产前检查，所需时间应计入劳动时间，且用人单位应为怀孕女职工适时的提供方便，女职工在劳动时间进行产前检查的，按出勤对待，不能按病假、事假、旷工处理。因此，航空公司应支付付女士产检期间被克扣的工资。由于航空公司没有为付女士缴纳生育保险，因此付女士产假期间工资应由航空公司承担，工资标准参照她正常出勤的月工资水平。

我国法律对于女职工，特别是处在孕期、产期和哺乳期内的女职工，有一系列的特别保护措施。除了上述《女职工劳动保护特别规定》以外，《劳动合同法》也规定处在“三期”内的女职工，用人单位不得依据本法第四十条和第四十一条解除劳动合同。劳动合同期限届满而女职工尚处在“三期”内的，劳动合同应顺延至“三期”期满。但是法律对于女职工的特别保护也并非无限的，如果女职工严重违反用人单位的规章制度，或者营私舞弊给用人单位造成重大损害的，用人单位有权依法解除劳动合同。另外，如果女职工与用人单位协商一致也可以解除劳动合同。

5. 哺乳期期间按事假处理违法吗

基本案情

许女士是某医药公司的文秘，双方签有无固定期限劳动合同，月工资约定为2800元。2012年10月，许女士生育一子并开始休产假。2013年1月产假期满恢复上班。由于居住的地点离单位较远，上班后给孩子喂奶就成了难题，为此许女士很是着急。她记得休产假时曾听邻居说起，女职工有权要求单位安排哺乳时间。于是许女士试着向领导提出每天提前1个小时下班，以便能早点回家给孩子喂奶，领导听后略作考虑就答应了她的要求。可没想到月底发薪时，公司扣除了许女士的部分工资。她十分不解，于是向公司人事科询问。人事科科长告诉她说：“公司内部规章制度明确规定，女职工在哺乳期间，确需在上班时间哺乳的，不得超过1个小时，同时按事假处理。”原来公司是把许女士每天的哺乳时间算作事假来处理的，并按每天1个小时扣发了相应的事假工资。许女士认为公司的做法不合适，既然正式批准了每天享有1小时的哺乳时间，就不应该再扣工资了，而且领导也没有明示，期间要按事假扣发工资。许女士向单位提出意见后，没有得到回复，无奈向仲裁委提出仲裁申请，请求补发哺乳期的工资差额。

争议焦点

用人单位规定哺乳期用时按事假扣发工资合法吗？

审理结果

某医药公司应当补发许女士哺乳期的工资差额。

评析意见

对本案例中争执的问题，其实法律早已有了明确说法。根据《女职工劳动保护特别规定》第九条的规定，有不满一周岁婴儿的女职工，用人单位应当在每天的劳动时间内为哺乳期女职工安排1小时哺乳时间。多胞胎生育的，每多哺乳一个婴儿，每次哺乳时间增加1小时。该医药公司的内部规章制度规定将女职工哺乳时间统计为事假，并按事假标准扣发相应工资，显然违反了上述法律规定，应认定为无效条款并予以撤销。因此，医药公司扣发许女士哺乳期间工资的行为缺乏法律依据，严重侵害了女职工的合法权益，应当及时改正并补发所扣工资。

通过上述案例我们提示用人单位，在起草、制定公司规章制度的过程中，不仅程序要合法，内容也要合法，否则侵犯到劳动者的合法权益，引发劳动争议，这既不利于提高劳动者的工作积极性，也不利于整个企业劳动生产率的提高。

6. 应如何调整孕期女职工的工作岗位

基本案情

郑某在某市区食品公司工作，岗位是行政文员。2016 年 10 月 23 日，劳动合同期满后，双方继续了劳动合同，劳动合同中约定郑某仍在原岗位工作，同时郑某向单位通报了自己怀孕的情况。2016 年 11 月 9 日，公司要求与郑某续订劳动合同，工作岗位变更为某远郊区仓库理货员，且按公司新规定产检当天计为病假，发放病假工资。郑某不同意，要求按原劳动合同继续履行。公司以原行政岗位已有新人替代为由拒绝履行，并告知因郑某不到新岗位工作将与其解除劳动关系。为此双方发生争议，郑某请求：1. 该食品公司支付工资差额并继续履行原劳动合同至哺乳期结束。2. 该食品公司支付 2016 年 12 月 1 日至 2017 年 3 月 31 日的工资。

争议焦点

未经协商一致，用人单位擅自为“三期”女职工调岗是否合法？

审理结果

1. 产检期间按正常劳动补足工资、按原劳动合同约定继续履行至孕期、产期、哺乳期结束；

2. 该食品公司按原劳动合同约定工资支付郑某2016年12月1日至2017年3月31日工资。

评析意见

调整怀孕女职工工作岗位，应当考虑女职工的身体情况和工作强度等，不得加重其工作量或者安排与怀孕女职工不相适应的岗位。该食品公司安排郑某到某远郊区从事仓库理货员工作的行为，不仅增加了上班的路程，而且加重了怀孕女职工的劳动量，显然不合理，且违反了《女职工劳动保护特别规定》第六条第一款“女职工在孕期不能适应原劳动的，用人单位应根据医疗机构的证明，予以减轻劳动量或者安排其他能够适应的劳动”的规定。另外，该食品公司将郑某的产检期间视为病假，支付病假工资的行为违反了《女职工劳动保护特别规定》第六条第三款“怀孕女职工在劳动时间内进行产前检查，所需时间计入劳动时间”的规定。

该食品公司以郑某未到新岗位工作为由与其解除劳动关系，解除理由不成立，违反了《劳动合同法》的有关规定。用人单位应当维持或者提高劳动合同约定条件续订劳动合同。《劳动合同法》第四十八条规定了“用人单位违反本法规定解除或者终止劳动合同，劳动者要求继续履行劳动合同的，用人单位应当继续履行”。该法第四十五条规定了“劳动合同期满，有本法第四十二条规定情形之一的，劳动合同应当续延至相应的情形消失时终止”。第四十二条第四项规定的情形是“女职工在孕期、产期、哺乳期的”。该食品公司未按原劳动合同约定继续履行，应承担不利后果。

7. 女职工在“三期”内违反劳动纪律能解除劳动合同吗

基本案情

刘某系某外贸公司女员工，2014 年 3 月入职，双方订立了为期 3 年的劳动合同。2016 年 11 月，刘某产后回外地老家休产假，产假期满后因感身体不适，又向外贸公司申请休病假 1 个月，并出具了医院的诊断证明。病假期满后刘某向外贸公司请事假，提出继续在家休息调养，外贸公司同意刘某休 1 个月的事假。事假期限届满后，刘某未回公司报到，也没有办理续假手续，外贸公司主动与刘某联系，发现刘某的手机不是关机就是无人接听。持续近两周后，外贸公司只好向刘某老家的住址寄送了《返岗通知书》，要求其在收到该通知书后一周内到公司报到上班。刘某在限期返岗的期限届满后的第 5 日回到外贸公司报到。次日，外贸公司以刘某连续旷工，严重违反用人单位规章制度为由，解除了与刘某的劳动合同。刘某认为自己处于“三期”，应当受到特别保护，外贸公司的解除行为违法，遂申请劳动仲裁，要求外贸公司支付违法解除劳动合同赔偿金。

争议焦点

处于“三期”的女职工，在违反用人单位规章制度的情况下，解除劳动关系受限制吗?

审理结果

驳回了刘某的仲裁请求。

评析意见

我国《劳动合同法》及其相关法律规定，对“三期”女职工保护有特别规定。如《女职工劳动保护特别规定》第五条规定，用人单位不得因女职工怀孕、生育、哺乳降低其工资、予以辞退、与其解除劳动或者聘用合同。《劳动合同法》第四十二条规定，女职工在孕期、产期、哺乳期的，用人单位不得依照本法第四十条、第四十一条的规定解除劳动合同。

但对“三期”女职工的保护是有条件的，并非无原则。现实生活中，有部分女职工因孕而“有恃无恐”，如不请假、不到岗、不接受工作安排等，一些用人单位也因不知该如何实现对“三期”女职工的管理权而“谈孕色变”。实质上，上述法律规定是指用人单位不得单纯以女职工“三期”为由降低工资、解除劳动合同，并不能理解为在任何情形下，用人单位都不得与“三期”女职工解除劳动合同。“三期”女职工如有符合《劳动合同法》第三十九条规定情形的，如严重违纪、给用人单位造成重大损失等，用人单位仍可行使单方解除权，故“三期”女职工不能以自己处于“三期”为由而不受用人单位依法制定的规章制度的约束。

本案中，刘某休完事假后继续在家休养，病假期限届满没有及时办理续假手续，也没有做出合理的解释或说明，在公司发出返岗通知期限届满，也没有按时返回工作岗位。刘某无视公司的管理，出现了旷工的事实，公司依据规章制度，对其做出解除劳动合同关系的处理，有解除依据，应当予以支持。

8. 用人单位以员工“未婚先孕”为由解除劳动合同合法吗

基本案情

王女士于2012年9月入职某科技创新公司，担任销售员，双方签订了书面劳动合同，合同期限自2012年9月1日至2015年8月31日。2015年2月至2015年4月，王女士一直口头向某科技创新公司申请病假，但一直未提交病假条。2015年4月，某科技创新公司催促王女士到岗工作，或者提交病假条说明情况。王女士向某科技创新公司提交了医院出具的《诊断证明书》，证实了王女士已怀孕5个月。某科技创新公司以王女士尚未登记结婚，在未取得准生证明的情况下怀孕，违反了国家计划生育的有关法律，造成恶劣影响为由，与其解除了劳动合同。王女士认为公司的理由不成立，要求某科技创新公司继续履行劳动合同。

争议焦点

未婚生育的女职工是否应受到《劳动合同法》的相关保护。

审理结果

裁决某科技创新公司与王女士继续履行劳动合同。

评析意见

由于女职工的生理特点，在特定时期，劳动工作中会存在一些特殊困难。为保护女职工的健康，减少和解决她们因生理特点而造成的特殊困难，国家对女职工实行特殊劳动保护。《女职工劳动保护特别规定》《劳动法》《劳动合同法》《劳动合同法实施条例》，都明确规定了在女职工孕期、产期、哺乳期应享受的相关待遇。某科技创新公司与王女士建立了劳动关系，应当遵守劳动法律法规的规定。

本案中，对于王女士未婚先孕的行为，如果其违反了计划生育政策，也应由计划生育及相关行政部门制约。无论是《女职工劳动保护特别规定》《劳动合同法》，还是其他法律法规，对孕期女职工的保护，并没有区分是已婚还是未婚。故在无法律特殊规定的情况下，未婚先孕的女职工应视同为正常婚育，应受到法律法规的保护。王女士未婚先孕的行为不能成为某科技创新公司与其解除劳动合同的理由。

9. 女职工“三期”内，用人单位以“岗位取消”解除劳动合同合法吗

基本案情

应某于2015年8月入职某房地产开发公司，任售楼处服务员，双方签订了自2015年8月7日至2017年8月6日的劳动合同。2016年12月5日，应某经医院检查确定怀孕，其于当日将怀孕情况告知部门经理张某，公司对应某怀孕的事实表示知晓。之后，某房地产开发公司以公司架构变动，所在岗位撤销为由，于2016年12月18日向应某送达了解除劳动合同通知书，同年12月31日与应某解除劳动合同，向应某支付经济补偿金5000元。

庭审中，公司方辩称因应某所在的售楼处将于2017年5月31日撤销，并提交了签订日期为2015年6月23日的《某某项目售楼处物业服务协议》加以证明，认为该售楼处撤销属于客观情况发生重大变化的情形，因此劳动合同无法履行。应某对上述理由不予认可，提出仲裁申请，诉求某房地产开发公司支付违法解除劳动关系赔偿金1万元。

争议焦点

某房地产开发公司以“公司架构变动，岗位取消”为由解除与“三期”女职工的劳动关系的行为是否合法？

审理结果

支持应某的仲裁请求。

评析意见

关于“三期”内女职工劳动关系的解除问题，我国法律法规在立法上，均作出了严格的禁止性规定。《女职工劳动保护特别规定》第五条规定“用人单位不得因女职工怀孕、生育、哺乳降低其工资、予以辞退、与其解除劳动或者聘用合同”，明确了对“三期”内女职工的特殊保护。《妇女权益保障法》第二十七条规定了“任何单位不得因结婚、怀孕、产假、哺乳等情形，降低女职工的工资，辞退女职工，单方解除劳动（聘用）合同或者服务协议。但是，女职工要求终止劳动（聘用）合同或者服务协议的除外”。《劳动法》第二十九条明确规定女职工在孕期、产期、哺乳期内的，用人单位不得依据该法第二十六条和第二十七条的规定解除劳动合同。《劳动合同法》第四十二条亦做了与《劳动法》基本一致的规定。

某房地产开发公司以售楼处撤销为由与应某解除劳动合同，应构成违法解除。首先，该公司在与应某签订劳动合同时即知晓该售楼处将于2017年5月31日撤销的事实，仍与应某签订了自2015年8月7日至2017年8月6日的劳动合同，主观上未尽到合理的告知义务。其次，即便该售楼处撤销能构成“劳动合同订立时所依据的客观情况发生重大变化，致使劳动合同无法履行”的情形，其也应与应某针对劳动合同内容的变更进行协商，征求应某意见，而不是直接以一纸通知解除双方劳动关系，其解除程序违反法律规定。本案中，某房地产开发公司提交的证据（《某某项目售楼处物业服务协议》）显示其在签订该协议时即2015年6月23日就应当已经知晓了售楼处的撤销时间，而此时其还未与应某建立劳动关系，故本案中的售楼处撤销情形，不应属于客观情况发生重大变化的情形。某房地产开发公司在应某孕期与其解除劳动合同的行为违反法律规定，在某房地产开发公司仍有其他售楼处运营情况下，理应与应某继续履行劳动合同。

用人单位解除“三期”内女职工的劳动关系，不仅涉及女职工工资、收入等经济方面，还涉及女职工的生育保险待遇、精神损害等方面。一方面，“三期”内女职工因其自身特殊情况导致劳动能力减弱，如果用人单位在此时与其解除劳动关系，势必会对其造成一定的精神压力，不利于女职工的身心健康。另一方面，女职工在孕期、产期还涉及生育保险待遇问题，如果用人单位在此期间与女职工解除劳动关系，将直接影响其社会保险待遇的享受。同时，如果用人单位构成违法解除，还将导致其直接承担女职工的生育保险待遇方面的相关费用。因此，用人单位在解除“三期”女职工的劳动关系等方面，应严格依法依规进行，避免损害女职工的合法权益。

10. 违法解除“三期”女职工的法律后果

基本案情

2016年11月28日，王某入职某咨询公司，从事外勤会计。双方未订立书面劳动合同。2017年6月12日，王某发现自己怀孕。2017年6月19日，某咨询公司作出《解除劳动合同告知书》，以王某长期迟到、无故旷工为由提出解除劳动合同。某咨询公司主张对王某怀孕的事情并不知晓，即使王某怀孕也不能多次无故迟到和旷工。王某主张公司是因为其怀孕才做出的解除，应系违法解除，要求继续履行劳动合同。

针对其主张，某咨询公司提交了《解除劳动合同通知书》及微信聊天记录予以证明。其中，《解除劳动合同通知书》记载了王某自入职每月都有上班迟到超过 10 次，且另外有 2 天旷工。经仲裁委调查，双方统计微信聊天记录，王某在职期间确曾有迟到 8 次，但微信中王某均提前向领导说明了迟到原因，领导在微信中并未对王某的迟到行为表示异议，关于迟到，某咨询公司未提供证据。在微信聊天记录中显示有关于王某告知公司其怀孕的内容，公司领导在聊天中对于王某怀孕可能会导致工作进度的延误表示担心。王某辩称其确曾有迟到现象，但均向公司告知并获得领导批准，且公司并没有关于迟到会导致解除劳动合同的相应规章制度，公司解除双方劳动关系的真实原因是因为其怀孕，因此公司的解除行为应属违法解除。

仲裁委认为，用人单位在做出解除劳动合同的决定时应具备充分的事实依据和法律依据。某咨询公司提交的《解除劳动合同通知书》显示王某自入职每月都有上班迟到超过 10 次，与其提交的微信聊天记录显示的整个工作期间王某共有 8 次迟到现象并不一致，且其公司未能提交关于“迟到”可以解除劳动关系的制度依据，故某咨询公司做出解除与王某的劳动关系的事实及法律依据不足。另外，经调查，此案确有某咨询公司担心王某因怀孕而影响工作的情形。综合以上情况，某咨询公司对王某做出的解除应属违法解除，依照法律规定，双方应当恢复劳动关系，继续履行劳动合同。

争议焦点

某咨询公司以王某旷工为由解除劳动关系是否成立？如认定违法解除，该咨询公司应承担哪些法律后果？

审理结果

双方继续履行劳动合同。

评析意见

《女职工劳动保护特别规定》第五条规定“用人单位不得因女职工怀孕、生育、哺乳降低其工资、予以辞退、与其解除劳动或者聘用合同”。用人单位在实践中为了规避法律风险，往往以旷工、违纪等理由辞退“三期”女职工，或者通过不合理调整工作地点等手段来达到解除劳动合同的目的。《劳动合同法》第三十九条规定：“劳动者有下列情形之一的，用人单位可以解除劳动合同：……（二）严重违反用人单位规章制度的……”严重违反用人单位的规章制度是指因劳动者存在违反规章制度中规定的情形，并达到严重违反的程度，用人单位依据规章制度规定的违反制度可以解除劳动合同的情形。女职工在孕期、产假期、哺乳期确有需要进行产检、休假、哺乳时，用人单位此时对于女职工的特殊情况应当予以照顾，而不应当简单、粗暴地处理。如果用人制度不健全且未能依照法律规定履行公示、告知义务，就有可能因解除程序不合法而导致违法解除劳动关系的出现，而企业在得知女职工怀孕后，利用优势地位，想方设法将女职工辞退也是不符合法律规定的，也不利于劳动关系的稳定、和谐。

在违法解除劳动合同的前提下，女职工要懂得利用劳动法律法规保护自己的合法权益，要有证据意识、权益意识和维权意识。依据《劳动合同法》第四十八条“用人单位违反本法规定解除或者终止劳动合同，劳动者要求继续履行劳动合同的，用人单位应当继续履行……”的规定，如果用人单位将女职工违法解除，女职工可以依照上述法律规定要求用人单位恢复劳动关系、继续履行劳动合同，从而获得“三期”期间的保护。另外，女职工在权益受到侵害时，可以寻求妇联、工会、法律援助机构等帮助维权，并及时到劳动争议仲裁委员会申请仲裁，以确保自身权益不受到侵害。

11. 规章制度内容不明确解除劳动合同的风险

基本案情

秦某于2011年3月16日入职某餐饮公司，双方签订有为期3年的书面劳动合同，劳动合同约定连续旷工3天，餐饮公司可以解除劳动合同。餐饮公司的员工手册亦规定劳动者在1个月内连续旷工3天或1年内累计旷工5天，用人单位可以解除劳动合同。秦某在员工手册和入职声明上均签字确认。2013年3月秦某检查出已怀孕并将该情况及时告知了餐饮公司。2013年5月2日，因秦某孕期血压偏高、先兆流产，医院建议秦某休息15天，并为秦某出具了诊断证明书。餐饮公司在收到秦某提交的诊断证明后，认为秦某的请假手续不全，通知要求秦某限期提交5月2日就诊时的病历、处方及收据原件。秦某就请假手续不全情况向公司出具了情况说明。2013年5月29日，餐饮公司向秦某邮寄了《解除劳动合同通知》，以秦某提交的请假手续不全，存在旷工超过3天为由，要求解除与秦某的劳动合同。后秦某提起仲裁申请，要求继续履行双方签订的《劳动合同》。

争议焦点

用人单位制定的规章制度要详尽、明确且应履行告知义务，否则不能作为认定案件事实的依据。

审理结果

餐饮公司构成违法解除，双方继续履行《劳动合同》。

评析意见

本案中，秦某已向餐饮公司提交了医院诊断证明用以证实自己休假的合理合法性，餐饮公司虽对秦某提交的诊断证明的真实性提出异议，但未能提交相反证据予以反驳，故餐饮公司关于秦某提交的请假手续不真实的意见不能成立。关于餐饮公司认为秦某未提交补充请假手续通知中的文件，故秦某不符合公司请假规定这一问题，因公司请假规定系由用人单位制作，劳动者处于弱势地位，故该规定的内容应详细明确，以便劳动者遵守规定。但餐饮公司请假制度中关于病假部分，仅表述为“按照国家规定”，并没有明确具体的内容，亦未明确规定需要通知中的所述文件，故餐饮公司在公司规章制度未予明确规定的情况下，即以秦某提交的请假手续不全为由主张其请假手续不符合规定，继而认定秦某旷工，系明显加重秦某的义务，餐饮公司以此作为解除劳动合同的理由，依据不足且显失公平。国家法律规定对孕期妇女实行特殊劳动保护政策，餐饮公司认可秦某怀孕的事实，故其应举证证明秦某存在严重违反用人单位规章制度的情形，方能解除与秦某的劳动合同。现餐饮公司未能就此充分举证，不能证明秦某存在故意旷工的事实。故对于该公司主张合法解除劳动合同的意见，不予采纳。根据《劳动合同法》第四十八条的规定，用人单位违反本法规定解除或者终止劳动合同，劳动者要求继续履行劳动合同的，用人单位应当继续履行，本案中秦某要求继续履行劳动合同，予以支持。

12. 女职工“痛经假”是法定待遇吗

基本案情

叶女士于2010年11月1日入职某客运公司，担任运营驾驶员职位，双方约定叶女士的岗位工资为4000元，绩效工资全勤为1650元，若当月缺勤降至1240元，按照实际出勤天数发放。叶女士于2015年11月23日因痛经休假，并向某客运公司提交了《假单》，显示有“诊断：痛经，建议自2015年11月23日起休息1天”等内容。某客运公司支付了叶女士病假工资，并提交了《工资条》为证。叶女士主张因痛经休假应视为劳动时间，某客运公司不应克扣其绩效工资并应按照正常提供劳动发放工资。叶女士向劳动仲裁委提出劳动仲裁申请，请求该公司支付被克扣的工资。

争议焦点

女职工依法享受“痛经假”吗？该期间应享受工资待遇吗？

审理结果

支持了叶女士的仲裁请求。

评析意见

涉及女职工“痛经假”的认定与规范适用问题。1988 年 7 月 21 日国务院发布的《女职工劳动保护规定》第六条对女职工在月经期间的权益作出保护性规定，1999 年北京市出台《北京市实施〈女职工劳动保护规定〉的若干规定》（现已失效）作出进一步细化，其中第九条第二款明确规定：“女职工患痛经，不能坚持正常工作、生产的，经医务部门证明，可以在经期休息一天，算作劳动时间。”2012 年 4 月 28 日国务院颁布了《女职工劳动保护特别规定》，同时废止了《女职工劳动保护规定》，但北京市未就国务院新规出台实施细则。本案中，叶女士因痛经在经期休息一天是否算作劳动时间，需要通过立法旨意、司法实践、社会公共利益维护等角度来分析。

第一，从法律规范的旨意看，《女职工劳动保护规定》与《女职工劳动保护特别规定》均是为减少和解决女职工在劳动中因生理特点造成的特殊困难，保护女职工健康。《女职工劳动保护特别规定》在附录中更是对女职工经期禁止从事的劳动范围作出了进一步细化“……二、女职工在经期禁忌从事的劳动范围：（一）冷水作业分级标准中规定的第二级、第三级、第四级冷水作业；（二）低温作业分级标准中规定的第二级、第三级、第四级低温作业；（三）体力劳动强度分级标准中规定的第三级、第四级体力劳动强度的作业；（四）高处作业分级标准中规定的第三级、第四级高处作业……"可见我国对女职工在经期的保护是进一步加强而非弱化，保留"痛经假"符合法律规范的设计初衷。

第二，从司法实践层面看，目前大部分省市都已明确"痛经假"的相关规定，北京市虽未对《女职工劳动保护特别规定》出台具体实施细则，但仍应继续秉持尊重与保护女职工劳动权益的理念，延续"痛经假"的法律实践。

第三，从社会公共利益维护的角度看，运营驾驶员岗位属于特殊行业，驾驶员工作强度较大，驾驶过程中的身体状态不仅影响到自身生命安全，更涉及第三人切身利益以及社会公共利益，包括乘车人、社会车辆及行人等。《民法通则》第七条（现相关规定见《民法典》第八条）规定："民事活动应当尊重社会公德，不得损害社会公共利益，扰乱社会经济秩序。"如女职工在经期不能坚持正常工作的，应及时就医休息，这不仅是对自身生命健康负责，更是对他人负责，因此，保留"痛经假"也是对社会公共利益的保护。

据此，支持了叶女士的请求，叶女士在月经期间，因痛经不能坚持正常工作，经医务部门证明，在经期可休息一天，认定算作劳动时间。

随着我国改革开放的不断深入和社会主义市场经济体制的逐步建立，企业职工的思想观念、行为方式和价值准则都发生了根本性的转变，越来越多的女性职工参加社会劳动，保护女职工在劳动中的权益对社会和谐稳定具有重要意义：1. 用人单位应加强对相关法律的学习，提高对保障女性劳动者就业权益的认识，严格按照相关法律政策规定执行，既要保障企业的持续发展，也要积极维护女职工的合法权益，尊重女性为社会发展所作的贡献，调动女职工对工作的积极性，对女职工给予更多关怀，携手创建和谐劳动关系。2. 女性劳动者应加强法律意识，提高自我保护意识，了解相关法律及政策规定，学会用法律武器维护自身的合法权益，注重证据保留。与用人单位发生纠纷时，应尽量沟通协商，同时注意证据特别是书面证据的保留。3. 有关部门应进一步出台北京市《女职工劳动保护特别规定》的具体实施细则，不仅方便实践中的具体操作，也使用人单位及女职工遇到此类问题时快速索引到相关条文，避免纠纷。

13. 女职工以惧怕骚扰拒绝出差属于违纪情形吗

基本案情

2017 年 9 月 24 日，女职工王某入职某公司，担任经理助理。2017 年 11 月的一天，某公司经理何某（男）在醉酒状态下深夜尾随王某至其私人住所，并大声敲门喊叫，后王某向邻居寻求救助。2018 年 1 月某天，何某与王某共同出差，何某趁机在酒店走廊对王某做出阻拦、言语挑逗等行为，并强行进入王某房间意图对王某不轨。2018 年 2 月 8 日，何某安排王某再次共同出差，王某以何某此前对其有种种不轨行为而予以拒绝。当日，何某以王某拒绝公司出差安排为由提出与王某解除劳动合同。王某此前也保留了与何某的微信聊天记录。该微信聊天记录中显示有如下对话：王某："何总，你安排出差收到。由于害怕你在工作期间再次对我有过分行为，所以我这次先做北京的市场维护。"何某："鉴于你拒绝公司的出差安排，视同主动离职，故你本月工资结算到今日 2 月 8 日止。"王某向仲裁委提出申请，请求某公司支付其违法解除劳动关系赔偿金。

争议焦点

劳动者为保护自身安全拒绝用人单位出差安排是否合理。

审理结果

支持了王某的仲裁请求。

评析意见

职场性骚扰是女性劳动者在工作环境中可能遇到的两难问题。职场性骚扰一般有两个要素：一是违背妇女真实性意愿；二是引起女性的抗拒性反应，如产生离职意愿、萌生恐惧情绪等。职场性骚扰若侵害人为平级同事尚容易解决，但若侵害人为上级领导则对女性劳动者造成极大困扰。一般情况下，女性劳动者会有两种选择：一种为保住工作而忍气吞声；另一种为能躲就躲，躲不过就跑，即离职。但不论上述哪种选择，无疑均助长了行为人的嚣张气焰，亦是对社会风气、和谐劳动关系氛围的极大破坏。

从司法适用角度看，我国关于职场性骚扰的规定可谓捉襟见肘，《妇女权益保障法》第四十条规定了“禁止对妇女实施性骚扰”，《女职工劳动保护特别规定》第十一条规定了“在劳动场所，用人单位应当预防和制止对女职工的性骚扰”。（现《民法典》第一千零一十条也有相关规定），但现实生活中，女性劳动者举证较为困难，且这种行为一般发生于未有第三方在场的情形下，无第三方证人可以作证，使得女性维权的难度加大，故仲裁委及法官在审理类似案件时应当采取倾斜性保护原则，以此最大限度地保护女性劳动者的合法权益。

具体而言，主要表现在举证责任分配上。笔者认为可依据侵害人的职务确定举证责任原则，若侵害人为平级同事或客户，举证责任按照一般的“谁主张谁举证”的原则，由女性劳动者就其遭受单位的性骚扰的事实承担举证责任；若侵害人为上级领导，应实行举证责任倒置，也就是用人单位应承担未对女性劳动者实施性骚扰的举证责任。在前述情况下，从自身维权角度看，女性劳动者应当摒弃忍气吞声、大事化小、小事化了的思想。同时，女性劳动者做好充分的证据收集，以确保自身权益能得到有效维护，如证人证言；电子证据（邮件 / 微信 / 短信，以刻意地、倾向性的提问获取对方的答复）；视听资料（录音录像），并积极寻求相关部门及妇女保护组织的救助。在证据审查方面，应适当放宽对女性劳动者举证责任的审查限度，即证据的证明力可使仲裁员或法官达到内心确信即可。因为用人单位管理者与劳动者之间本身因生产资料、权力权限有地位强弱之分，由女性劳动者承担过多的举证责任难以实施正义。这与德国法学家瓦伦道夫认为的“举证责任分配的最高原理——公平正义原则”是一致的，亦是我们作为司法适用者做出利益权衡的最终结果和要求。

本案中，因某公司与王某对对方出具的微信聊天记录的截图均不持异议，且该聊天记录中明显有王某系因何某此前对其有“过分行为”的陈述，虽此种“过分行为”未做明示，但结合庭审调查情况，何某在醉酒状态下曾于深夜至王某家中对王某进行骚扰，出差期间也曾对王某有不轨行为，在此前情况下何某再次刻意安排王某与其出差，无疑会将王某置于更加危险的境地。故王某为人身安全拒绝经理何某的共同出差安排的理由充分。某公司以王某拒绝出差为由解除劳动关系应属不妥。某公司应依据《劳动合同法》第八十七条的规定支付王某违法解除劳动关系赔偿金。此类案件应该采取对妇女劳动者进行倾斜性保护原则，尤其当侵害人是用人单位的管理者时，以此平衡女性劳动者与用人单位的强弱地位，维护妇女劳动者的合法权益，女性劳动者亦应勇敢地拿起法律武器维护自身合法权益。

第十一章

外籍人员就业

1. 外国人就业有哪些限制

基本案情

2015年8月1日，某外国公民约翰与上海某网球俱乐部订立劳动合同，双方约定约翰在北京市某区从事网球教练的工作，由北京某体育文化公司对其进行日常工作的领导管理，并按月支付其工资。上海某网球俱乐部为约翰先后办理了《外国人就业许可证书》、工作签证以及居留许可证。最终约翰于2015年12月28日获得了有效期至2017年9月29日的就业证。约翰自2015年10月1日至2016年11月1日一直在北京市某区从事网球教练工作。2016年11月2日，约翰因北京公司拒绝发放其工资而辞职，并于当日对上海某网球俱乐部提起仲裁申请，要求支付解除劳动合同经济补偿金。

争议焦点

用人单位聘用外籍劳动者工作，受工作许可范围的严格限制。

审理结果

对约翰要求支付解除劳动关系经济补偿金的请求不予支持。

评析意见

《出境入境管理法》第四十三条规定，外国人有下列行为之一的，属于非法就业：（一）未按照规定取得工作许可和工作类居留证件在中国境内工作的；（二）超出工作许可限定范围在中国境内工作的；（三）外国留学生违反勤工助学管理规定，超出规定的岗位范围或者时限在中国境内工作的。《外国人在中国就业管理规定》第十五条第二款规定：就业证只在发证机关规定的区域内有效。该法第二十三条规定：外国人在中国就业的用人单位必须与其就业证所注明的单位相一致。外国人在发证机关规定的区域内变更用人单位但仍从事原职业的，须经原发证机关批准，并办理就业证变更手续。外国人离开发证机关规定的区域就业或在原规定的区域内变更用人单位且从事不同职业的，须重新办理就业许可手续。

从上述规定来看，外国人就业证仅在获得许可的就业区域、就业单位以及职业范围内有效，此三项内容实际发生变化而未依法重新办理就业证或者变更就业证的外国人，属于超出工作许可范围工作，应当被认定为非法就业。因此，用人单位在招用外籍劳动者时，应严格按照就业许可范围的规定安排外籍劳动者工作；外籍劳动者在中国就业的，也必须了解及遵守中国法律。

本案中，约翰所持有的《外国人就业许可证书》明确了约翰在中国境内的合法就业区域仅限于上海市，而约翰却一直在北京地区工作，违反了关于就业区域工作的许可范围。因此，约翰属于非法就业，不受我国劳动法律法规保护，故对约翰要求支付解除劳动关系经济补偿金的请求仲裁委不予支持。

2. 外国人在京就业是否需要参加社会保险

基本案情

2016年2月1日，某外国公民玛丽与某外资科技公司签订了为期3年的劳动合同，科技公司为玛丽办理了《外国人就业证》。2017年5月，玛丽因患病在京公立医院治疗，产生了高额的医疗费用。玛丽在与病友闲聊过程中得知，中国公民就业缴纳基本医疗保险，大部分医疗费用均可由基本医疗保险实时结算报销。出院后，玛丽找到某外资科技公司询问，为何其在京就业不享有与中国公民同等的基本社会保障。某外资科技公司答复，因玛丽不是中国公民，故无法为其缴纳社会保险。2017年6月29日，玛丽以公司未依法缴纳社会保险为由提出解除劳动合同。2017年7月，玛丽提出仲裁申请，要求某外资科技公司支付解除劳动合同经济补偿，并按基本医疗保险报销比例向其支付医疗费用。

争议焦点

外国国籍人员在国内就业可以参加社会保险吗?

审理结果

支持玛丽要求某外资科技公司支付解除劳动合同经济补偿金的仲裁请求。

评析意见

外国国籍并非参加社会保险的障碍。《外国人在中国就业管理规定》第二十二条规定：在中国就业的外国人的工作时间、休息、休假劳动安全卫生以及社会保险按国家有关规定执行。《社会保险法》第九十七条亦明确规定：外国人在中国境内就业的，参照本法规定参加社会保险。《在中国境内就业的外国人参加社会保险暂行办法》第三条第一款规定：在中国境内依法注册或者登记的企业、事业单位、社会团体、民办非企业单位、基金会、律师事务所、会计师事务所等组织（以下称用人单位）依法招用的外国人，应当依法参加职工基本养老保险、职工基本医疗保险、工伤保险、失业保险和生育保险，由用人单位和本人按照规定缴纳社会保险费。此外，按照北京市社会保险基金管理中心办公室发布的《关于进一步做好在本市就业的外国人参加社会保险工作有关问题的通知》第四条的规定，具有与中国签订社会保险双边或者多边协议的国家国籍的外国人，可依协议规定免除规定险种在规定期限内的缴费义务，但不能提供协议国出具参保证明的、协议规定之外的险种以及协议规定险种超过规定期限的，均应按规定缴纳社会保险费。

从上述规定可以看出，外国国籍并非参加我国社会保险的障碍，外国公民在我国境内合法就业即可享有与中国公民同等参加社会保险和享受社会保险待遇的合法权益。用人单位招用外国公民作为劳动者，不应与我国公民区别对待，而需更有针对性地了解办理相关手续的流程及时效。同时，外国人在我国境内就业应及时了解并遵守我国的法律法规，依法保障自己的合法权益。本案中，玛丽取得了《外国人就业证》，属于合法就业，受我国法律法规的保护及约束，其应与我国公民在华就业一样，享有参加社会保险和享受社会保险待遇的合法权益。某外资科技公司未依法为玛丽缴纳基本社会保险，故裁决支持了玛丽的仲裁请求。

3. 外籍人员享有“医疗期”待遇吗

基本案情

TM（外籍）于2012年12月1日被某科技公司任命为技术研发总监，双方订立了期限自2012年12月1日至2013年11月30日的劳动合同。北京市人力资源和社会保障局于2012年12月1日为TM签发了《外国人就业证》，就业证于2013年11月30日到期。TM于2013年11月1日因病住院治疗，医院出具的诊断证明书显示，其病休至2013年12月31日止。某科技公司发放TM的工资至2013年10月31日，并于2013年11月30日与TM终止了劳动合同。TM以其尚在法律规定的医疗期内，某科技公司不应与其终止劳动合同为由，向劳动人事争议仲裁委员会提出仲裁申请，要求确认双方劳动合同履行至2013年12月31日终止，并要求某科技公司支付2013年11月1日至2013年12月31日的病假工资。

争议焦点

外籍人员的劳动合同期限与其就业许可证的期限产生冲突时责任如何认定。

审理结果

裁决某科技公司支付 TM 2013 年 11 月 1 日至 2013 年 11 月 30 日的病假工资，驳回 TM 的其他申请请求。

评析意见

随着中国加入世界贸易组织和改革开放的不断扩大深化，中国这个充满生机和挑战的大舞台也吸引着越来越多的外国人。由于外国人在中国就业（没有取得定居权的外国人在中国境内依法从事社会劳动并获取劳动报酬的行为）的过程中必须按照相应的行政法律法规办理相应的手续，也就使之与普通劳动者在法律适用上产生了一定的区别。

《涉外民事关系法律适用法》第四十三条规定了“劳动合同，适用劳动者工作地法律”。据此规定，外国人在中国就业，涉及其劳动合同的相关问题，自然应当适用《劳动合同法》。但由于外国人毕竟不同于本国的普通劳动者，无论是从国家主权尊严的角度，还是国内就业秩序有效管理的角度，都必须有一定的特殊限制。按照《外国人在中国就业管理规定》的相关内容，外国人在中国就业需注意以下几个问题：一是在年龄、专业技能、工作经历、有效证件、无犯罪记录、确定的聘用单位等方面必须符合规定的条件；二是必须取得相关证照，包括职业签证、就业许可证书、就业证、外国人居留证件；三是只有符合国家或地方有关规定条件的外国人方可免办就业许可证。对于未能取得就业证或其他相应的就业许可而在中国就业的外国人，根据《出境入境管理法》第四十三条的规定，外国人未按照规定取得工作许可和工作类居留证件在中国境内工作的及超出工作许可限定范围在中国境内工作的，均属于非法就业。因此，用人单位与无就业证的外国人订立的劳动合同，按照《劳动合同法》第二十六条第一款第三项之规定，该劳动合同应属无效。

在实际的用工过程中，就业证的有效期限常常与劳动合同期限不一致，当劳动合同期限与就业证期限产生冲突时，应当适用法律，使国内就业秩序、用人单位和外国劳动者三者之间形成有益平衡。

第一，因某些原因造成劳动合同到期，就业证未到期的，依据《外国人在中国就业管理规定》第十八条的规定，被聘用的外国人与用人单位签订的劳动合同期满时，其就业证即行失效。此种情形有明确的法律规则予以确认，在实践过程中一般不会出现分歧。

第二，劳动合同订立的起始时间早于就业证的起始时间，以及劳动合同期限尚未届满（无论是原始订立期限未满还是基于法律规定使劳动合同期限顺延），就业证期限已届满而未能续延。按照《外国人在中国就业管理规定》第十五条的规定，与被聘用的外国人签订劳动合同是用人单位为外国人办理就业证的前提条件之一。因此，实践中往往存在用人单位先与外国人订立劳动合同，后为外国人办理就业许可的情形。此种情况下，应当视为双方的劳动合同成立但未生效，而将该外国人取得就业证视为该劳动合同生效的条件。若该外国人取得了就业证，则该劳动合同符合了生效的条件，即可按照《劳动合同法》的相关规定履行双方的权利义务。若最终该外国人未取得就业证，而双方仍实际履行该劳动合同，则违反了《出境入境管理法》的规定，应当适用《劳动合同法》第二十六条第一款第三项之规定，确认该劳动合同自始无效，并依法追究双方的相应责任。

第三，用人单位与外国人订立的劳动合同期限尚未届满，而该外国人的就业证已到期的情形。按照相关规定，外国人就业证的办理（包括续延）需要用人单位向相关行政主管部门提出申请。如果用人单位愿意为该外国人办理就业证续期，但因该外国人自身的客观原因导致就业证无法续延的，此时可以适用《劳动合同法》第四十四条第六项关于基于“法律、行政法规规定的其他情形”致使劳动合同终止的规定，因为该外国人自身原因使之不能符合《出境入境管理法》规定的合法就业条件，从而导致双方劳动合同的终止。

若用人单位拒不为该外国人办理就业证续期，又该如何认定此种行为所导致的法律后果呢？用人单位拒不为外国人办理就业证续期的行为应当认定为一种单方解除劳动合同的意思表示。此时就应当根据《劳动合同法》的相关规定审查该单位解除行为是否符合法律规定。若不合法，外国人可以依照《劳动合同法》第四十八条的规定主张违法解除劳动合同赔偿金的权利；但是外国人若要依此法条要求继续履行劳动合同，因其就业证未能续期，客观上不具备继续履行劳动合同的条件，则无法予以支持。因此，在处理此问题时，应当在审理过程中予以一定释明，若外国人不变更申请请求坚持要求继续履行劳动合同，则予以驳回，其可另行主张违法解除赔偿的权利。

在这里，我们需要对劳动合同的终止与解除有明确的认识：劳动合同的终止是基于法定或约定的法律事实出现，而导致劳动合同终结，双方不再履行该劳动合同权利义务的情形。劳动合同的解除则是基于双方或单方的意思表示，阻止尚未届满的劳动合同继续履行的情形。所以，当外国人因自身客观原因使就业证无法续延，从而不具备在中国就业的主体资格，导致劳动合同无法继续履行的情形，符合劳动合同终止的法定条件，应当视为终止的情形。而用人单位以其行为（拒绝为外国人办理就业证续期）使双方尚未期满的劳动合同不能继续履行，则应当视作用人单位以其单方意思表示与该外国人解除了劳动合同。

本案中，某科技公司于2013年11月30日与TM终止劳动合同时，TM 仍处在规定的医疗期内，按照《劳动合同法》第四十二条、第四十五条的规定，劳动合同期满，劳动者患病或者非因工负伤，在规定的医疗期内的，劳动合同应当续延至相应的情形消失时终止。若是本国劳动者，双方的劳动合同应该续延至 2013 年 12 月 31 日，但作为外国人的 TM，其就业证于 2013 年 11 月 30 日到期，用人单位又拒不为其办理续期，此后已经不具备履行劳动合同的条件，故仲裁委依法驳回了 TM 要求支付 2013 年 12 月 1 日至 2013 年 12 月 31 日期间病假工资及要求确认劳动合同履行至 2013 年 12 月 31 日终止的请求。

图书在版编目（CIP）数据

企业劳动争议法律实务与案例精解 / 杜军主编；沈哲恒，珊丹副主编 . -- 北京 : 中国法制出版社，2022.1（2022. 9 重印）
（企业高级法律顾问实务操作系列）
ISBN 978-7-5216-2395-6

Ⅰ . ①企… Ⅱ . ①杜… ②沈…③珊… Ⅲ . ①劳动争议—劳动法—法律解释—中国 Ⅳ . ① D922.591.5

中国版本图书馆 CIP 数据核字（2022）第 004927 号

责任编辑　熊林林　　　　封面设计　杨泽江

企业劳动争议法律实务与案例精解

QIYE LAODONG ZHENGYI FALǙ SHIWU YU ANLI JINGJIE

主编 / 杜军

副主编 / 沈哲恒　珊丹

经销 / 新华书店

印刷 / 北京虎彩文化传播有限公司

开本 / 710 毫米 ×1000 毫米　16 开　　印张 / 23.25　字数 / 328 千

版次 / 2022 年 1 月第 1 版　　2022 年 9 月第 2 次印刷

中国法制出版社出版

书号 ISBN 978-7-5216-2395-6　　定价：88.00 元

北京市西城区西便门西里甲 16 号西便门办公区

邮政编码：100053　　传真：010-63141852

网址：http: / / www. zgfzs. com　　编辑部电话：**010-63141805**

市场营销部电话：010-63141612　　印务部电话：**010-63141606**

（如有印装质量问题，请与本社印务部联系。）